KB253640

미국 클라우드 비즈니스 최전선

CLOUD BUSINESS

Silicon Valley Technology Researcher MORI YOICHI 저

김소라 번역 │ 김국현 감역

BM 성안당

日本옴사 · 성안당 공동 출간

미국 클라우드 비즈니스 최전선

Original Japanese Edition
Beikoku Kraud Bizines Saizensen
By Yoich Mori
Copyright © 2010 By Yoich Mori
Published by Ohmsha, Ltd.
This Korean language edition co-published by ohmsha, Ltd.
and SEONG AN DANG Publishing Co.
Copyright © 2011 All rights reserved.

미국 클라우드 비즈니스 최전선

미국의 클라우드는 계몽기를 지나 이제는 완전한 성장기로 접어들었다. 스타트업 기업이나 IT 벤더, 소프트웨어 ISV, 데이터센터, 통신 캐리어 등 많은 민간 기업들이 아마존과 구글의 뒤를 바싹 추격하며 시장에 진입했으며 미국 연방정부에서는 일반 중앙관청뿐만 아니라 국방성, 에너지성에서도 클라우드를 가동하고 있다.

이러한 분위기는 아시아에까지 전파되어 아시아에서도 클라우드 도입 열기가 고조되고 벤더들의 움직임이 활발하다. 그러나 이러한 아시아의 어수선한 클라우드 붐 속에는 왠지 모를 위화감이 느껴진다.

이 책에서는 미국에서 시작된 클라우드의 배경과 문화, 그것을 뒷받침하는 기술, 그리고 많은 플레이어들을 소개하고, 더불어 아시아와 미국의 차이를 풀어가고 있다.

지금까지는 미국의 클라우드 정보를 제공했다.

전작인 「클라우드 컴퓨팅-기술 동향과 기업 전략-(2009년 5월 ohm社 발간)」에서는 미국을 중심으로 한 약 50여개의 클라우드 기업을 소개했다. 본서에서는 다소 중복되는 부분도 있겠지만 새롭게 60개사 가까이 추가되어 총 100개사 정도가 소개되고 있다. 또, 오늘날의 클라우드를 뒷받침하고 있는 약 70명의 인물도 소개하고 있다. 편의상 등장하는 저명인들도 있지만 대부분이 아시아에서는 잘 알려지지 않은 사람들이다.

이러한 사람들과 무수히 많은 크고 작은 기업들이 뒤섞인 기업군의 활력, 그리고 유저의 대표라 할 수 있는 개발자의 참여, 이것이 미국 클라우드의 에너지인 것이다.

클라우드는 지금까지는 없었던 컴퓨터를 이용하는 한 방법이지만 그것은 다시 말해 새로운 문화이고 큰 파장을 일으켜 컴퓨터 산업의 구조를 변화시키고 있다. 본서에서는 이러한 현상을 클라우드 유니버스(우주)라 표현했다. 이 유니버스를 형성하는 것은 좋든 싫든 간에 클라우드를 제공하는 프로바이더와 제품을 개발하는 벤더이고, 그것을 이용하는 유저와 개발자들이다.

　그들과 기업의 획기적인 발상이 아니면 클라우드는 공공의 플랫폼
이 될 수 없다. 그렇기 때문에 미국 정보에 대한 정확한 이해와 그것
을 근거로 한 현상 파악, 그리고 과제를 정리할 필요가 있다. 그 힌트
들을 이 책에서 찾을 수 있길 바란다.

　한편, 본서에서는 금액 표현에 관해 편의상 1달러를 1,000원으로
환산하여 나타냈다. 또, 마지막에 인명을 포함한 한글과 영어 대조
표, 영어 약자를 첨부했다.

森 洋一 (Mori Yoichi)

감역자의 글

클라우드 붐의 중심 미국을 들여다보다

클라우드의 기술들은 소프트웨어 산업의 다른 키워드에 비해 아무래도 손에 잡히지 않는 느낌이 드는 것이 사실입니다. 소스 코드나 프로그램이 내 앞이 아닌 구름 너머에 있다고 하는데다가 또 그 정의마저 제 각각 달리 하니 추상적일 수밖에 없기 때문이겠지요.

클라우드의 기술들은 꽤나 다른 의도로 시작했던 수많은 기술들이 여러 풍랑을 거치며 현재의 모습으로 이합집산되어 있다고 보는 편이 맞습니다. 그리고 그 과정은 그 자체로 어엿한 역사와 스토리를 지닙니다. 거꾸로 그러한 역사와 스토리가 있었기에 클라우드가 가능한 일이라고 볼 수도 있겠지요. 클라우드 시장 판도에 여전히 미국 세력이 강한 이유도 그러한 재구성이 서비스와 소프트웨어 산업의 용광로에서 이루어질 수밖에 없었던 탓일 것입니다.

컨슈머에서 엔터프라이즈까지 미국을 중심으로 하는 클라우드 시장은 지금 붐을 이루고 있습니다. 그 붐이 어떠한 선수들에 의해서 어떻게 형성되고 있는지 알아보기에 적합한 시기입니다. 너무 늦지도 빠르지도 않은 지금이 말입니다.

IT 평론가 김국현

CONTENTS

제4장   구글의 장대한 구상

제5장   마이크로소프트의 도전

제6장   호스팅 기업의 화려한 변신

제7장   대형 벤더와 캐리어

CONTENTS

제8장　가상화 기술의 전쟁

제9장　클라우드를 둘러싼 우주

제10장   격화하는 클라우드 스토리지 경쟁

제11장　그리드는 클라우드 융합을 지향한다

제12장　움직이기 시작한 미국 연방정부의 클라우드

제1장

아시아 클라우드의 과제

- 제2의 인터넷을 여는 클라우드
- 클라우드는 집단지성의 세계
- 커뮤니티야말로 생명선이다
- 뒤바뀐 주역의 자리

미국의 클라우드 컴퓨팅은 초기 단계를 벗어나 성장기에 들어섰다.

내가 클라우드를 추적한 것은 2007년부터다. 무언가 엄청난 것이 올 것 같은 느낌이었기 때문이다. 실리콘밸리에 본격적으로 발을 들여 놓은 것은 1994년, 인터넷 시대의 문을 연 넷스케이프 커뮤니케이션즈가 스탠포드대학 교수이자 실리콘 그래픽스를 일으킨 짐 클라크(Jim Clark)와 마크 앤드리센(Marc Andreessen)에 의해 설립된 해였다. 같은 해 10월 최초의 브라우저인 '내비게이터(β판)'가 발매되면서 세상이 변하기 시작했다.

클라우드는 그 때 상황과 비슷하다.

실리콘밸리의 엔지니어들은 단일 기술이 등장했을 때는 없었던 무언가 큰 영향력을 감지했다. 알다시피 클라우드보다 이전인 1980년대 말부터 그리드 컴퓨팅이 유행하여 세계적으로 확산되는 듯 하였으나 꽃피우지는 못했다. 그리고 2006년 3월 아마존이 'S3(Simple Storage Service)'에 이어 같은 해 8월 'EC2(Elastic Compute Cloud)'를 발표하면서 본격적인 클라우드 컴퓨팅 시대가 시작되었다.

제2의
인터넷을 여는
클라우드

컴퓨터가 탄생한 지 약 60년이 지났다.

1951년, 최초의 상용 컴퓨터인 'UNIVAC(유니박)I'이 선보였고 1964년에는 'IBM360'이, 1981년에는 'IBM-PC'가 등장하여 지금의 퍼스널 컴퓨터의 원형이 되었다. 또, 1982년에는 썬 마이크로시스템즈의 '썬 워크스테이션'이 등장하여 컴퓨터의 기본 아키텍처가 다 갖추어졌다. 그리고 1990년대에 들어서자 메인프레임은 성숙기에 이르고 PC와 유닉스가 인기를 끌기 시작했지만 이들이 본격적으로 보급되기 시작한 것은 1990년대 중반 이후 인터넷 시대가 오면서부터이다.

인터넷에서 배운 것

인터넷의 등장으로 우리는 ① 공공성이란 무엇인가, ② 그것을 위한 표준화, 그리고 ③ 편리성이란 무엇인가에 대해 다시 생각해볼 수 있었다. 즉, 인터넷이 이만큼 보급되기까지 일련의 과정을 정리해보면 그 원점(목적)은 '공공성'에 있고, 구체적인 전개 수단(방법)으로서의 표준화 정비, 그리고 유저에게는 새로운 편리성(이용)이 있다. 편리성이란 언제든지 사용하고 싶을 때에 사용할 수 있는 '온 디맨드(On Demand)'를 의미한다. 브라우저로 인터넷을 탐색하는 일상적인 행동을 떠올려보면 이 '목적'과 '방법' 그리고 '이용'이 잘 맞물린다는 것을 알 수 있다. 이것을 학습하는 것이야말로 오늘날 클라우드를 이해하기 위한 중요한 포인트가 된다.

클라우드 컴퓨팅은 단순한 비즈니스 기회가 아니다. 벤더는 비즈니스를 시작하기 전에, 유저는 클라우드 테스트를 시작하거나 프로바이더를 선택하기 전에 반드시 염두에 두어야 할 것이 있다.

과거, 세계의 컴퓨터 산업은 1980년대에 이미 포화 상태에 이르렀고, 1990년대에는 인터넷의 등장으로 또 다시 상승 곡선을 그릴 수 있었다. 하지만 그 후 2000년 버블이 붕괴되면서 시장은 다시 하락세로 접어들었다.

거기에 큰 파문을 일으킨 것이 클라우드이다.

클라우드를 어떻게 파악할 것인가?

클라우드를 파헤치기에 앞서 우선 클라우드의 '목적'은 무엇인가?, '방법'은 무엇인가?, 그리고 유저에게 새로운 '이용'이란 무엇인가? 우리는 이러한 것들을 확인해야 한다. 인터넷 시대와 같이 그것들이 제대로 맞물려 정착한다면 클라우드는 제2의 인터넷이 되어 다시 성장 곡선을 그릴 수 있을 것이다. 그 성공 여부는 프로바이더와 벤더, 그리고 유저에게 달려 있다.

제1세대 인터넷은 모든 유저에게 새로운 세계를 열어주었다. 이를 일반용 IT 개방(開放)이라 한다면, 제2세대 인터넷이라 할 수 있는 클라우드는 주로 기업 유저를 위한 새로운 IT 해방(解放)이다. 기업이 클라우드를 '이용'하는 목적, 다시 말해 장점은 확실하다. 어느 조사를 보더라도 기업들을 직접 하드웨어나 소프트웨어에 투자하고 운용 관리하는 비용을 절감할 수 있다는 것을 최고의 장점으로 꼽고 있다. 클라우드에서는 IT 시스템에 필요한 하드웨어와 소프트웨어를 구입할 필요 없이 이용한 만큼만 지불하면 된다. 인터넷은 단순한 통신 수단일 뿐이며 지금까지의 IT 자산을 가상화하여 가동시킨다. 즉, 인터넷이 인프라가 되고, 클라우드가 플랫폼과 애플리케이션의 관계가 되는 것이다.

클라우드상의 가상 머신은 무궁무진한 발전 가능성을 안고 있다. 또, 머지않아 무수히 많은 가상 머신을 묶은 클라우드 데이터센터도 등장해 소규모 기업 유저는 자체 데이터센터를 운영할 필요가 없게 될 것이다.

이 같은 큰 흐름은 유저와 벤더, 프로바이더가 일체가 될 때 비로소 완성될 수 있다. 문제는 어떻게 지금까지의 관계가 아닌 기술의 공급자와 수요자와의 에코사이클을 만들지에 달렸다.

클라우드는 제2의 인터넷으로서 주춤한 컴퓨터 산업의 구세주 역할을 하게 될 것이다. 그러므로 참여 기업들은 공공성이란 무엇인지, 어떻게 클라우드 전체에 기여할 것인지를 생각해야 한다. 또, 자사의 장점을 살려야 클라우드 비즈니스에서 성공할 수 있을 것이다.

클라우드는
집단지성의
세계

이제 대세는 클라우드이다.

아마존과 구글, 세일즈포스 닷컴(이하 세일즈포스) 등의 서비스 프로바이더는 말할것도 없이 브이엠웨어와 Xen 기반의 시트릭스, 마이크로소프트의 하이퍼-V(Hyper-V), 리눅스의 KVM('제8장. 가상화 기술의 전쟁-KVM에 거는 기대' 참조) 등이 차례로 가상화 시장에 발을 내딛었다. 프로비저닝 관련해서는 라이트스케일(RightScale)과 클라우드 파운더리(Cloud Foundry), 미들웨어에서는 병렬 처리인 하둡을 서포트하는 클라우데라('제11장. 그리드는 클라우드 융합을 지향한다-하둡을 서포트하는 클라우데라' 참조), Java 스페이스 사양 애플리케이션 서버의 기가스페이스(GigaSpaces)와 J2EE 베이스의 코헨시브 FT(CohensiveFT) 등이 있다.

또한, 오픈 소스에서는 자바 프로덕트 시리즈, 데이터베이스인 마이스큐엘(MySQL)과 포스트그레스큐엘(PostgreSQL), 클라우드 컴퓨팅 기반이 되는 유칼립투스(Eucalyptus) 등도 정비되었다. 또, 그리드 컴퓨팅 관련해서는 그리드 게인과 3테라('제11장. 그리드는 클라우드 융합을 지향한다-3테라의 그리드 OS, 앱로직' 참조), 애피스트리 등 셀 수 없을 정도로 많은 다종 다양한 벤더가 클라우드 시장에 참여하고 있다.

이처럼 클라우드는 단일 테크놀로지나 아키텍처가 아니라 모든 기업과 연관된 새로운 컴퓨터 이용의 형태이다. 다시 말해, 많은 사람들이 공통으로 생각하는 기술 즉, 제한적이지 않은, 열린 기술 환경이 바탕이 된다. 그러한 환경이 촉매가 되어 다수의 기업이 참여하고, 그들은 집단지성이 되어 점차 새로운 사용 방법과 기술이 만들어지고, 그 결과 유저들의 편리성은 더욱 향상된다.

웹 2.0에 대한 논의가 한창일 무렵 우리는 집단지성의 중요성에 대해 깨달았다. 그 경험을 살려 클라우드에 적용함으써 다양한 언어와 프레임워크, 개발 환경 또, 데이터베이스, 애플리케이션 서버와 웹 서버 등이 발달할 수 있었다. 이들 대부분은 오픈 환경과 잘 어우러진다. 프로바이더와 벤더는 이것을 이용하고 또, 그들만의 특화된 기술을 추가하여 제공한다. 이제는 복수의 벤더가 협력하거나 오픈 소스를 이용하는 것이 당연한 시대가 되었다.

집단지성의 중요성은 기업에게만 해당되는 것은 아니다.

클라우드 프로바이더와 관련 벤더들의 서비스와 제품을 평가하고, 또 전략의 타당성에 반응해주는 것은 커뮤니티이다. 그러므로 커뮤니티 형성은 클라우드 비즈니스에서는 필수이고, 가장 중요한 과제가 된다.

아마존이 클라우드를 시작하는 데 있어 최대의 난관은 바로 여기에 있었다. 아마존의 이전 커뮤니티는 아마존 온라인상에서 상품을 판매하는 파워 셀러가 중심이었다. 그들은 개인이나 소규모 기업의 집단으로, 아마존의 집객력(集客力)과 제공되는 플랫폼에 의존해 비즈니스를 전개하고 있었다. 아마존은 클라우드 서비스를 개시하는 데 있어 이 집단을 최초의 유저라 가정하고, 그들이 새로운 커뮤니티로 옮겨가기를 기대했다. 그렇게 된다면 아마존의 클라우드 서비스 AWS(Amazon Web Services)에 관심 있는 전 세계의 개발자와 파워 셀러가 융합된 강력한 커뮤니티를 형성할 수 있다.

그래서 아마존은 S3와 EC2 발표 후 2006년 9월에는 물류 수탁 서비스(FBA), 다음 해 2007년에는 지불 결제 서비스(FPS)를 발표하여 클라우드로 이행하기 위한 편의를 제공했다. 양자는 클라우드로 이행하는 과정의 공급자와 수요자가 되었고 결과는 대성공이었다. 그리하여 AWS는 기술적인 흥미뿐만 아니라 실제 비즈니스로도 이어져 순조롭게 시작할 수 있었다.

구글과 세일즈포스의 경우도 마찬가지이다.

구글은 그동안 많은 API 오픈 소스를 공개하면서 전 세계의 개발자들과 원만한 관계를 유지해 왔다. 게다가 모질라 파운데이션과 아파치 소프트웨어 파운데이션 등의 오픈 소스 단체와의 관계도 돈독하다. 구글은 끊임없이 혁신적인 서비스를 개발하고 최대한 그것을 개방함으로써 구글의 개발자 커뮤니티는 계속해서 확대되었고, 구글의 개발부를 지탱하는 싱크 탱크가 되었다.

세일즈포스는 기업용 소프트웨어에서 출발했다.

세일즈포스는 AWS가 등장하기 이전인 2005년 가을, '앱익스체인지(AppExchange)'를 발표했다. 썬에서 이적한 류 터커(Lew Tucker)가 개발한 것이었다. 그는 시들해져 가던 세일즈포스의 CRM(Customer Relationship Management)을 재검토하고, 새로운 플랫폼으로서 재구축하여 많은 API를 공개했다. 그 결과, 유저는 기존의 CRM을 자신들의 시스템으로 개조할 수 있었다. 또, 다른 소프트웨어 기업(ISV)들은 더욱 기능이 향상된 각종 소프트웨어를 개발했다. 이들 기업 IT 부문의 사람들과 ISV 등의 파트너가 세일즈포스의 커뮤니티를 형성했고, 세일즈포스는 되살아나 오늘날 번창할 수 있었다.

**뒤바뀐
주역의 자리**

클라우드 세계의 주역은 개발자이다.

그들은 기술적 지식이 부족한 유저를 대신해 벤더나 프로바이더와 협의한다. 기술 공급자인 벤더와 프로바이더도 개발자와 타협하지 않으면 비즈니스가 이루어질 수 없다. 독단적이어서는 결코 비즈니스에서 성공할 수 없다. 이것이 미국식이다.

반면, 우리의 경우는 어떠한가? 프로바이더가 모든 것을 준비하고 유저는 각사의 내용을 검토하여 선택한다. 이런 식으로 계속 된다면 프로바이더도, 유저도, 결코 발전할 수 없다. 이제 이런 방식에서 벗어나야 한다. 그렇지 않으면 우리의 컴퓨터 산업은 해를 거듭할수록 제품과 서비스가 변하기만 할 뿐, 산업으로서의 구조적 진화는 기대할 수 없다.

미국에서도 대형 IT 벤더인 IBM과 HP, 마이크로소프트, 오라클/썬 등은 클라우드에서 완전히 수세에 몰렸다. 시장의 스타는 이제까지 일반 온라인 숍을 운영하던 아마존과 검색 엔진 구글이었다. 클라우드 시장은 그들이 선봉에 서 있었다. 즉, 미국의 대기업 벤더들도 기업 IT 부문과의 관계에만 치중하다보니 전체의 움직임을 살피기에는 역부족이었던 것이다. 그래서 당황하여 부랴부랴 뒤를 쫓기 시작했다.

구글은 물론, 아마존과 세일즈포스 역시 자사 시스템의 대부분을 자체 개발해왔다. 벤더가 제공하는 기업용 소프트웨어만으로는 세계를 상대할 대규모 온라인 비즈니스는 할 수 없기 때문이다. 애플리케이션은 물론 다양한 미들웨어도, 때로는 OS조차 직접 개발해왔기 때문에 그들은 클라우드의 필요성을 느낄 수 있었다.

컴퓨터 문화의 양성이 포인트

이 상황은 오픈 소스에서도 마찬가지였다.

실리콘밸리에서는 많은 아시아계 IT 벤더와 상사 등이 오픈 소스 제품 정보를 수집하여 비즈니스를 시도했다. 하지만 본사나 유저는 바로 "누가 품질을 보증해 줄 것인가?"하고 캐묻곤 했다. 그들은 제대로 대답할 수 없었고 그 결과, 오픈 소스가 정착했다고 하기는 어려운 상황이 지금까지도 이어지고 있다.

그들에게 "당신들은 오픈 소스의 기본 이념을 이해하려고 하지 않았다. 오픈 소스 문화는 받아들이지 않은 채 제품만 도입하여 비즈니스를 시도한 것이 잘못이다."라고 말해주고 싶다.

오픈 소스는 무상 배포되고 자유롭게 변형시킬 수 있다는 점에서 존재 가치가 있다. 그것이 가능했던 것은 바로 수많은 자원(Volunteer) 개발자들이 있었기 때문이다. 컴퓨터의 기초적인 아키텍처는 1980년대, 인터넷은 1990년대에 개발되었고, 오늘날 대부분의 기술은 민주화되었다. 세계적으로 활약하고 있는 우수한 자원 개발자들이 개발한 오픈 소스 제품은 그 기능과 품질 면에서 거의 상용 제품과 동등한 것도 상당하다. 하지만 모든 것이 완성된 것은 아니다. 그 이유는 개발자가 자원하여 무상으로 개발, 배포하고 있는 상황을 생각하면 이해가 갈 것이다. 무상으로 자유롭게 사용하고 개조할 수도 있지만 채택하는 것은 사용자의 몫이다. 대부분의 프로젝트에서는 멤버에 의한 포럼과 Q&A 등을 통해 트러블 대응과 사용 방법 등을 유저에게 제공하고 있는데 포인트는 단지 사용할 수 있게 하는 것뿐만 아니라 가능한 한 참여시키는 것이다. 스스로 프로젝트에 참여해 자신의 능력으로 가능한 것을 담당하고, 조금씩 개발 계획이나 과제, 그리고 멤버의 고민 등을 공유하게 되면 본질을 이해할 수 있다. 엔지니어로서도 큰 성장의 기회가 될 것이다.

오픈 소스 활동은 자유로운 환경에서 자연 발생적으로 시작되었다. 그 중에서도 리차드 스톨만(Richard Stallman)이 시작한 GNU

프로젝트가 손꼽힌다. 그는 오퍼레이팅 시스템에서 컴파일러, 라이브러리 등을 차례로 개발하고, 상용 제품에 의존할 필요가 없는 '프리 소프트웨어' 활동을 전개했다. 그 후 1985년에는 프리 소프트웨어 협회를 설립했다. 그들이 개발한 소프트웨어는 저작권을 포기한 카피레프트(Copy Left)로서 그 라이선스인 GPL(General Public License)은 절대적인 지지를 얻고 있다.

실리콘밸리에서는 엔지니어가 기업 내 활동에만 얽매이지 않는다. 그들은 자유롭게 회사 밖의 엔지니어와 어울리면서 그 속에서 새로운 창조 활동을 추구하며 각종 커뮤니티와 네트워크에 참가한다. 유명한 구글의 '20% 룰'에서 보면 자신의 작업 시간 20%를 매니저의 승인을 받아 자유로운 연구 활동에 활용할 수 있다. 이것은 주5일 근무라 치면 하루에 상당하는 시간이다. 그렇게 자사의 엔지니어를 활성화시켜 새로운 개발을 할 수 있게 한다. 또, 구글은 아파치와 모질라에 대한 강력한 지원책으로서 많은 개발자들을 높은 보수를 주어 채용하고, 경우에 따라서는 작업 장소까지 제공하여 개발을 돕고 있다. 소규모의 스타트업 기업에서도 아파치 엔지니어를 채용하고 있는 경우도 적지 않다. 세계 톱클래스의 아파치 엔지니어를 고용하고 있다는 것은 그들의 자랑이고, 자사 제품에 대한 우수성을 선전할 수도 있기 때문이다.

문제는 한국이나 일본 등 아시아의 상황이다.

기업 내 IT 부문의 엔지니어를 활성화하고 있다고 하기가 어렵다. 그들은 항상 납기와 품질, 그리고 발매 후에도 문제가 생기면 그것을 해결하기에 급급하고 새로운 지식을 습득할 시간도 없다. IT 벤더도 상황은 마찬가지다. 경제 불황으로 인한 연구 및 해외 활동이 줄어들어 서투른 영어와 글로벌 감각을 상실한 마케팅 활동, 이러한 것들이 화근이 되어 예전에는 그나마 있었던 외향 지향도, 해외 지향도 후퇴했다. 그저 매출 지상주의만이 있을 뿐이다. 이 같은 환경에서는 클라우드가 보급되기 어렵다. 또, 벤더에 의한 유저의 조직화도 문제다. 일반적인 유저 모임으로, 유저가 기술 혁신을 주도하거나 벤더에게 제안하는 조직이라고 하기보다는 벤더가 조직화한 친목회이다. 미국에서도 구태의연한 벤더에게는 이 같은 경향이 아직 남아 있지만 썬의 '자바원(JavaOne)'이나 오라클의 '오픈 월드(Oracle OpenWorld)', 브이엠웨어의 '브이엠월드(VMWorld)', 마이크로소프트의 '프로페셔널 디벨로퍼 컨퍼런스(Professional Developer Conference)' 등에 참가해보면 그 차이를 알 수 있다. 대부분 개발자를 위한 컨퍼런스 위주이다. 이들 컨퍼런스에서는 커뮤니티의 멤버와 각종 조직의 개발자가 대거 참가하여 다양한 정보를 교환한다.

특별한 클라우드 시장은 없다

다음으로 클라우드 시장에 대해 살펴보면, 여기에도 위화감이 존재한다.

컴퓨터 시장을 들여다보면 특별하게 새로운 클라우드 시장이 존재할 이유는 없다는 것을 깨닫게 된다. 크게는 지금까지의 자영 시스템 즉, 온 프레미스(On Premises)에서 비용이 저렴한 클라우드로 IT 시스템이 옮겨가는 기본 형태이다. 그렇기 때문에 클라우드에는 안전성, 운용성, 이행의 용이성 등이 요구된다. 물론, 클라우드가 완전하게 주류로 자리잡는다면 새로운 수요가 발생할 것이다. 하지만 현 단계에서는 온 프레미스에서 클라우드로, 이것이 주류이다. 미국의 대형 IT 벤더의 속내는 클라우드 따위 필요없다고 생각할 수도 있다. 이대로 온 프레미스 시대가 이어지는 것이 편하기 때문이다. 그러나 신흥 세력과 개발자와 유저가 에코사이클이 되어 클라우드 시장을 조성하고 그들을 위협하기 시작했다. 이제는 시간적인 여유가 없다. 우선 방어적으로라도 제2의 인터넷 흐름을 타지 않으면 미래를 보장받을 수 없기 때문이다.

이 같은 미국의 움직임과는 달리 일본 등 아시아의 경우는 마치 '새로운 시장이 출현하는 것 같다.' 라는 오해를 불러일으킬 수 있다. 이 오해로 클라우드에 막대한 자금을 쏟아부어 서비스를 개시하고 큰 매출을 기대한다.

미국에서는 아마존 등 대부분의 클라우드 프로바이더들은 자사 데이터센터의 여력을 이용한 서비스가 초기 형태이다. 그리고 비즈니스가 순조롭게 진행되면 신규 투자를 한다. 당연한 일이지만 그것이 비즈니스이다. 초기 서비스를 어떻게 성장시킬지, 그러기 위해서는 면밀한 계획을 세워야 한다. 어떤 클라우드 프로바이더든지 상정 기능 리스트를 작성하고, 커뮤니티의 반응을 살피며 단계적으로 발매한다. 개발 파트는 기본 코드를 작성하고 준비가 끝나면 커뮤니티에 무상 배포하여 그들의 평가가 좋으면 평가판을 내고, 그렇지 않으면 다시 수정한다. 확실히 개발과 커뮤니티가 양쪽 바퀴와 같은 기능을 한다. 이 반복의 속도가 빠르면 빠를수록 클라우드도, 커뮤니티도 성장했다는 증거이다. 이제 막 시작한 아시아의 클라우드도 착실하게 실행 계획을 세우지 않으면 좌절할 수도 있다.

제2장

IT 세계의 변화

- 프라이빗 클라우드는 유행하지 않는다
- 소프트웨어의 변화

클라우드의 등장으로 컴퓨터의 이용 환경도 그 모습이 달라졌다.

그 형태도 퍼블릭 클라우드와 프라이빗 클라우드, 그리고 하이브리드까지 등장하여 소프트웨어 전체의 구조와 취급 방법도 변하기 시작했다. 기본이 되는 OS만 봐도, 중앙의 데이터센터는 '하이퍼바이저(Hypervisor)'가 되고, 가상 머신상에서는 각종 리눅스와 윈도, 최근에는 소형 경량 OS도 사용할 수 있게 되었다. 생각해보면 이제까지의 OS는 스탠드 얼론형 하드웨어를 보다 더 효율적으로 가동시키기 위해 만들어진 것이었다.

하지만 클라우드에서는 상황이 크게 다르다.

데이터센터는 대규모화되어 무수히 많은 가상 머신을 만들어 내고, 하이퍼바이저는 그것으로부터 하드웨어를 은폐하고 거대한 리소스를 관리한다. 이렇게 되면 본래의 가상화 기술은 서버 리소스 절감 효과를 노린 것임에도 불구하고 조감도적으로 보면 무수한 가상 머신상에 OS가 존재하여 리소스가 낭비되는 상황을 야기할 수도 있다. 현 상황만 본다면 가상 머신의 세분화와 OS 사이즈의 균형 문제일 뿐이지만 그 본질은 뿌리가 깊다.

시스템의 운용 관리도 마찬가지로 지금까지는 하드웨어와 소프트웨어에 의한 물리적인 관리가 중심이었다. 하지만 클라우드에서는 논리적인 가상 머신을 다뤄야 하므로 한층 더 어려워졌다. 우리는 지금 IT 세계가 변화하는 과도기에 있다. 물리적인 세계에서 논리적인 세계로의 이행이 한창이다. 기존의 IT 자산과 가상화 기술을 적용한 클라우드를 조성하여 미래를 향해 가고 있다. 클라우드가 가져오는 IT 세계의 변화, 그것이 어떤 것인지를 정확하게 이해해야 한다.

프라이빗 클라우드는 유행하지 않는다

IT 세계의 변화를 이해하기 위해 먼저 프라이빗 클라우드에 대해 짚어보자.

아마존이나 구글 등의 퍼블릭 클라우드가 선행하여 보급되기 시작하면 필연적으로 프라이빗도 있다고 생각하기 쉽다. 그러나 항상 왠지 모르게 망설여진다. 생각하면 할수록 확실하지는 않지만 프라이빗은 일반적으로 보급되는 것이 아닌 것 같아 불안하다. 제1세대 인터넷에서 인트라넷이 있었던 것처럼 클라우드에서도 인트라 클라우드가 있는 것도 좋겠다는 생각이 든다. 하지만 현재 인트라넷은 명목만 유지하는 정도이며, 그저 IP 네트워크와 방화벽의 개념으로 남아 있을 뿐이다. 향후의 클라우드 전체를 생각해 볼 때, 기업용 인트라 클라우드, 아니 프라이빗 클라우드는 예상했던 것보다도 험한 길을 가게 될 것 같은 느낌이다.

제2세대 인터넷을 지향하는 클라우드에서는 공공성이 가장 중요하다는 지적이다. 하지만 프라이빗 클라우드는 이 공공성과는 기본적으로 관계가 없으며 전체의 이익을 추구하는 것은 아니다. 프라이빗에서는 독자적인 기술 기반을 클라우드화하여 이용할 수 있다. 그렇다면 유저는 왜 프라이빗을 구축하고자 하는 것일까? 또, 자사 독자적이라고는 하지만 일반적인 기업 유저는 특정 벤더에게 의존하거나 그렇지 않은 경우에는 오픈 환경이다. 벤더 의존도가 높으면, 그 벤더가 제공하는 퍼블릭 클라우드를 이용할 수 있고, 오픈 환경이라면 일반적인 것을 이용하면 된다.

그러나 프라이빗을 구축하는 기업은 특정 벤더로부터 구축 툴을 제공받는다. 하지만 비용 면에서는 규모의 이론에 의해 퍼블릭 클라우드를 이용하는 것이 프라이빗에 비해 압도적으로 우위에 있다는 것은 의심할 여지가 없다. 그렇다면 자사의 방화벽 내에서 완벽한 보안을 유지할 것인지, 융통성 있는 독자 시스템을 원하는지에 달렸다. 후자를 특별 케이스라고 한다면, 전자의 보안에 관해서는 퍼블릭 클라우드의 대응은 계속해서 발전하고 있다. 최근 VPN(Virtual Private Network) 적용이 증가하고, 기술적으로도 상당히 진보했다. 그래도 아직은 온 프레미스 만큼 충분하지 못한 것은 사실하다. 인터넷이 처음 등장했을 때도 시큐리티에 대한 불안감은 큰 문제가 되었으나 차츰 해결해 왔다. 나머지는 데이터의 외부 반출 등 정책적인 문제와 지연 시간(Latency)이다. 후자는 네트워크와 처리 속도 등의 지연이 신경쓰이지만, 이것 역시 결국은 해결될 것이다. 그러나 전자의 정책적인 요소는 어쩔 수 없다.

또 한 가지 생각해야 될 것이 있다.

자사 데이터센터에 브이엠웨어와 Xen, 하이퍼 V 등의 가상화 기술을 적용하여 서버 대수를 최적화하는 방법은 대기업 유저에게는 이미 상당히 보편적이다. 어떤 조사를 보더라도 좋은 평가를 받고 있다. 이 경우, 기본적으로는 소프트웨어 구조를 바꾸는 일 없이 IT 부문 주도하에 서버 통합을 진행할 수 있다.

하지만 클라우드 컴퓨팅으로 이행하게 되면 그렇게 간단하지만은 않다. 쉽게 말해 가상 머신의 셋업과 그 관리는 데이터센터 관리자 손에서 벗어나 유저가 직접 하게 되는 것이 일반적이다. 또, 일부일지는 모르지만 가상 머신상에서 온 프레미스 시스템이 문제없이 가동된다는 보장은 없다. 아직은 온 프레미스와 클라우드가 서포트할 수 있는 소프트웨어의 범위에 차이가 있기 때문이다. 그렇다면 애플리케이션에 손을 댈 수밖에 없다. 하지만 경제 상황은 그렇게까지 할 IT 예산과 인적 여유가 충분하지 못하다.

이상과 같이 정작 프라이빗 클라우드를 검토하기 시작하면 이런 저런 난관에 부딪칠 수밖에 없다.

<table><tr><td>소프트웨어의
변화</td><td></td></tr></table>

다음으로 클라우드로의 이행에 따른 소프트웨어의 변화에 대해서 생각해보자.

우선, 클라우드 이전에는 가상화 기술이 등장하기 전까지 우리는 항상 물리적인 것에 집중하고 있었다. 서버에 OS를 설치하고, 미들웨어를 인스톨하여 애플리케이션을 작동시킨다. 물론, 소프트웨어는 눈에 보이지 않지만 하나의 상자 안에 존재하는 것처럼 취급했다. 탑재하는 소프트웨어는 CD(또는 다운로드)를 구입하고, 프로덕트 키를 입력하여 라이선스를 인증받았다. 즉, CD와 프로덕트 키를 물리적인 상자를 위해 구입해 왔다. 하지만 가상화 기술을 적용한 클라우드가 등장하고, 서버

박스는 가상 머신이 되어 네트워크상으로 사라져버렸다. 물리적으로 보였던 것이 논리적으로 된 순간, 몇 가지 의문이 발생한다. 그것은 바로 시스템 운용 관리는 기존의 방법으로 해도 괜찮을지, 물리 서버와 논리 서버는 같은 일을 할 수 있을지, 소프트웨어는 어떻게 인스톨할지, 패치는 어떻게 할지, 백업은 어떻게 할지, 시큐리티는 어떻게 할지 등의 의문이다.

OS의 변화

데이터센터 OS를 하이퍼바이저라 하는 것은 그 이름에서 알 수 있듯이 가상 머신의 관리자인 OS군을 보다 높은 위치에서 관리하기 때문이다. 거대한 서버에 탑재된 하이퍼바이저는 무수한 가상 머신 OS의 리소스를 관리한다. 이 하이퍼바이저는 중앙에 있는 대형 서버에만 필요하고, 가상 머신에는 필요 없다. 무수히 많은 가상 머신에 통상의 OS를 설치한다는 구조는 리소스의 낭비라는 것은 누구라도 알 수 있다. 즉, 물리 머신용으로 개발해 온 지금까지의 OS는 가상 머신에 적용할 수는 있지만 최적은 아니며, 과도기적인 것일지도 모른다. 결국, 처음부터 물리와 논리의 세계를 고려한 OS가 필요해질 것이다.

예를 들면, 데이터센터의 물리적인 대형 서버를 제어하는 것을 '데이터센터 OS(Data Center OS)'라 하고 가상 머신에는 그 서브셋이 되는 '가상 머신 OS(Virtual Machine OS)'를 준비한다. 양자는 연동하면서 클라우드에서 필요한 물리 머신과 가상 머신을 제어하게 된다.

그러기 위해서는 최소한의 메시징 버스가 필요하고, 논리화를 위한 객체 지향은 필수이다. 또, 다운 대책으로 페일 세이프(Fail Safe) 기구를 편성하는 것도 중요한 요건이다.

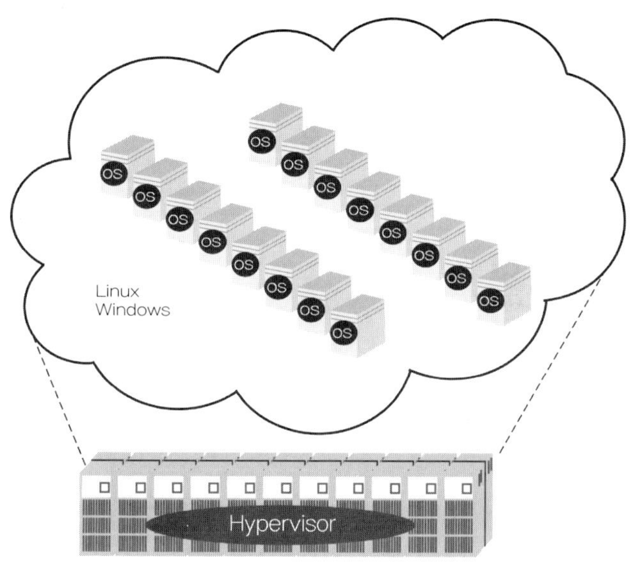

현행 클라우드 시스템의 개요

이 같은 사고 방식은 이전부터 '분산 OS(Distributed OS)'로서 연구되어 왔으며 현재 이 분야가 각광받고 있다. 마이크로소프트는 '미도리(Midori)'라고 하는 차세대 OS 개발 프로젝트를 진행하고 있다. 이 미도리가 향후 어떻게 취급될지는 지금으로서는 알 수 없다. 중요한 것은 멀티 코어 CPU와 하이퍼 V를 사용한 다중 처리용 OS가 등장할 것이라는 것이다. 그리고 마이크로소프트 스스로가 그것을 인식하고 있다는 것이다.

클라이언트 OS(Client OS)도 변화가 필요하다. 데이터센터 OS와 가상 머신 OS에 기능차가 있는 것처럼 향후에는 엔드 유저의 '클라이언트 OS'도 바뀔 것이다. DOS의 커맨드 라인 입력에서 시작된 PC는 그 후 GUI를 덧붙여 오늘날의 모습으로 발전해왔다. 리눅스도 마찬가지로 GNOME와 KDE의 데스크톱 환경을 탑재하고 있다. 그래서 PC는 사용하기 쉬워졌지만 OS는 비대해져 오히려 윈도는 팻 클라이언트(Fat Client)라고 하는 불만이 많다. 이 문제를 해결하기 위해 브라우저만으로 움직이는 몇몇 '웹 OS(webOS)'가 등장하고 있다. '아이OS(eyeOS)', '크레이서(Craythur)', '데스크톱 투(Desktoptwo)', '구이(Goowy)', '스타트포스(Startforce)', '유OS(YouOS)' 등 플래시와 에이작스(Ajax)를 이용하여 개발한 것이다.

인터넷이 고속화되고 웹 전성기인 지금, 클라이언트 OS는 큰 고비를 맞았다. 2008년 9월에 β판이 공개된 구글의 새로운 브라우저인 크롬은 순탄하게 유저를 확장해 갔고 그 연장선상으로 2009년 7월 '크롬 OS(Chrome OS)'가 발표되었다. 2010년 후반에는 무상판 '크로미엄 OS(Chromium OS)'를 공개했다. 이 크롬 OS는 리눅스를 기반으로 하여 웹 애플리케이션과 그 브라우징으로 특화시킨 경량 OS이다. 또 같은 구글이 리눅스 베이스로 개발한 모바일용 프레임워크인 안드로이드(Android)도 보급되었다.

'아이폰(iPhone)'과 안드로이드에서는 애플리케이션 개발과 터치 스크린의 조작성도 현저하게 향상되었다. 이러한 새로운 흐름이 심플한 경량 브라우징용 OS를 뒷받침하여 태블릿과 넷북에 적용될 뿐만 아니라 클라우드에서도 큰 성과를 거두고 있다. 대부분의 유저는 클라우드상의 애플리케이션을 PC와 스마트폰 등에서 열어볼 수 있는 것만으로도 충분히 만족하기 때문이다.

어플라이언스가 소프트웨어의 취급을 바꾼다

물론 이 같은 상황이라고 해도 단번에 OS가 바뀔 리는 없다.

기업의 IT 자산을 클라우드화하기 위해서는 신구 체제가 공존한다는 것을 전제로 한 단계적인 이행이 불가피하며, 데이터센터 OS와 가상 머신 OS 또한, 클라이언트 OS를 개발하고 보급하는 데는 많은 노력과 긴 시간이 필요하다.

이러한 분위기에서 오늘날 리소스 절감 차원에서 주목받고 있는 것이 'JeOS(Just enough OS)' 이다. JeOS는 소프트웨어 어플라이언스용 OS로서 프로그램의 실행만을 목적으로 하는 최소 구성의 경량 OS이다. 현재, 시장에는 r패스판(rPath Linux 2), 우분투판(Ubuntu JeOS), 레드햇판(Red Hat Appliance OS), SUSE판(SUSE JeOS), 오픈 SUSE판(LimeJoes), 오라클판(Oracle Enterprise Linux JeOS) 등이 나와 있다. 소프트웨어 어플라이언스의 세계에서는 지금까지와는 달리 소프트웨어를 인스톨할 필요 없이 실행에 필요한 JeOS와 애플리케이션 등의 소프트웨어가 한 패키지의 실행 머신 이미지로 배포된다. 일반적으로 어플라이언스 설정에서는 인스톨 대신 웹 인터페이스를 갖추고 있어 외부에서도 변경할 수 있다.

이용하는 이미지는 두 가지. 하나는 이 머신 이미지를 전용 하드웨어에 설치하여 가상 어플라이언스로 하는 방법이다. 이미 많은 제품이 나와 있어 가전 제품처럼 편리하게 사용되고 있다. 다른 하나는 배포된 머신 이미지를 그대로 사용하는 것이다. 시스템에 설치하여 실행시켜도 되고, USB 디바이스에 저장하여 휴대할 수도 있다. 또는 가상 머신상에서 실행시키거나 복잡한 구성에서는 이 파일을 아이콘화하여 프로비저닝 툴로 드래그 & 드롭하면서 가상 시스템의 최종 구성을 완성한다.

이 이용 방법이 정착되면 가상 머신상의 소프트웨어는 귀찮은 인스톨에서 해방된다. 지금까지 가까운 물리 서버에 인스톨하는 경우에도 용량이 큰 것은 몇 시간씩 걸렸다. 같은 것을 인터넷상의 가상 머신에 CD 드라이브 등에서 실행시킨다면 그 몇 배의 시간이 걸린다. 소프트웨어의 어플라이언스화는 유저에게 메리트일 뿐만 아니라 ISV(Independent Software Vender)에게도 비즈니스 확대의 기회이기도 하다. 지금까지의 라이선스 방식과 병용하면서 클라우드에서 사용한 만큼 지불하는 유틸리티 과금 방식이 추가됐기 때문이다. 이미 일부 ISV들은 어플라이언스를 촉진하기 위해 이용 기한을 설정한 무상 트라이얼 서비스를 시작한 곳도 있다('제9장. 클라우드를 둘러싼 우주–가상 어플라이언스를 만들자' 참조).

시스템 운용의 변화

시스템 운용의 세계에도 변화가 생겼다. 이 분야에서는 물리적인 데이터센터와 논리적인 가상 머신을 분리해 취급하는 것이 거의 상식화되었다. 많은 기업 유저들은 센터 측 대형 서버로 가상 기술 벤더가 제공하는 시스템 운용 관리 도구를 사용하고 있다. 물론 기존의 시스템 운용 관리를 확장한 곳도 있다.

한편, 가상 머신을 관리하는 것은 이용하는 유저이다. 그러기 위한 방법은 지금까지는 포털 방식 위주였다. 클라우드 프로바이더와 벤더가 제공하는 포털을 통해 유저는 하드웨어와 소프트웨어의 구성, 퍼포먼스, 과금 정보 등을 관리하고 파악한다.

대기업 프로바이더가 운용하는 가까운 미래형 어드밴스트 클라우드 아키텍처는 더욱 교묘한 구조로 짜여져 있다. 거대한 하드웨어를 관리하는 하이퍼바이저와 API를 통해 시스템 전체를 모니터하는 독자적인 운용 관리 시스템이다. 이 시스템에는 모든 정보를 파악하고, 가상 머신과 하드웨어에 변화가 없는지 예지하는 기능이 있다.

만약 조금이라도 이상이 발견되면 즉시 시스템에서 분리하여 새로운 것으로 교체한다. 고장난 다음에 떼어내서 고치는 것이 아니다. 조금이라도 사전에 이상이 감지되면 바로 교체하는 것이다. 그렇지 않으면 몇 만대나 되는 서버군을 운영할 수 없다.

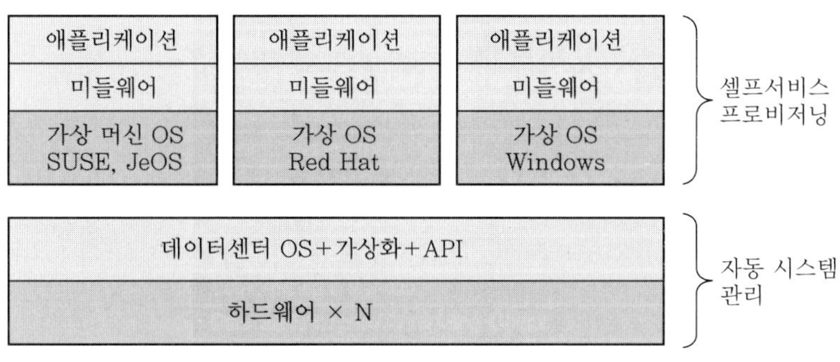

어드밴스트 클라우드 아키텍처

제3장

아마존의
치밀한 계획

- 아마존의 성공 비결
- AWS의 구조

2006년 아마존의 클라우드 등장으로 세계가 움직이기 시작했다. 그리드 컴퓨팅에 만족하지 못했던 엔지니어들이 조심스럽게 클라우드로 손을 뻗치기 시작한 것은 다음 해의 일이다. 그들의 흥미는 흥분으로 바뀌었고, 드디어 아마존에 클라우드가 확산되었다. 이 구조를 생각해낸 것은 아마존의 IT 시장 현장에 있던 엔지니어들이었다. 아마존 핵심 멤버였던 크리스 핑크암(Chris Pinkham)은 엔지니어링 부문 부사장이자 글로벌 IT 인프라의 책임자였다. 그가 담당하던 전 세계의 데이터센터를 활용하여 무언가 새로운 서비스를 할 수 없을까 고민하다 생각해낸 것이 아마존의 클라우드이다. 개발 거점이 된 것은 시애틀, 스코틀랜드(에든버러), 인도(뱅가로)에 이어서 클라우드 서비스를 위해 새롭게 오픈한 남아프리카의 아마존 케이프타운 디벨로프먼트 센터이다. 그는 동료인 위렘 반 빌존(Willem Van Biljon)을 설득해 이 센터를 운영했다. 그리하여 EC2는 핑크암을 중심으로, 또 다른 한 사람 크리스토퍼 브라운(Christopher Brown)은 구상을 보좌하고, 반 빌존은 프로덕트 개발을 맡았다.

그러나 핑크암과 반 빌존은 AWS가 막 개시된 2006년 말, 그 이유는 모르겠지만 성공을 끝까지 지켜보지 못하고 아마존을 떠났다. 그 후 2008년 실리콘밸리에 님불라(Nimbula)를 설립했다. 님불라는 VC에서 자금을 얻어 2010년 6월 말 한동안 계속됐던 스텔스 모드에서 벗어나 드디어 프라이빗판 AWS 구축을 지향하는 클라우드 컴퓨팅 OS인 '님불라 디렉터' β판을 발표했다. 이 회사의 이사진으로 전 브이엠웨어의 CEO였던 다이앤 그린 (Diane Greene)도 참여했다.

**아마존의
성공 비결**

아마존이 클라우드 비즈니스 성공 그룹의 필두임은 확실하다.

2010년도 결산 보고서에 따르면 아마존의 총 매출은 약 342억 달러(약 34조 2천억 원)를 기록했다. 그 중 AWS 등이 차지하는 매출은 다른 항목으로 분류되어 북미가 8.28억 달러(약 8,280억 원), 그 외 지역이 1.25억 달러(약 1,250억 원), 합계 9.53억 달러(약 9,530억 원)이다. AWS만의 정확한 매출 발표는 없다. 어디까지나 추정이지만 이 9.53억 달러를 상한으로 하여 AWS의 작년도 매출은 모든 조건을 추가해도 약 7억 달러 정도일 것이다. S3에 관해서는 2010년 3월 시점으로 보존 오브젝트 수가 100억 달러를 넘었다고 한다. 단 S3은 EC2에 비해 매출은 어찌됐든 이익률은 매우 작다.

이들 숫자가 큰지 작은지의 판단은 독자에게 맡기고, 중요한 건 이것이 본고장 미국 성공 그룹의 필두라는 것이다.

그리고 무엇보다 요즈음 아시아의 클라우드 붐을 보고 있으면 무언가 큰 시장이 가로 놓여, 그곳으로 빨려들어 갈 것 같은 착각에 빠진다. 클라우드의 보급은 단기적으로 컴퓨터 산업 전체의 총 매출을 억누르는 일은 있어도 크게 매출을 늘리는 요소는 없다. 가상화 기술의 채용으로 기업이 가진 서버 대수는 줄어들었고, 게다가 헐값으로 외부 클라우드를 이용할 수 있게 되었다. 유저가 클라우드에 바라는 가장 큰 기대는 비용 절감이다. 더욱이 요즈음 같은 경제 상황에서는 더욱 그러하다. 클라우드가 제대로 정착하게 된다면 머지 않아 새로운 수요가 발생할 것이다.

실리콘밸리의 킨들 개발 거점
Lab 126(아마존 자회사)이 들어가 있는 오피스 빌딩

현재의 AWS의 구조는 대략 SGI 서버, OS는 레드햇, 가상화 기술은 Xen이다. 팀 전체를 이끈 것은 시작 전부터 적극적이었던 앤드류 재시(Andrew Jassy) 상무였다.

비즈니스화에 지속적인 관심을 가질 것

아마존의 성공 비결을 정리해 보면 다음과 같다.

우선 중요한 것은 아마존의 경우, 비즈니스의 채산성을 높이기 위해 어떻게 하면 좋을지 지속적인 관심을 갖고 추구한다는 것이다. 초기의 AWS 클라우드는 본업에 활용했던 기존의 데이터센터 자원이 있었기에 초기 투자를 억제하여 채산성을 향상시킬 수 있었다. 다음으로 아마존 인프라를 이용하는 온라인 쇼핑의 파워 셀러로 타깃 범위를 좁혀 클라우드를 이용하도록 유도한다는 전략은 적중했고, 이로써, 안정적인 초기 유저를 확보하고 작은 시스템부터 실적을 올려 평판을 쌓아 왔다.

커뮤니티 매니저가 AWS를 키운다

오늘날 신기술의 전파를 위해서는 커뮤니티의 존재가 절대적이다. 더욱이 클라우드와 같이 다방면에 걸친 기술을 보급하는 경우는 그 기술들을 시장에서 받아들일 수 있을지의 여부에 대한 검증이 필요하다. 또, 지금 시장에서 바라고 있는 것이 무엇인지에 대한 정보도 중요하다. 그러므로 커뮤니티는 신기술의 검증과 정보 제공의 역할을 하게 된다.

이 커뮤니티와 아마존의 절묘한 관계 속에서 AWS는 성장해 왔다. 아마존은 커뮤니티와의 관계를 중시하여 서로 의논하고 요구에 응해 왔다. 한편, 커뮤니티에 참가하는 개발자의 동기도 다양하다.

그 때문에 어떤 층에는 AWS 스타트업 챌린지 제도로 직접 이익을 주기도 하고, 또 다른 층에는 우선적으로 최신 정보를 제공하거나 선행 이용을 권하기도 하고, 특별 세미나를 실시하는 등 다방면으로 동기 향상을 도모했다. 이것을 컨트롤하는 것이 커뮤니티 매니저의 역할이다.

지속적인 개선 노력이 포인트

AWS가 초기 단계에서 벗어나 오늘날 성공할 수 있었던 요인으로는 끊임없이 개선하고자 노력했던 점을 들 수 있다.

여기에는 아마존 IT 부문과 전략 부문의 유대 관계가 크게 작용한다. 다시 말해, 안팎에서 두루 이루어진다는 것이다. 내부적으로는 초기의 본업용 데이터센터의 한 켠을 빌려 쓰는 시스템에서 벗어나 지금은 전용 서버군을 대량으로 도입하고 있다. 이것을 유지하기 위해서는 새로운 방법이 필요하다. 지금까지와 마찬가지로 문제를 발견하면 그것을 고치는 것이 아니라 즉시 떼어내어 새로운 것으로 교체한다. 대규모 클러스터링 시스템에서 트러블을 감지하는 모니터링, 그리고 분리·교체는 최단 시간 내에 이루어져야 한다.

또 한 가지, 가장 중요한 일은 커뮤니티의 움직임을 주시하여 시스템 사용 방법에 따른 부하 경향이나 이상을 구별하는 일이다. 이로써 안정적인 운영을 할 수 있다. 외부적으로 하는 일은 커뮤니티 교육과 단계적인 시스템 개량을 검토하는 것이다. 그 판단은 커뮤니티 포럼과의 직접적인 코멘트 등으로 결정한다. 이는 학생의 학습 수준에 맞게 수업하는 선생님의 경우와도 비슷하다. 갑자기 어려운 기능을 제공하더라도 이용하는 측은 당혹스럽고 너무 쉬우면 흥미를 잃는다. 실제로 실시된 AWS의 기능 추가 속도를 보면 처음 2006년은 5건 정도, 2007년은 10건 미만, 2008년은 15건 정도, 그리고 2009년에는 40건으로 급증했다.

이렇게 AWS의 유저이자 개발자는 성장해 왔다. 그들은 보다 신속한 업무 처리를 위해 AWS에 요구 사항을 말했고 아마존은 적극 호

응했다. 이처럼 아마존이 성공한 이유는 치밀한 비즈니스 플랜과 커
뮤니티와의 공생 사이클에 있다.

아마존의 창업은 최초의 브라우저인 '넷스케
이프 내비게이터'의 정식판 발매와 같은 해인
1995년이다. 무엇보다도 창업자이자 CEO인 제
프 베조스(Jeffrey Preston Bezos)의 선견지명
이 놀라울 따름이다.

그들의 IT 시스템 제1기, 그것은 자체 시스템을 움직이게 하는 e커
머스 플랫폼의 개발이었다. 제2기는 더욱 인프라를 개선하여 2001년
에는 대형 할인점 타겟과 오피스 용품 판매 업체인 오피스디포, 장난
감 판매 업체인 토이자러스 등을 사이트 내에 유치하는 데 성공, 이
른바 웹의 임대화이다. 계속해서 제3기의 대대적인 개혁은 클라우드
컴퓨팅의 여명이 되었다.

계산 서비스 EC2

가상 머신인 '일래스틱 컴퓨트 클라우드(Elastic Computer Cloud:
EC2)'는 현재 전 세계를 4개로 분할하여 가동되고 있다. 미국에는 두
개가 있는데 북버지니아가 커버하는 미국 동부와 북캘리포니아인 미
국 서부이다. 유럽 전역은 아일랜드가 커버하고, 아시아퍼시픽은 싱
가포르가 담당한다. 이 분할된 지역 중에는 다수의 구역(Zone)이 있
다. 각각의 구역은 물리적으로 격리된 데이터센터라고 보면 된다.

아마존의 ‘EC2’를 이용할 경우 이용자는 아마존의 데이터센터로부터 ‘인스턴스’라고 하는 가상 머신을 빌린다. 이 인스턴스의 종류는 사용 목적에 따라 크게 세 가지로 분류된다. 일반적인 계산 서비스용 ‘스탠더드 인스턴스’, 메모리를 대량으로 사용하는 애플리케이션용 ‘하이메모리 인스턴스’, CPU 소비형 ‘하이 CPU 인스턴스’가 있다.[1]

스탠더드 인스턴스는 처리 능력별로 3종류가 있다. 가장 규모가 작은 ‘스몰 인스턴스’는 32비트의 연산 장치가 되는 하나의 ‘EC2 컴퓨트 유닛’에 1.7GB 메모리와 160GB 논리 스토리지를 갖고 있다. 여기서 말하는 EC2의 1컴퓨트 유닛이란 1.0~1.2GHz 상당의 AMD 옵테론(AMD Opteron)이나 인텔 제온(Intel Xeon)에 해당한다. 즉, 스몰 인스턴스는 싱글 코어기라고 생각하면 된다. 그리고 이 스몰 인스턴스만이 32비트 기반이고, 다른 것은 64비트의 플랫폼이다. 그 위의 ‘라지 인스턴스’는 4개의 EC2 컴퓨트 유닛에 7.5GB 메모리와 850GB의 스토리지, 최상위인 ‘엑스트라 라지 인스턴스’는 8개의 EC2 컴퓨트 유닛에 1GB의 메모리와 1,690GB의 스토리지를 가진 구성이다.

마찬가지로 메모리 소비형 하이 메모리 인스턴스도 3종으로 구성된다. ‘하이 메모리 엑스트라 라지 인스턴스’는 17.1GB 메모리에 6.5개의 EC2 컴퓨트 유닛과 420GB의 스토리지, ‘하이 메모리 더블 엑스트라 라지 인스턴스’는 34.2GB 메모리에 13개의 EC2 컴퓨트 유닛과 850GB 스토리지, 최상위인 ‘하이 메모리 쿼드러플 엑스트라 라지 인스턴스’는 68.4GB 메모리에 26개의 EC2 컴퓨트 유닛과 1,690GB의 스토리지 구성이다.

---

[1] 인스턴스의 사양은 바뀌거나 업그레이드될 수 있다.

또한, CPU 소비형인 하이 CPU 인스턴스는 두 가지로 구성되어 있다. '하이 CPU 미디엄 인스턴스'는 1.7GB 메모리에 5개의 EC2 컴퓨트 유닛과 350GB 스토리지, 그 위의 하이 CPU 엑스라지 인스턴스는 7GB 메모리에 20개의 EC2 컴퓨트 유닛과 1,690GB 스토리지를 가진다.

EC2 이용에서 유저가 가장 처음 하는 일은 '아마존 머신 이미지(Amazon Machine Image:AMI)'를 작성하는 것이다. AMI는 윈도 서버 2003/2008이나 어떤 리눅스 디스트리뷰션을 사용할지 등의 기본 설정을 하는 것으로, 완성된 AMI를 업로드함으로써 인스턴스를 실행할 수 있다. AMI의 작성은 모두 직접 설정하지 않아도 아마존이 준비한 것이나 공개되어 있는 것을 사용하면 편리하다. 또, AMI를 복수 작성하여 계층형 시스템을 구축하고 1층에는 웹 서버, 2층에는 데이터베이스, 3층에는 애플리케이션으로 구성할 수도 있다.

AWS는 커뮤니티의 요구에 따라 기능을 추가해 왔다. 앞에서도 그 중요성에 대해 서술한 바 있다. 현재 EC2상에서는 앞서 서술한 다양한 MySQL 엔터프라이즈, 오라클 데이터베이스 11g, IBM의 DB2와 인포믹스 다이내믹 서버, 마이크로소프트 SQL 서버 2005 등 다양한 OS와 각종 데이터베이스를 이용할 수 있다. 웹 서버에는 아파치 HTTP 서버, 마이크로소프트 IIS, IBM의 웹 스피어 포털 서버와 로터스 웹 콘텐츠 매니지먼트 등이 있으며, 애플리케이션 서버는 Java 애플리케이션 서버, IBM 웹 스피어 애플리케이션 서버, 오라클 웹로직 서버 등이 있다. 또, 병행 처리와 관련해서는 구글에서 파생한 하둡, 위스콘신대학이 개발한 그리드용 스케줄러 콘돌(Condor), 복수

메시지 패스인 오픈 MPI(Open MPI) 등이 있다.

클라우드 스토리지 S3과 EBS

EC2는 Xen으로 가상화된 공간에서 움직인다. 그 EC2에는 논리 스토리지가 있다고 설명했지만 그것은 가상 머신이 정상으로 가동되고 있을 때만 유효하고, 문제가 생기거나 꺼지면 기록된 내용은 삭제된다. 그래서 등장한 보존용 스토리지가 '심플 스토리지 서비스(Simple Storage Service:S3)'와 '일래스틱 블록 스토어(Elastic Block Store:EBS)'이다.

S3은 확장성에 제한이 없는 플랫 파일이다. 이용 시 유저는 스토리지 영역이 되는 버킷을 작성하고 그 속에 1~5GB까지의 아이템을 만든다. 1개 버킷 안의 아이템 수에 제한은 없다. 사용법은 그 버킷 안에 아이템을 넣으면(Put) 'Write', 꺼내면(Get) 'Read'가 된다. 물론 아이템을 삭제(Delete)할 수도 있다.

EBS는 EC2의 인스턴스로부터 독립한 외장 디스크로서 기능하고, 최대 ITB까지 확장할 수 있다. 이것을 이용하면 심플 DB 등의 데이터베이스는 물론, 신뢰성 향상을 위한 스냅숏과 RAID 구성도 가능하다.

심플 DB와 릴레이셔널 데이터베이스

S3의 기본 구조는 유저가 자유롭게 이용할 수도 있는 반면, 불편한 점도 있다. 이를 보완하기 위해 추가된 기능이 '심플 DB(Simple

DB)'이다. 심플 DB는 S3상에 도메인이라는 간이 데이터베이스로서
마련된 것으로, 스키마는 없고 간이형 쿼리로 액세스한다. 도메인은
스프레드시트의 테이블이라고 생각하면 된다. 보통 1도메인은 최대
10GB, 어카운트 당 100 도메인까지 작성할 수 있다. 게다가 EC2상에
앞에 서술한 각종 릴레이셔널 데이터베이스를 탑재할 수도 있다.

시스템 연동 SQS와 콘텐츠 고속 전송 클라우드 프런트

AWS 중에는 시스템 간을 잇는 '심플 큐 서비스(Simple Queue
Service : SQS)'도 있다.

메시지 큐잉은 애플리케이션과 시스템을 메시지 데이터를 통해 연
결한 것으로 엔터프라이즈 시스템 구축에서는 빼놓을 수 없는 요소
이다. 예전에는 IBM의 MQ, OMG의 CORBA, 최근에는 각사에서 나
오는 각종 엔터프라이즈 서비스 버스(ESB) 등이 이에 해당된다. SQS
는 그 간이 버전이며 최대 8KB의 메시지를 복수의 EC2 사이에서 송
수신할 수 있다. 게다가 EC2상의 프로그램을 연구하다보면 AWS와
는 관계없는 온 프레미스와의 연계도 가능해진다.

또, 웹 애플리케이션에서 중요한 콘텐츠 고속 전송 '클라우드 프런
트(CloudFront)'도 개시되었다. 이 서비스는 S3상에 보존한 데이터
를 콘텐츠로 판단하여 전 세계적으로 퍼져 있는 아마존의 데이터센
터 중 가장 가까운 곳에서 콘텐츠의 캐싱으로 유저에게 고속 전송하
는 것이다. 이용 방법은 EC2상의 트리거가 되는 애플리케이션에 API
를 장착하여 S3의 데이터를 지정하면 된다. 이 같은 콘텐츠 고속 전
송 구조는 아카마이(Akamai)가 엣지 서버를 사용한 '콘텐츠 딜리버

리 네트워크(Content Delivery Network : CDN)'를 제공해서 유명하지만, 그 외에 라임라이트(LimeLight) 등도 있다.

버추얼 프라이빗 클라우드 'VPC'

2009년 8월, 아마존은 클라우드에서 항상 문제시되어 온 시큐리티에 관한 답을 제시했다.

바로 VPN 기술을 이용한 '버추얼 프라이빗 클라우드(Virtual Private Cloud : VPC)'이다. VPC를 이용하면 일반 VPN과 같이 기업 내의 IT 인프라와 아마존의 클라우드를 안전하고 끊김 없이 접속할 수 있다. 즉, 아마존의 퍼블릭 클라우드상에 VPN망을 씌우고 그 안을 프라이빗 클라우드처럼 보이게 한다. 실제로는 기업 내에 실재하는 인프라와 몇 개의 아마존상의 가상 머신을 서브넷으로서 대응시켜 VPN 접속한다. 그렇게 함으로써 기존 자사 내의 시큐리티와 방화벽, 침입을 검출하는 IDS(Intrusion Detection System) 등이 그대로 적용되어 안전성과 운용 면에서도 지장이 없다.

이러한 기능을 제공함으로써 확실히 엔터프라이즈의 이용이 가속화되었다. 새로운 애플리케이션의 투입에는 어느 정도 규모의 것이라면 별도로 하드웨어를 준비하지 않고 AWS를 이용하면 간단하고 안전하다. 아마존이 채용한 VPC는 사실상 거의 아이피섹(IPsec) 사양이다. 대부분의 기업 IT 부문에서라면 문제없다. 기업 내 설치한 VPN 라우터에서 EC2의 인스턴스가 되는 VPC 게이트웨이에 접속하고, 사내 라우터에 VPC 어드레스를 설정하면 된다.

기업 유저는 오랜 세월에 걸쳐 온 프레미스에 막대한 투자를 해왔다. 이 같은 상황에서 곧바로 완벽한 클라우드로 전환하기는 어렵다. 우선 VPC를 제공하여 신규 애플리케이션과 업무의 오버플로 등 단계적으로 클라우드로 이행하는 전략이 중요하다.

클라우드 와치와 관리 콘솔

AWS의 운용에는 '클라우드 와치(Cloud Watch)'와 '매니지먼트 콘솔(Management Console)'이 더욱 진보된 관리 기능을 수행했다.

클라우드 와치는 실시간으로 EC2의 인스턴스와 로드밸런서 등을 감시하고, 트래픽이 급증하여 사전 설정치를 넘으면 '오토 스케일링'이 작동해서 새로운 EC2 인스턴스를 추가하고 로드밸런서에 그 취지를 전달한다. 또 반대로, 한가할 때에는 인스턴스를 삭감하여 시스템 리소스 조정 기능을 수행한다. 즉, 가상 머신의 다이내믹 스케일 아웃/다운이다.

AWS 매니지먼트 콘솔 화면(출처 : Amazone AWS)

매니지먼트 콘솔은 웹 인터페이스에서 EC2와 S3, 그 밖에 AWS가 제공하는 모든 기능 정보를 시각적으로 표시해 준다. 콘솔의 대시 보드에서는 EC2가 정상인지 아닌지를 표시하는 헬스 체크와 인스턴스 수, EBS의 수, 접속되어 있는 IP 수 등을 한 번에 볼 수 있다.

개별 탭에서는 EC2의 CPU와 디스크를 읽고 쓰기, 네트워크 등 부하 상태를 모니터링할 수 있고, 인스턴스의 기동과 정지, 기동에 있어서의 EC2용 AMI의 선택 등도 가능하다.

물류 수탁 서비스 FBA와 FWS

CEO 제프 베조스의 꿈은 IT 인프라의 활용만은 아니다.

실제로 AWS 이전에 아마존 사이트 내에서 상품을 판매하는 파워 셀러들에게 물류 시스템을 팔기 시작했다. 이 시스템을 일반화시켜 AWS 발표 후 '물류 수탁 서비스(Fulfillment By Amazon : FBA)'로서 제공하기 시작했다. 앞서 서술한 것과 같이 파워 셀러를 AWS최초의 유저층으로 확보하기 위한 전략의 일환이다. 이용 기업은 우선 FBA 프로그램에 참여하여 규정에 따라 상품 카탈로그를 정비한 다음 아마존 물류 센터로 상품을 보내 보관한다. 판매가 성립되면 바로 아마존에게 알려, 아마존의 물류 시스템에서 상품이 배송되는 구조이다. 이 때, 포장에는 상품을 맡긴 회사명과 로고가 붙어 있어, 받은 상대는 아마존의 흔적은 전혀 찾을 수 없다.

돌이켜 생각해보면 아마존 시작 당시 물류 정비는 큰 과제였다. 온라인 사이트의 개설은 물론이고, 물류 시스템 정비는 큰 투자가 필요하다. 인터넷 가상 공간에서 거래 시스템과 물리적인 배송 시스템을 구축하여 통합해야 했다. 그러나 그것이 비즈니스로서 양립할 수 있을지는 장담할 수는 없었다. 사실 2001년 아마존 스스로 사이트 내에 컴퓨터 매장을 오픈할 당시에는 이 문제를 피하기 위해 미국의 하이테크 기기 도매 기업 잉그램 마이크로와 제휴하여 배송과 재고 관리 등의 물류 시스템을 대행시켰을 정도다. 그 후 아마존의 비즈니스가 일정 궤도에 올라 물류 시스템도 정비되고 다른 기업에 여력을 쏟을 수 있게 되어 2006년 9월부터 FBA가 시작되었다. 이 업무를 담당하는 이 회사 물류 센터에서는 위탁 관리하는 상품 전량의 합계 수치로 보관료를 계산하고, 배송은 상품 구분별로 1년 당 수수료를 청구한다. 상품의 등록과 보관 및 출하 지시 등의 관리는 아마존이 구축한 '아마존 셀러 센트럴'이라는 사이트를 통해 이루어졌다.

그러나 FBA 서비스에 대한 반응은 뜨거웠지만, 마지막 출하 지시 등이 인터넷을 통한 수동 처리였던 점이 문제가 되었다. 이 문제를 해결하기 위해 2007년 3월 유저 기업의 컴퓨터 시스템에 직접 설치할 수 있는 'FWS(Fulfillment Web Service)'가 발표되었다. 웹 서비스를 이용한 시스템 결합이었다.

이 서비스는 FBA 프로그램 참가 기업에게 무료로 제공된다. 컴퓨터 연동형 FWS에는 전처리가 되는 인바운드와 후처리인 아웃바운드가 있다. 인바운드는 회원 기업이 절차에 따라 재고 상품을 물류 센터로 보내는 처리이다. 이로써 출하 준비가 끝난다. 아웃바운드에서는 거래가 성립되면 아마존의 물류 센터로 주문 지시와 출하 요구가 보내져 즉시 고객이 주문한 상품을 포장하여 내보낸다.

지불 결제 시스템 FPS

2007년 아마존은 지불 결제 '플렉시블 페이먼트 서비스(Flexible Payments Service : FPS)'를 시작했다. 이 시스템을 이용하면 유저 기업이 자체 결제 시스템을 갖출 필요가 없다. FPS가 제공하는 서비스로 은행 구좌를 대체할 수 있고 신용 카드, 직불 카드 등의 결제가 가능하다. 물론 아마존 결제 구좌라면 더욱 편리하다. FPS는 그 플렉시블이라는 명칭에서도 알 수 있듯이 1센트부터 소액 결제가 가능한 마이크로 페이먼트 기능을 가지고 있다. 또, 특정 대상에게 1주일이나 1개월의 기간을 정한 결제 한도액을 설정하고, 지정 기일 이후의 결제 정지 등 다양한 룰을 설정할 수 있다.

이렇게 보면 아마존의 전략은 상당히 신중했다는 것을 알 수 있다. AWS상에서 움직이는 애플리케이션의 물류와 실물은 FBA가 담당하고, FWS가 웹 서비스로 컴퓨터와 연동시켜 FPS가 결제를 담당하는 방식으로 전체가 체계적으로 움직인다.

AWS 중에서 EC2는 초기 발매로부터 약 2년 후인 지난 2008년 10월, 드디어 정식판이 발매되었다. 이 정식판에서는 중간에 서포트 대상으로 추가된 오픈 솔라리스는 물론이고 윈도 서버와 SQL 서버 등의 마이크로소프트 제품에 대한 대응도 충실했다.

게다가 정식판에서는 앞에 서술한 것과 같이 가상 머신 인스턴스도 통상의 3종류(1/4/8)에 5와 20이 더해지고, 비즈니스 인텔리전스 등의 애플리케이션 요구부터 하이 메모리 인스턴스, 과학 연산 등을 위한 하이 CPU 인스턴스가 추가되었다. 유저에게 신뢰도를 보증하는 '서비스 레벨 보증서(Service Level Agreement: SLA)'에서는 시스템의 신뢰성을 99.95% 보증한다. 이것으로 AWS는 초기 단계를 지나 엔터프라이즈 비즈니스를 위한 다음 단계로 들어갔다. AWS는 미국 경제에 들이닥친 대불황에도 아랑곳하지 않고 매출 신장을 기록하며 아마존의 핵심 비즈니스로 성장했다.

제4장

구글의
장대한 구상

- 목표는 웹 세계 제패
- 앱 엔진이란?
- GFS의 업그레이드가 시작되었다
- 새로운 클라우드 스토리지 전략

아마존이 온라인 비즈니스 성공 그룹의 선두라고 하면 인터넷 전역에서 가장 크게 기여하고 있는 것은 구글이다.

단, 그들이 잇달아 선보인 각종 서비스와 프로덕트는 어떤 전략에 따른 것인지, 주요 광고 비즈니스 모델과는 어떤 관계인지는 항상 헷갈린다. 그러나 구글의 개발이 어떤 영역이든 그 신념은 개방화라는 사실은 틀림없다. 개방화만이 진정한 정보화 사회를 앞당기고 네트워크를 확대시켜 결국 그들의 광고 비즈니스 모델로 돌아오게 될 것이라고 믿기 때문이다. 물론, 오늘날과 같은 네트워크 폭주 사회에서는 그리 간단하지만은 않기 때문에 보다 다이내믹한 전술이 요구된다.

이러한 사정을 이해한다면 구글의 움직임을 읽을 수 있을 것이다.

‘개방화에 따른 네트워크 사회의 진전’, 이것이 구글의 기본 철학이다.

그리고 그것은 웹화(化)의 확대를 의미하며 다시 말해, 팻 클라이언트에 주력해 온 마이크로소프트에 대한 간접적인 도전이기도 하다. 머지않아 대부분의 애플리케이션은 웹상에서 가동될 것이다. 2010년 5월에 개최된 개발자 컨퍼런스 ‘구글 I/O(Google I/O 2010)’의 기조 연설에서는 라디오, 신문, 잡지, 텔레비전 순으로 모든 미디어의 마이너스 성장 속에서도 웹만은 2004년부터 2009년까지 1일 평균 이용 시간이 117% 증가했다는 발표가 있었다.

구글은 웹 사회의 환경 정비를 목표로 다각적인 활동을 계속하고 있다. 2008년 가을의 ‘크롬’ 브라우저 발표는 확실히 상징적이었다. 모질라의 ‘파이어폭스’를 강력하게 지지해 온 구글이 독자적인 브라우저를 채용한다는 결단은 오픈 소스 진영에 혼란을 가져오는 것은 아닌가하는 우려도 있었다. 하지만 그렇게 되지는 않았다. 마이크로소프트의 IE 시장을 침식시키고 순식간에 애플의 ‘사파리(Apple Safari)’를 추월하는 등 파이어폭스 역시도 미미하나마 증가세를 띠고 있다. 크롬은 2009년 여름, 크롬 OS로 성장할 것을 발표한데 이어 2010년 후반에 정식으로 등장했다. 크롬 OS를 탑재한 넷북과 태블릿도 나오기 시작했다.

한편, 2007년 말 아이폰에 맞서 발표된 스마트폰 안드로이드도 웹 시대에서는 빼놓을 수 없다. 휴대 전화에서 인터넷 기능은 월등히 향상되었고, 본래 전화로서의 기능은 조연에 그치게 되었다. 안드로이드는 대만의 HTC와 모토로라, 델, 소니 에릭슨, 필립스 등 복수의 벤더와 손잡고 있으며 2010년 1월에는 구글 브랜드인 '넥서스원(Nexus One)'이 등장했다. 애플과 같이 참신한 디자인과 기능을 파는 데 1개사가 분발할지, 오픈하여 보다 많은 힘을 모으는 쪽이 이길지, 전쟁은 드디어 시작되었다.

대세는 웹 기반 클라우드

2010년 2월 구글은 1GbPs의 광파이버를 이용한 초고속 브로드밴드 계획을 밝혔다.

이 역시 웹화를 추진하는 중요한 실험이다. 머지않아 대부분의 인터넷 액세스가 파이버화되면 먼저 구글이 지향하는 '웹화의 세계'가 넓어진다. 2008년 4월 발표한 '앱 엔진'도 그 전략상에 있다. 처음에는 파이썬, 다음 해 2009년 4월에는 Java가 가능해졌다. 이로써 개발자는 자유롭게 웹 애플리케이션을 개발할 수 있다. 개발과 운용 환경도 정비되고 발전했다. 목표는 웹 기반 클라우드 컴퓨팅이다. 그러기 위해서는 무엇이 필요한지, 그것을 개발자와 함께 규명하는 것이 프로젝트에 주어진 사명일 것이다.

엔터프라이즈를 지향한다

지금까지 구글은 소비자용 시장을 개척해 왔다. 현재 이 시장은 거의 안정되었고, 시선은 조금씩 엔터프라이즈로 향하고 있다. 이 엔터프라이즈화에는 두 가지 흐름이 있다. 하나는 무상의 구글 도큐먼트(구 닥스 또는 닥스 & 스프레드 시트)에서 엔터프라이즈용 앱스로 향하는 오피스 프로덕티비티 분야이다.

또 하나는 구글 앱 엔진이다. 이에 대해서는 뒤에 서술하겠지만, 앱 엔진도 진입 초기에는 무상 배포하고, 그 이후는 유상이 된다. 이것이 구글의 기본 마케팅 전략이다.

우선, 앱스를 살펴보자. 앱스는 기반이 되는 구글 도큐먼트(도큐먼트, 스프레드시트, 프레젠테이션)에 G메일, 스케줄을 관리하는 '구글 캘린더(Google Calendar)', 인스턴트 메시징 '토크(Google Talk)', 웹사이트를 작성하는 '사이트(Google Sites)'를 패키지로 묶은 것이다. 무료로 사용할 수 있는 스탠더드판과 프리미어판이 있고, 스탠더드는 G메일과 마찬가지로 7GB까지가 무상이다. 이 범위 안에서라면 다른 기능의 스토리지로 사용해도 상관없다. 프리미엄은 G메일이 25GB까지, 도큐먼트는 1GB, 사이트에는 10GB에 공유 스토리지가 덤으로 500MB 붙고, 연간 어카운트 당 50달러이다. 구글이 노리는 프리미엄으로의 전환 타깃은 IBM 로터스 노츠(Lotus Notes)와 마이크로소프트 익스체인지의 유저이다.

여기에서 기본이 되는 구글 도큐먼트란 2006년에 구글이 매수한 웹 워드프로세서 라이틀리(Writely)에 자사가 개발한 스프레드시트를 추가하여 시작한 것이다. 앱스는 더욱 기능을 추가하여 거의 완성에 이르렀고, 마침내 마이크로소프트에서도 웹판 '오피스 2010 웹 애플리케이션'이 나왔다. 구글이 이끌어낸 것이다.

이제는 웹 세계의 승부의 시작이다. 지금은 G메일을 메인으로 바꾸는 사람들도 많다. 이렇게 되기까지 약 5년이 걸렸다. 현재 기업용 앱스는 전 세계 200만 회사, 2,500만 유저가 사용하고 있다. 이미 경쟁은 치열하다. 다운 대책과 재해 시의 재해 복구, 시큐리티 등 2009년에만 100건이 넘는 업그레이드가 이루어졌다. 보급을 위한 만반의 준비가 끝났다.

오바마 정권하에서 처음 연방정부 CIO로 취임한 비벡 쿤드라(Vivek Kundra)가 워싱턴DC(콜롬비아 특별구)의 CTO 시절에 구글 앱스를 도입한 것은 2008년 여름의 일이다. 아직 전면적으로 마이크로소프트 익스체인지에서 G메일로 바꾸는 최종 단계까지는 이르지 않았지만 많은 직원이 활발하게 사용하고 있다. 그 뒤를 이은 것은 미국 서해안 최대의 도시 로스앤젤레스다. 로스앤젤레스는 현재 앱스의 최대 기업 유저로서 시 직원과 관련된 사람들 약 3만 명이 실무에 사용하고 있다. 이렇게 되면 마이크로소프트의 세계에서 벗어나 구글의 세계로 들어가는 것은 시간 문제이다.

쿤드라는 지금 연방정부의 클라우드 추진에 적극 힘쓰고 있다('제12장. 움직이기 시작한 미국 연방정부의 클라우드 계획' 참조).

2010년 4월 12일 실리콘밸리 마운틴 뷰의 본사에서 개최한 '구글 애트머스피어 컨퍼런스(Google Atmosphere 2010)'는 바로 엔터프라이즈 선언을 위한 것이었다. 컨퍼런스에는 400명의 기업 CIO와 IT부문의 간부들이 초대되었다. 그들 앞에서 구글은 이제부터 웹 전성시대라고 하며, 구글 앱스를 강력하게 어필했다. 그들은 향후 웹 시대의 큰 세력으로 자리매김할 것이다. 단 한

가지 문제는, 구글의 플랫폼은 안전 설계이지만 파일의 소재는 기본
적으로 어디가 될지는 알 수 없다. 하지만 공적 기관의 정보는 자국의
정보 방위 측면에서 자국 내에 보관해야 한다는 것이 조건이다.

로스앤젤레스시의 경우 주민 데이터의 유출을 원천 봉쇄하기 위
해 계약 조건에 국내의 센터를 이용할 것과 파일로서 형태가 보이지
않는 분할이나 암호화, 장해 대책, 손해 배상 등이 자세히 명기되어
있다고 한다. 구글은 이 같은 모델 유저들의 요구를 수용하면서 거기
서 배운 것들을 일반화시켜 갈 것이다.

2010년 3월 초에는 서드 파티가 소유한 웹 서비스 판매 '앱스 마켓
플레이스'가 시작되었다. 이용 유저는 로그인 후, 조건별·분야별 검색
으로 원하는 서비스를 찾아내어 범위를 좁힌 후, 데모를 보거나 순위
를 참고하여 최종 후보를 결정한다. 그리고 앱스에 자사 도메인을 넣으
면 유저의 컨트롤 패널 상에 새로운 서비스가 나타나고, G메일 등의 애
플리케이션 화면 상단에 있는 '유니버설 내비게이션 툴바(Universal
Navigation Toolbar)'에서도 새로운 서비스를 실행할 수 있다. 참가하
는 벤더는 등록료 100달러, 그리고 매출의 20%를 지불해야 한다.

실리콘밸리 마운틴 뷰의 구글 본사

앱 엔진 비즈니스판 등장

2010년 5월의 구글 I/O 컨퍼런스에서는 기업용 '앱 엔진 비즈니스판(App Engine Business)'이 등장하고, 새로운 클라우드 스토리지와 브이엠웨어와의 제휴도 발표되었다.

우선 비즈니스판 앱 엔진은 지금까지의 앱 엔진을 대폭 업그레이드한 것으로 기업 유저는 모든 웹 애플리케이션을 매니지먼트 콘솔에서 집중적으로 관리할 수 있다. SLA는 99.9%의 앱 타임을 보증한다. 이용 요금은 유저 당 월 8달러, 상한은 1,000달러, 서포트는 지금까지의 커뮤니티 대응(무상)에, 비즈니스판 유저에게는 오퍼레이셔널 서포트(무료)와 프리미엄 서포트(유상)를 추가했다. 현재는 'No more'로 더 이상 가입 신청을 받지 않고 다음 릴리스 대기 중이다.

이 비즈니스판과 브이엠웨어와의 제휴는 깊은 관계가 있다.

브이엠웨어는 2009년 여름, 자바 프레임워크에서 많은 팬을 가진 스프링소스(Spring Source)를 인수했는데, 스프링소스는 같은 해 봄에 오픈 소스 퍼포먼스 추적 툴 전문 기업 하이페릭(Hyperic)을 인수한 상태였다.

브이엠웨어는 기업용 자바 웹 애플리케이션의 효과적인 개발을 위해 스프링소스와 구글의 제품을 통합하고자 했다. 특히 2010년 1월에 정식 발매된 스프링소스의 코드 생성 툴인 '스프링 루(Spring Roo)'를 사용하면 자바 개발이 더욱 간단해 진다. 자바 개발에는 화면 주위의 비주얼과 관련된 프레젠테이션 파트와 비즈니스 로직 파트, 데이터 액세스 파트가 있다. 스프링소스를 매수함으로써 에

이작스(Ajax)를 탑재한 프레젠테이션용 '구글 웹 툴킷(Google Web Toolkit)'이 프런트가 되고, 스프링 루가 비즈니스 로직과 데이터 액세스 파트를 개발하는 백 엔드가 되었다. 이로써 SQL 서버로의 액세스도 용이해져, 자바 개발자에게는 더 없이 기쁜 소식이었다. 시큐리티 분야에서는 SSL뿐만 아니라 스프링은 ID 확인에 뛰어난 가능을 가지고 있고, 퍼포먼스 계측에서는 '구글 스피드 트레이서(Speed Tracer)'와 '스프링 인사이트(Spring Insight)'가 있다. 향후에는 이 두 가지를 연동시킬 계획이다. 이렇게 해서 앱 엔진도 초기 단계에서 벗어나 엔터프라이즈 시장으로 향하기 시작했다.

<table>
<tr><td>앱
엔진이란?</td></tr>
</table>

구글의 클라우드에 대해서는 아마존과 마이크로소프트에 비해 비교적 단순하다는 인식을 가지고 있는 사람이 많다. 아마존은 알다시피 기본적으로 인프라 제공형인 IaaS(Infrastructure as a Service)이지만 점차 미들웨어를 정비하여 PaaS(Platform as a Service) 영역에도 발을 들여놓고 있다. 마이크로소프트의 경우는 미들웨어 제공형 PaaS 베이스지만 향후에는 윈도를 서포트하는 IaaS도 전개하는 것은 아닐지 예상된다. 이 두 기업에 대해 구글의 경우도 PaaS이지만 위화감이 느껴지는 것은 토대가 되는 인프라가 다르기 때문이다. 앞에 두 기업의 인프라 부분은 일반적인 OS에 가상화 소프트웨어를 조합한 것이다. 아마존에서는 레드햇에 Xen, 마이크로소프트는 윈도 서버에 하이퍼-V를 조합했다.

앱 엔진의 구조

구글의 인프라는 조금 특수한 형태이다. 코어에는 전용 OS라고도 할 수 있는 특수 사양의 커널이 존재한다. 그러나 일반적으로는 보이지 않아 신뢰성 있고 병렬 분산 처리가 가능한 글로벌 파일 시스템(GFS)이 기본으로 되어 있다(본장 'GFS의 업그레이드가 시작되었다' 참조). 모든 것은 본연의 검색 엔진에 최적화된 시스템인 것이다. 앱 엔진은 그 위에서 가동된다. 즉, 신뢰성 있고 속도도 빠르기는 하지만 한편으로 범용적인 인프라라고는 말하기 어렵다. 이 부분이 다른 인상을 주는 이유이다. 이렇게 구글의 인프라에 IaaS의 개념을 적용시키는 데는 무리가 있다. 그래서 생각해 낸 클라우드가 '앱 엔진(Google App Engine)'이다. 앱 엔진의 대상은 기본 전략을 따라 웹 애플리케이션의 개발과 실행으로 좁혀, 가상화 소프트웨어도 사용하지 않고 GFS(Google File System)를 베이스로 하여 검색 엔진과 다른 도큐먼트, 앱스, G메일 등과 같은 멀티테넌트(Multi-Tenant)의 환경에서 움직인다. 형식적으로는 PaaS이지만 전체 구조가 다른 것이다.

확대된 개발 환경

앱 엔진은 2008년 4월 7일 '캠프파이어 원(Campfire One)'에서 등장했다.

대상 개발 언어는 다이내믹 스크립트 언어인 '파이썬(Python)'이다. 파이썬의 창시자 귀도 반 로섬(Guido van Rossum)은 2005년부터 구글에서 일했다. 그리고 1년 후 같은 날 자바를 사용할 수 있게 되었다. 서포트되는 파이썬은 2.5, 자바는 5와 6에 대응한다. 이로써 오픈 소스 통합 개발 환경인 '이클립스(Eclipse)'의 플러그인, '구글 이클립스 플러그그인(Google Plug-in for Eclipse)'도 발매되었다. 물론 SDK도 제공된다.

이로써 자바 개발자는 익숙해진 'IDE(Integrated Development Environment)'에서 'JDK(Java Development Kit)'와 풍부한 라이브러리, 테스트 툴을 사용해 작업할 수 있다. 자바 사용이 가능해짐으로써 그루비(Groovy)와 자이썬 (Jython), 제이루비(Jruby), 스칼라(Scala)도 가능해 졌다. 그루비는 '자바 가상 머신(Java Virtual Machine:JVM)'에서 움직이는 애자일 개발을 위한 스크립트 언어로서 JSP241에 준거하고 있다. 자이썬과 제이루비, 스칼라도 마찬가지로 JVM에서 작동되기 때문에 문제는 없다. 이들 중에는 제이루비처럼 앱 엔진용 젬을 개발하여 작업이 대폭 경감된 것도 있다.

앱 엔진의 데이터스토어

앱 엔진을 사용한 웹 애플리케이션에서는 '빅테이블(BigTable)'과 '데이터스토어(Datastore)'를 이용하여 GFS상에 데이터를 읽고 쓴다. 여기서 말하는 빅테이블은 압축된 분산 처리형 플랫 파일이며, 데이터스토어는 간이형 데이터베이스이다. 단, 이것은 RDB(Relational Database)가 아니라 간이 쿼리 언어인 'GQL(Google Query Language)'을 이용한 방식이다. RDB에 대해서는 앞에 서술한 것과 같이 스프링소스을 이용할 수 있기 때문에 조만간 직접 액세스할 수 있게 될 것이다.

앱 엔진의 이용료에 대해 알아보자. 앱 엔진은 일정 범위 내에서 무상으로 이용할 수도 있다. 무상 범위는 데이터스토어는 1GB까지, CPU는 1일 당 6.5시간, 인-아웃의 범위도 1일 1GB까지, 리퀘스트 횟수는 1일 130만회까지이다. 이 정도면 트라이얼 버전뿐만 아니라 간단한 애플리케이션이라면 무료로 실행할 수 있고, 시스템 개발에는 문제없는 수치이다. 무상분을 초과한 이용에 대해서는 CPU가 시간 당 10센트, 대역 사용은 인(In)이 10센트, 아웃(Out)이 12센트, 데이터스토어는 15센트/GB/월로 계산한다. 여기서 말하는 앱 엔진의 CPU란 1.2GHz 상당의 x86 프로세서에 상당한다.

**GFS의
업그레이드가
시작되었다**

왜 구글은 아마존과 같이 인프라 베이스인 IaaS를 제공하지 않는 것인지는 대략 설명했다.

이유는 웹 애플리케이션의 보급이 중요하다는 그들의 전략적인 측면뿐만 아니라 시스템적인 차이가 있다. 구글 인프라의 요점은 '대규모 분산 파일 시스템(Google File System: GFS)'이지만 반드시 범용 애플리케이션의 실행을 위한 것만은 아니다.

구글 인프라의 구조

구글의 인프라는 모두 자체 제작한 것이다.

기성 제품은 아무것도 없다. GFS는 검색 엔진의 대상이 되는 중요한 데이터를 전원 계통이 다른 3곳에 입력한다. 이를 위한 방대한 데이터는 웹을 순회하는 크롤과 키워드를 작성하는 인덱스에 의해 작성되고, 구글의 독자적인 알고리즘을 갖는 검색 엔진에서 처리된다. 다음 그림과 같이 구글의 인프라는 3층으로 구성되며, 아래층에는 GFS, 위층에는 대량 병행 처리를 위한 구조인 '맵리듀스(MapReduce)'나 대규모 플랫 파일인 '빅테이블(BigTable)', 그 중간층에는 분산형 잠금 관리인 '처비(Chubby)'가 있다. 그들 전체의 활동을 제어하는 것이 전용 커널이다.

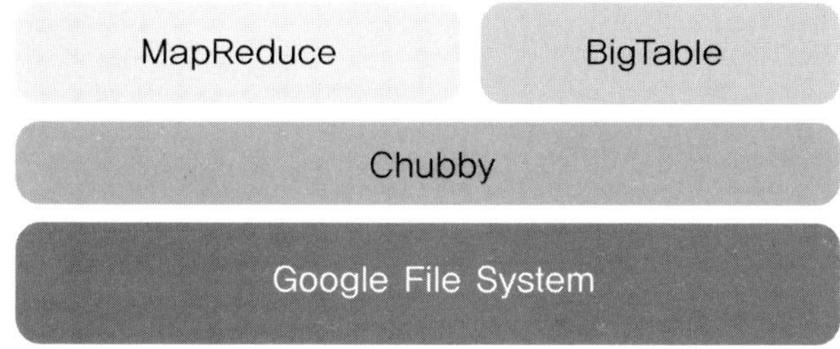

GFS의 멀티 마스터화

GFS의 업그레이드 작업은 2008년부터 시작되었다.

2009년 여름, 구글은 이 GFS의 업그레이드를 ACM(미 계산기학회) 학회지에 공표했다. '고속 진화(Evolution on Fast-Forwards)'라는 제목의 기사로, BSD(Berkeley Software Distribution)에 관한 폭 넓은 활동으로 기여했으며 ACM 학회지를 편집하고 있는 마샬 커크 맥퀴식(Marshall Kirk Mckusick)과 GFS의 선도자 신 퀸란(Sean Quinlan)과의 대담을 다루었다. 마샬 커크는 "플랫폼의 기반이 되는

GFS는 이제까지 검색 엔진의 방대한 키워드 작성을 뒷받침하기 위해 대량의 판독 처리를 감당할 수 있는 배치형 설계를 해 왔다. 하지만 멀티 테넌트화가 진행되어 검색 이외의 각종 애플리케이션이 증가했다." 라고 업그레이드 이유를 설명했다.

게다가 소량의 입력 수요가 커졌다. 이러한 흐름 속에서 가장 큰 문제는 마스터가 하나로 되어 있다는 점이다. 즉, 구글이 취급하는 데이터 용량이 당초의 예상을 훌쩍 뛰어넘어 몇 십 TB가 되고, 몇 천이라는 태스크가 동시에 작동되거나 방대한 파일이 동시에 오픈되는 시대가 되었다. 파일 수의 문제는 빅테이블을 이용하면 개선의 여지는 있었지만 GFS로 청크(파일 분할 단위) 후, 어떤 서버에 보존할지를 관리하는 마스터의 장애는 심각했다.

한 대의 마스터가 전부를 관리하는 지금까지의 구조는 처리 능력뿐만 아니라 고장 시 복구에도 문제가 크다. 그래서 GFS를 멀티 마스터 구성으로 하는 프로젝트가 시작되었다. 그렇게 하면 데이터베이스의 사이즈는 무한정 크게 할 수 있고, 복구도 간단해진다. 또, 이제까지의 64MB라는 청크 사이즈도, 트랜잭션 처리에는 너무 커서 새롭게 1MB가 되었다. 이러한 작업은 2010년 봄 이미 완료된 상태다.

과거에 G메일에서 발생한 몇 번의 문제에 대해서 기억하고 있는 사람도 있을 것이다. 그 때, 구글은 메일 서버의 과부하였다고 부분적으로 설명했다. 그러나 앱스 등의 보급으로 필요한 G메일의 부하는 커지기만 하고 그것은 모두 GFS에 문제를 일으킨다. 하지만 최근 이러한 문제는 발생하지 않았고 잠잠하다. 이는 GFS가 업그레이드되어 멀티테넌트의 실행 환경이 정비되었다고 할 수 있을 것이다.

ACMQUEUE

Case Study
GFS: Evolution on Fast-forward

A discussion between Kirk McKusick and Sean Quinlan about the origin and evolution
of the Google File System.

During the early stages of development at Google, the initial thinking did not include plans for
building a new file system. While work was still being done on one of the earliest versions of the
company's crawl and indexing system, however, it became quite clear to the core engineers that they
really had no other choice, and GFS (Google File System) was born.

ACM 학회지에 게재된 마샬 커크 vs 신 퀸란 대담 기사

(출처 : ACMqueue Evolution on Fast-Forwards)

새로운
클라우드
스토리지 전략

클라우드 스토리지의 세계에서는 아주 이전부터 구글 'G드라이브(GDrive)'에 대한 소문이 퍼져 있었다. G드라이브는 명칭 그대로 등장하지는 않았지만 GFS의 정비가 끝난 현재, 유저들은 몇 가지 방법으로 구글이 제공하는 클라우드 스토리지를 이용할 수 있게 되었다.

G메일과 도큐먼트, 피카사, 블로거, 버즈용 저가 스토리지

우선 구글은 2009년 11월 초, G메일과 도큐먼트, 웹 앨범 '피카사(Picasa)', 블로그 '블로거(Blogger)', SNS '버즈(Buzz)' 등의 대폭적인 요금 인하를 단행했다.

알다시피 이 서비스에는 일정량의 무상 스토리지가 제공되고 있다. 예를 들면, 도큐먼트에서는 1GB까지, G메일은 7GB까지, 블로거와 버즈는 피카사에 포함되어 총 1GB까지 무상으로 이용할 수 있다. 그러나 유저의 이용은 최근 수년간 극적으로 증가하기 시작했다. 이 요금 개정으로 연 20달러에 6GB이었던 이용료가, 5달러에 20GB로 대폭 내렸다. 게다가 200GB는 연 50달러, 1TB는 256달러, 최대 16TB(연 4,096달러)까지 확장할 수 있다. 대략 기존 요금의 약 1/8~1/10 정도로 매우 저렴해진 것이다. 단지 이 저렴한 스토리지는 구글이 제공하는 소비자 전용이며, 범용은 아니다.

한편, 제3장에서 설명한 아마존 S3은 범용 스토리지이므로 비교하려면 깎아내릴 수밖에 없지만, S3을 이용한 소비자용 클라우드 서비스('제10장. 격화하는 클라우드 스토리지 경쟁' 참조)가 많으므로, 단순 비교를 해보도록 하자. S3은 월별 요금제이며, 이용 공간의 증가에 따라 조금씩 할인되고, 처음 50TB까지는 1GB 당 월 0.15달러이다. 이것은 저렴한 것처럼 보이지만 계산하면 20GB는 월 3달러, 1년은 36달러가 되고, 구글의 새로운 요금의 7배가 조금 넘는다. 마찬가지로 1TB의 월액은 150달러, 1년으로 치면 1,800달러가 되고, 이것도 7배가 조금 넘어 훨씬 비싸다는 것을 알 수 있다. 즉, 2007년 여름부터 계속해 온 구글의 기존 가격도 아마존에 비해 조금 저렴했지만 2009년 개정으로 아마존 대비 약 1/7이 되어, 구글이 본격적으로 아마존의 비즈니스를 시작했다는 것을 알 수 있다.

개발자용 구글 스토리지

2010년 5월 구글 I/O에서는 또, '개발자용 스토리지(Google Storage for Developers)'가 등장했다. 이것이야말로 아마존 S3에 대한 대항이며, 앱 엔진 비즈니스판과 비교되는 것이다. 이 서비스는

REST(Represntational State Transfer) 사양으로 get, put, delete를 사용하며, GFS상에 1회의 요청으로 수백 GB의 데이터를 읽고 쓸 수 있다. 데이터 보존은 어카운트 아래 복수의 패킷이 있고, 그 패킷 속에 오브젝트로서 순차적으로 보존하고, 그리고 나서 쓰기 시작한다. 어카운트마다 작성할 수 있는 버킷 수는 1,000개까지, 오브젝트의 최대 사이즈는 100GB까지이다.

또한, 이 개발자용 스토리지는 완벽한 데이터의 일관성을 기반으로 미국 내 복수의 데이터센터에 카피할 수 있다. 또, 액세스에는 암호 키 기반의 인증과 SSL의 서포트, 개인과 그룹 레벨의 제어 등 시큐리티 기능도 고도화되었다. 웹 기반인 '구글 스토리지 매니저(Google Storage Manager)'를 사용하면 이들의 관리도 간단하다. 2010년에 소개된 프리뷰판에서는 100GB의 스토리지와 월간 300GB까지의 대역을 무료로 한정된 개발자에게 제공하고 있다. 정식 이용 요금은 스토리지만 보면 1GB 당 월 17센트, 이것은 아마존 S3가 15센트이므로 거의 마찬가지라고 생각할 수 있다. 단, 구글의 경우는 백업 카피가 된다는 차이가 있다. 또, 이 요금 외에 오르락 내리락하는 대역 사용료, 서비스 요청 요금 등이 추가되지만 이것은 아마존 S3도 마찬가지이다. 대체적으로 구글의 새로운 스토리지 서비스는 가격 면에서 거의 S3과 같고, 기능 면에서는 약간 상회하며, 아마존 S3에 대항할 강력한 서비스라 할 수 있다.

이상과 같이 구글의 구상을 분석하면 새삼스럽지만 그 장대함에 놀라게 된다. 처음에 검색 엔진으로 소비자용 시장에 발을 들여 광고 비즈니스 모델을 확립하고, 그 여세를 몰아 엔터프라이즈 시장을 공략했다. 전면에 세운 무기는 앱스와 앱 엔진이고, 후방 지원에는 크롬과 안드로이드를 배치한 형태였다. 결국 그들이 혼용되는 시대가 왔다. 엔터프라이즈를 공략하면서도 시장은 모바일과 새로운 OS를 원하고 있기 때문이다. 그래서 프로모션으로 엔트리 서비스부터 시작해 커뮤니티의 평가와 의견을 수렴하면서 유상으로 유도했다.

클라우드에서는 앱 엔진이 본격적으로 가동될 것이다. 앱스도 많은 유저를 확보하여 그들의 장대한 구상이 조금씩 현실이 되어 갈 것이다.

제5장

마이크로소프트의 도전

- 은밀한 작전
- 애저의 특징

　‘윈도 애저(Windows Azure)’ 의 정식 발매는 대형 IT 벤더에 대한 도전의 시작이다.

　마이크로소프트에게 클라우드는 두 가지 의미가 있다. 하나는 라이선스 구입에서 서브스크립션으로 이동하는 비즈니스 모델에 대한 대응, 이것이 표면적인 의미이다. 또 한 가지의 의미는 이를 역이용하여 IT 벤더의 아성, 온 프레미스의 영역 파괴를 도모한 것이다. 이제까지 마이크로소프트는 대형 IT 벤더와 협력하면서 소프트웨어 판매로 성장해왔다. 하지만 클라우드의 등장으로 하드웨어는 시야에서 사라졌다. 유저는 하드웨어와 소프트웨어 구입 비용을 지출하기보다 서비스 구입을 위한 투자로 전환되기 시작했고, 이에 따라 하드웨어 판매자도, 소프트웨어 판매자도 새로운 대응책을 강구해야 했다.

클라우드에 대한 마이크로소프트의 의욕은 대단하다.

한편, 미 대형 IT 벤더 등 경쟁사들의 움직임은 더디다. 우선 최대 기업인 IBM은 벌써 예전인 2003년 '온 디맨드 서비스(On-Demand Service)'를 발표, 대대적으로 선전하였으며 전 세계 데이터센터 장비를 이 유틸리티 서비스로 바꾸었다. 이에 호응하여 일부 벤더들도 온 디맨드 서비스를 추구했지만 비즈니스로서 성공하지는 못했다.

그리고 지금, 클라우드 컴퓨팅 붐을 맞이했다. 쓰라린 경험을 한 IBM은 클라우드를 '스마트 비즈니스'로서 받아드렸지만 적극적이라고 하기는 어렵다. 뒤 이은 썬의 '오픈 클라우드 플랫폼'도 큰 기대를 모았으나 오라클에 매각됨으로써 중단되었다. 그것은 래리 앨리슨(Larry Ellison) 회장이 예전부터 클라우드에 대해 비판적이었기 때문에 예상했던 일이었다. 현 상태를 유지하고 싶은 기업들과 그에 대해 공격적인 마이크로소프트와의 대결 구도인 것이다.

클라우드와 온 프레미스 연동의 열쇠, 앱패브릭

애저는 ① 기반이 되는 클라우드 서비스 OS인 '윈도 애저(Win-dows Azure)', ② 온 프레미스와 클라우드를 연동시킨 '애저 앱패브릭(Azure Platform AppFabric)', ③ SQL 서버 대신에 데이터베이스 기능을 수행하는 'SQL 애저(SQL Azure)' 이 3가지로 구성된다. 이들의 총칭이 '윈도 애저 플랫폼'이다.

클라우드에 의한 IT 벤더의 영역을 무너뜨리겠다는 마이크로소프트의 계획은 협력 관계에 있는 IT 벤더를 자극하지 않고 또, 유저가 불안해하지 않도록 진행해야 한다. 그러기 위해서는 기업 내 IT 시스템을 이제까지의 온 프레미스에서 클라우드로 서서히 이행시켜야 한다. 다른 방법은 없다. 당황해하는 IT벤더에게는 표면적인 이유를 대면서 그들이 제공하는 클라우드와 같은 길을 걷는 것이라고 설명하면 된다. 그리고 유저에게는 오버플로와 신규 비즈니스에 대응하기 위해 단계적으로 클라우드로 이행할 것을 제안한다. 그 핵심이 되는 것이 앱패브릭이다. 그 기능에는 기본적인 전략이 투영되어 있다. 작전이 성공하면 하드웨어 투자를 위한 지출의 일부가 서비스 구입에 쓰여 마이크로소프트의 새로운 수입이 된다. 그리고 머지않아 라이선스 비즈니스의 후퇴를 만회하고 새로운 수익원이 될 것이다. 일반적으로 IT 벤더가 제공하는 클라우드에서는 온 프레미스로부터의 이행에 주력하기 때문에 하드웨어와 소프트웨어의 매출이 감소하고 그만큼 클라우드에서 이익이 발생하는 순환형이다. 큰 수입을 얻기 위해서는 특별한 노력이 필요하다. 이것이 미국 대기업이 주저하고 있는 이유이기도 하다.

앱패브릭이 등장하기까지는 우여곡절이 있었다.

당시에는 '.NET 서비스'로서 폭넓은 기능을 지향했지만 2009년 11월에 개최된 'PDC 2009(Professional Developer Conference 2009)'에서 정식으로 현재의 명칭으로 부르게 되었고, 기능도 좁혀졌다. 그렇게 등장한 앱패브릭은 클라우드상의 애플리케이션들 또는 온 프레미스와 클라우드를 연동시킨다. 구성하는 요소는 '액세스 컨트롤(Access Control)'과 '서비스 버스(Service Bus)' 이 두 가지이다.

앱패브릭이란 영어의 패브릭이 직물을 의미하는 것과 같이 다양한 컴포넌트를 유기적으로 결합시키는 역할을 한다. 여기에서 말하는 서비스 버스란 온 프레미스와 클라우드의 애플리케이션들을 잇는 'ESB(Enterprise Service Bus)'이며, 액세스 컨트롤은 그것을 위한 인증이다. 일반적인 온 프레미스와 클라우드 연계를 떠올리면 온 프레미스는 방화벽으로 보호되어 있기 때문에 포트를 열거나, VPN 등을 이용해야 한다. 다음으로 액세스 컨트롤은 클라우드로의 액세스 인증으로서 액티브 디렉토리 등 표준적인 ID 시스템을 통합하여 실행된다. 이로써 서플라이 체인 등에서는 본사-공급자-소매점 등 역할에 맞는 액세스 설정이 가능하다.

마이크로소프트 실리콘밸리 본사 전경

SQL 서버에서 SQL 애저로의 이행

윈도 애저는 PaaS이고, 그 핵심은 앱패브릭이지만 다른 하나인 SQL 애저도 중요한 요소이다. 이 역시 온 프레미스를 무너뜨리는 전략에 이은 것으로 본격적인 'DaaS(Database as a Service)'의 시초가 되었다.

SQL 애저도 초기의 명칭은 SQL 서비스였지만 PDC 2009에서 현재의 명칭으로 바뀌었고, 기능적으로는 SQL 서버 2008이 클라우드화된 것이다. 아마존과 구글의 클라우드에는 간이 데이터베이스가 있지만 본격적으로 구축하기 위해서는 아마존의 경우 EC2에 MySQL과 오라클을 설치하여 S3에 데이터베이스를 작성한다. 그래서 유상 소프트웨어에는 라이선스가 필요하다. 하지만 DaaS로서 등장한 SQL 애저에서는 라이선스는 필요 없고, 유저는 이용량에 따른 비용만 지불하면 된다.

물론 이 데이터베이스는 클라우드 애플리케이션뿐만 아니라 온 프레미스에서도 접근할 수 있다. 유저의 입장에서 보면 이 데이터베이스는 클라우드 서비스이므로 소프트웨어의 인스톨도, 셋업과 패치도 필요 없고, 전혀 까다롭지 않다. 또 HA(High Availability)로써 이용하고자 하는 경우에도 별도의 하드웨어어와 소프트웨어가 필요 없다. 이것이 바로 SQL 애저를 DaaS라고 하는 이유이다.

실제 SQL 애저 이용에는 마이크로소프트의 오픈 소스 사이트인 '코드플렉스(Codeplex)'에서 이행 툴 'SQL 애저 마이그레이션 위저드(SQL Azure Migration Wizard)'를 제공하고 있다. 이 툴을 사용하면 온 프레미스의 SQL 서버에서 SQL 애저로, 또는 그 반대로 이행할 수 있다. 마이크로소프트에 따르면 가장 생각하기 쉬운 적용 시나리오는 꼭 필요한 데이터베이스를 온 프레미스에 둔 채 사본을 클라우드로 올리고 그것을 회사 밖에서 활동하는 영업 사원이 모바일 등으로 이용하는 경우라고 한다.

개발 환경의 정비

애저의 개발 환경도 업그레이드되었다. 클라우드 개발을 위한 통합 개발 환경(IDE)은 기본적으로 온 프레미스와 같은 '비주얼 스튜디오(Visual Studio 2010)'이다. 또, 몇 가지 관련 SDK와 툴도 제공되고 있다. 우선 2010년 2월, '비주얼 스튜디오 애저 툴(Windows Azure Tools for Visual Studio)'이 발표되었다. .NET의 애플리케이션은 지금까지는 웹 애플리케이션이라 불렸지만, 애저에서는 '클라우드 서비스(단순히 서비스)'라고 한다. 이 비주얼 스튜디오용 툴은 2008년, 2010년판을 확장하여 클라우드 서비스를 개발할 수 있도록 한 것이다. 또, 비주얼 스튜디오는 무상으로 비주얼 스튜디오 익스프레스(Visual Studio Express)를 제공하기 때문에 테스트하기 편리하다.

앱패브릭도 API와 샘플 코드를 포함한 SDK가 발매되고 있다. 또한, 애저 전체를 이해하고 시스템 구축에 도움이 되는 트레이닝 키트(Windows Azure Platform Training kit), 스토리지 어카운트 관리 툴(Windows Azure Management Tool) 등도 있다. 현 단계에서 이들은 따로 따로 제공되고 있지만 결국 상당 부분은 비주얼 스튜디오로 통합될 것이다.

**애저의
특징**

2009년, 마이크로소프트는 다양한 형태로 윈도 애저에 대한 정보를 흘려 왔다.

그래서 2010년 초부터 정식 발매되었지만 그 직전에 개최되었던 PDC 2009에서 최종 사양과 가격 등이 마무리되었다. 앞에서 주요 서비스 기능과 명칭 변경, 가격 등에 대해 설명했다. 이하에는 그것을 포함한 애저의 특징 등 전체를 정리한다.

애저의 클라우드 서비스와 3가지 롤(Role)

애저는 기본적으로 ASP.NET 프레임 워크의 웹 애플리케이션을 서포트한다.

앞에 서술한 클라우드 서비스이다. 이 서비스는 실행을 위한 호스트 환경으로 '웹 롤(Wed Role)'과 '워커 롤(Worker Role)'을 갖추고 있다. 일반적인 서비스는 웹 롤이, 비동기 처리 등 특수한 것은 워커 롤이 대응하며, 양자는 큐를 통해 주고 받는다. 이들 롤은 비주얼 스튜디오에서 프로그램을 작성할 때 프로젝트에서 지정할 수 있다.

그리고 PDC 2009에서는 애저의 가상 머신이라고도 할 수 있는 'VM 롤(Virtual Machine Role)'에 대한 언급이 있었다. 이 VM 롤을 사용하면 이제까지 윈도 서버에서 작동했던 애플리케이션을 그대로 활용할 수 있다. 초기에는 몇 가지 제한이 있었지만 이 새로운 롤이 나오면서 애저는 PaaS에서 IaaS로 한 걸음 더 다가서게 되었다.

애저 스토리지란 무엇인가

애저 이용에서 클라우드 스토리지는 두 가지가 있다. 하나는 앞에 서술한 데이터베이스로서의 SQL 애저이고, 다른 하나는 '애저 스토리지(Azure Storage)' 이다. 이것은 애저 OS를 경유한 스토리지 서비스이며, 대충 아마존 S3와 구글 스토리지라고 생각하면 된다. 이 애저 스토리지를 이용하면 개발자는 큰 오브젝트와 파일 또, 큐를 이용한 메시지 데이터를 취급할 수 있다. 애저 스토리지를 세분화하면 ① 구조화 데이터 처리용 테이블 형식 '애저 테이블 스토리지(Azure Table Storage)', ② 오브젝트 등 비구조화 데이터용 '블랍(Blob)', ③ 서비스 연동용 '큐(Queue)' 이 3가지가 있다. 이 큐를 활용하면 앞서 서술한 웹 롤과 워커롤을 묶을 수 있다.

애저 드라이브로 NTFS 대응

2010년 2월 예고되었던 '애저 드라이브(Azure Drive)'가 테스트용으로 발매되었다.

이것은 네 번째 서비스라기보다 블랍의 세부 항목이라고 보는 것이 나을지도 모른다. 구체적으로 애저 드라이브는 애저 클라우드상에서 작동되는 애플리케이션에 NTFS(NT File System)로의 액세스를 지원한다. 즉, 블랍 스토리지를 NTFS 볼륨에 매핑하여 일반적인 윈도 파일 IO로서 폴더 작성과 파일 보존, 읽고 쓰기 등을 할 수 있다.

블랍에는 또, '블록 블랍(Block Blob)'과 '페이지 블랍(Page Blob)' 이 있다. 블록 블랍은 스트리밍 파일 등을 블록 분할(최대 4MB)하고,

또 복수 서버로 분산시켜 스루풋을 향상시키는 역할을 한다. 또 이들의 분할된 블록은 자동 복제도 가능하고, 장해에 대한 저항력도 높아 기본적으로 백업 처리를 하지 않아도 된다. 페이지 블랍은 랜덤 파일을 읽고 쓰는 데 사용되며, 파일의 분할 단위는 고정 512B의 페이지가 된다. 이 페이지의 개념은 아마존 S3의 패킷과 같고, 최대 10GB의 테이블에 페이지 번호가 매핑된다. 애저 드라이브 자체는 아마존 EC2에 딸린 EBS의 NTFS판이다. 그리고 향후 발매될 애저의 가상 머신 'VM 롤'이며, 이 애저 드라이브를 이용하면 지금까지 개발한 애플리케이션을 클라우드로 이행시킬 수 있을 것이다.

분산 복제 기능 지오 레플리케이션

애저 스토리지에는 복제 기능도 있다.

'지오 레플리케이션(Geo-Replication)'은 SQL 서버 2008에서 강화된 기능을 클라우드에도 적용한 것으로, 데이터베이스 보전을 위해 지역적으로 분산시켜 복사한다. 실제로는 프로그램으로부터 지역 간 복제 요구가 보내지고, 그 처리가 완료되면 통지를 보내 유저 프로그램은 완벽하게 데이터베이스가 보전되었다는 것을 알 수 있다.

콘텐츠 딜리버리 네트워크로 전 세계를 커버한다

2009년 11월에는 콘텐츠 딜리버리 네트워크(CDN)가 발표되었다.
PDC 2009에서 그 실체가 소개되어 개발자는 '애저 디벨로퍼 포털'에서 커스텀 도메인 네임을 지정함으로써 블랍 데이터를 퍼블릭

콘테이너를 경유하여 보낼 수 있다.

애저 CDN은 발표 당시에는 전 세계 18개의 데이터센터에서 서비스되는 CTP(평가판)였지만 같은 해 6월 30일부터 정식판(β판)으로 배포되어 19곳에서 서비스가 실시되었다.

애저 플랫폼 어플라이언스 등장

PDC 2009에서는 프라이빗 클라우드에 관한 언급이 있었다.

마이크로소프트는 애저는 자사가 운영하는 퍼블릭 클라우드이며, 프라이빗 클라우드는 운영할 수 없다고 했었다. 그러나 2009년 9월 말에 방침을 전환, 프라이빗 애저 투입을 위한 준비에 들어갔다.

그리고 2010년 7월 12일 워싱턴 DC에서 개최된 월드와이드 파트너 컨퍼런스에서, '애저 플랫폼 어플라이언스(Windows Azure Platform Appliance)'가 등장했다. 이 소프트웨어 어플라이언스는 델과 HP, 후지쯔와 제휴하여 마이크로소프트가 규정하는 x86 베이스 서버에 윈도 애저와 SQL 애저를 탑재하여 기업 유저에게 판매하는 것이다. 미국계인 델과 HP, 이 두 회사는 SI 비즈니스에도 참여하고 있긴 하지만, 기본은 하드웨어 판매이다. 그들은 SI를 주력으로 하는 IBM과 달리 이 제휴를 계기로 클라우드 비즈니스를 확대하고자 한 것이다.

한편, 이 어플라이언스와는 별개로 마이크로소프트에는 호스팅 파트너용 '다이내믹 데이터 센서 툴 킷(Dynamic Data Center Tool-kit)'이 있다. 이것은 자사의 데이터센터만으로는 전 세계적으로 신속히 대응할 수 없기 때문에 파트너의 설비에 툴킷을 적용하여 애저 센터를 구축한 것이다. 이 어플라이언스는 그 변형이라고 해도 좋다. 온 프레미스 공략을 진행하는 마이크로소프트에게 문제는 서포트이지 만, 이들 파트너의 힘을 빌리는 것이 가장 현실적인 방법일 것이다.

애플리케이션 교환 사이트, 핀 포인트

PDC 2009에서는 수석 소프트웨어 설계 책임자인 레이 오지(Ray Ozzie)가 윈도 스케줄용 서드 파티 애플리케이션의 마켓플레이스 인 '핀포인트(Pinpoint.com)'에 대해 설명했다. 핀포인트는 세일즈 포스가 2006년에 개설하여 성공한 원조 애플리케이션 판매 사이트 인 '앱 익스체인지'의 애저판이다. ISV는 마이크로소프트가 제공하 는 API와 SDK를 이용하여 자사 제품을 애저에 적용시켜 이 사이트 에서 판매한다. 한편 마이크로소프트는 ISV의 도움으로 애저를 보급 하는 등 서로 주고받는 상생 관계 속에 이득을 챙길 수 있다.

이 애플리케이션 판매 방법은 모바일에서 가장 인기 있는 애플의 '앱스토어(App Store)'와 구글의 '안드로이드 마켓(Android Market)', 그리고 썬과 IBM도 각각 'Java 스토어(Java Store)', '스마트 마켓(Smart Market)'을 개설하여 ISV와 개발자가 참여하는 개발 수 법으로 성황을 누리고 있다.

코드명 댈러스로 알려졌던 애저 마켓플레이스

레이 오지는 정보 마켓 사이트인 '개발 코드명 댈러스(Dallas)'

에 대해서도 언급했다.

댈러스는 핀포인트의 일부로서 각종 데이터를 제공하며, 데이터는 SQL 애저상에서 전개된다. PDC 2009에서는 연방정부의 정보 공개 사이트 '데이터(Data.gov)'와 NASA의 달 정보 사이트인 '마스 패스파인더', 지리 정보 사이트 '내셔널 지오그래픽' 등에 데모로 소개되었다. 지금은 오픈 데이터 프로토콜이 적용되었으며 또, 행정 관련 정보뿐만 아니라 환경이나 헬스 케어, 일반 비즈니스 등도 다룰 수 있게 되었다.

개발자는 이들 데이터를 사용하여 독자 애플리케이션을 개발할 수도 있게 된다. 실제로 아마존에서는 2008년 말부터 방대한 휴먼 게놈과 국세 조사 정보(國勢調査情報)를 공개하는 공공 데이터 세트(Public Data Sets) 서비스를 시작했고, 애저 마켓플레이스는 그 애저판이라고도 할 수 있다.

애저와 타사의 요금 체계 비교

애저는 2010년 1월 4일부터 정식(β판)으로 상용 개시되었다.

애저의 기본 요금은 계산을 위한 '컴퓨트 서비스'가 시간당 12센트(아마존 EC2의 스몰 인스턴스는 리눅스가 10센트, 윈도는 12.5센트), 데이터 보존용 '스토리지 서비스'는 15센트/GB/월(아마존 S3은 최초의 50TB까지가 15센트/GB/월)이다.

여기에서 잠시 생각해보면 아마존과 구글, 마이크로소프트의 계산 서비스 가격은 수학적으로는 비슷하다.

그러나 마켓을 리드하는 아마존을 쫓는 두 회사는 미묘한 특징을 내세운 제안을 하고 있다. 우선 실제 환경을 보면 앱 엔진의 CPU 요금이 시간 당 10센트로 가장 저렴하다는 것을 알 수 있다. 또, 앱 엔진의 경우는 1일 6.5시간은 무상이므로 간단한 웹사이트 구축이라면 이 범위 내에서 충분할 것이다. 단지 앱 엔진은 PaaS에서 실행할 수 있는 것이 파이썬과 자바계로 한정되어 있다. IaaS에서 리눅스계의 임의 애플리케이션을 실행시킬 수 있는 것은 아마존 외에는 없다.

윈도에서 보면 애저는 시간 당 12센트, EC2는 12.5센트이지만 아마존에는 1년 예약(2/3)이나 2년 예약(1/2)하면 할인해주는 제도가 있다. 이렇게 되면 애저가 싸다고는 말하기 어렵다.

다음으로 개발 환경에서는 어떨까? 아마존은 모든 것을 EC2상에서 실행해야 하지만 애저의 개발 환경은 기본적으로 로컬에서 이루어진다. 즉, 애저에서의 작업은 이행 등의 확인만으로도 끝나는 것이다. 앱 엔진도 클라우드상에서 개발되지만, 앞서 말한 것처럼 무료로 사용할 수 있는 시간이 6.5시간 있다. 이렇게 보면 3사의 가격 설정은 교묘하게도 단순히 비교하기는 어렵다.

다음으로 애저의 스토리지 요금은 어떻게 되어 있을까?

우선, 기본적인 생각으로 스토리지 용량은 매월 하루 평균량 단위로 과금된다. 예를 들면, 어느 날 30GB를 업로드하고 그것을 하루만 보존했다고 치면 한 달 사용량은 1GB가 되고, 그 30GB를 1개월 내내 그대로 보존하면 한 달 사용량이 30GB가 된다.

또한, 스토리지에는 두 가지가 있다. 일반적인 파일 처리라고 간주

할 수 있는 애저 스토리지의 경우 사용료는 15센트/GB, 갱신 등의 처리는 1만회 당 1센트이다. 데이터 전송 대역 이용은 인(In)이 10센트/GB, 아웃(Out)은 15센트/GB(아시아 지역은 인이 30센트/GB, 아웃은 45센트/GB)이다.

다음으로 데이터베이스 서비스인 SQL 애저에는 웹판과 비즈니스판이 있다. 웹판은 최대 1GB까지라면 9.99달러/월, 5GB까지는 49.95달러/월이고, 비즈니스판은 더욱 세분화되어 설정되어 있는데, 최대가 10GB까지라면 99.99달러/월, 20GB까지는 199.98달러/월, 30GB(299.97달러), 40GB(399.96달러), 50GB(499.95달러)이다. 게다가 데이터 전송 요금은 인 10센트, 아웃 15센트(아시아 지역은 인 30센트, 아웃 45센트)가 필요하다. 여기서 주목할 점은 최초의 DaaS가 된 SQL 애저가 향후 이 분야의 가격에서 리드 역할을 할 수 있을지의 여부이다. 그렇게 되면 아마존 EC2가 AWS 전체의 수익원인 것과 같이 SQL 애저가 애저 전체의 비즈니스 축이 될지도 모른다.

또, 2010년 6월 말부터 시작한 CDN은 선택할 수 있는 지역이 북미, 남미, 유럽, 아시아, 오스트레일리아 5대륙이다. 요금은 북미와 유럽 지역이 15센트/GB, 기타 지역은 20센트/GB, 게다가 CDN의 트랜잭션 수 1만회에 1센트가 과금되었다.

앱패브릭도 과금 대상이다. 앱패브릭에는 서비스 버스와 액세스 컨트롤이 있다는 것은 앞서 설명한 바 있다. 서비스 버스 과금의 개념은 접속 단위이며, 1회 접속에 3.99달러, 5회는 9.95달러, 25회는 49.75달러, 100회는 199달러, 500회는 995달러로 비교적 저렴하다. 게다가 데이터 전송 요금은 인 10센트, 아웃 15센트(아시아 지역은 인 30센트, 아웃 45센트)가 과금된다. 유저가 액세스할 때 액세스 컨트롤 요금은 10만회에 1.99달러이다. 이렇게 정리해 보면 애저의 가격 체계는 꽤 복잡하다. 유저는 비용을 예측하기 어려우므로 이용 시에 주의해야 한다.

애저 적용 지역은 2010년 2월부터 21개국(오스트리아, 벨기에, 캐나다, 덴마크, 핀란드, 프랑스, 독일, 아일랜드, 인도, 이탈리아, 일본, 네덜란드, 뉴질랜드, 노르웨이, 포르투갈, 싱가포르, 스페인, 스웨덴, 스위스, 영국, 미국), 같은 해 4월에는 20개국(오스트레일리아, 브라질, 칠리, 콜롬비아, 코스타리카, 키프로스, 체코, 그리스, 홍콩, 헝가리, 이스라엘, 룩셈부르크, 말레이시아, 멕시코, 페루, 필리핀, 폴란드, 푸에르토리코, 루마니아, 트리니다드 토바고)이 추가되어 총 41개국이 되었다.

애저의 SLA는 컴퓨터가 99.95%, 스토리지와 CDN은 99.5%이다. 드디어 본격적인 도전이 시작되었다.

제6장

호스팅 기업의
화려한 변신

- 호스팅형 하이브리드로 공격하는 고그리드
- 개방성과 저비용으로 시장을 개척하는 랙스페이스

클라우드 비즈니스에 진입하기 위해서는 확실한 준비가 필요하다.

초기 아마존은 자사 데이터센터의 여력을 이용하거나 기존 커뮤니티를 활용했다.

구글도 자사의 웹 전략 비전과 앱 엔진을 결합시켰고, 개발자 커뮤니티도 견실하게 운영하고 있었다.

도전적이었던 마이크로소프트 애저는 윈도 유저를 온프레미스에서 그대로 끌어온다는 것을 전제로 했다.

이처럼 클라우드 비즈니스로 진입하는 데는 그 동기와 방향성이 참가 기업의 기존 비즈니스의 흐름과 향후 비전에 거스르지 않는 것이 중요하다. 그래야지만 만일의 경우 원만한 리스크 헤지도 가능하다.

그런 의미에서 일반론이기는 하지만 데이터센터 비즈니스에서 클라우드로 진입한 것은 자연스러운 흐름일 것이다. 과거, 하드웨어가 고가였던 시대에 외부 수탁이라는 형태가 데이터센터의 주된 비즈니스 모델이었다. 그 후, 운용 관리가 까다로워 위탁 운용의 코로케이션 서비스, 커머디티화로 하드웨어 가격이 대폭 내려가면서 렌탈 서버 비즈니스가 생겨났다. 그리고 클라우드가 등장한 것이다.

이러한 경향은 미국 시장에 확실히 드러나 있다. 여기에 소개하는 고그리드와 랙스페이스 외에도 대기업의 데이터센터 서비스나 테레마크 월드와이드 등은 연방정부의 클라우드 계획에 바짝 다가서 새로운 시장을 여는 데 여념이 없다('제12장 움직이기 시작한 미국 연방정부의 클라우드 - 앱스(Apps.gov)의 등장' 참조).

2010년 초부터 마이크로소프트의 애저는 PaaS로서 정식으로 시작했고, 그 후 마이크로소프트는 애저의 IaaS 준비에 들어갔다. 앞 장에서 설명한 VM 롤이다. 그러한 마이크로소프트보다도 족히 2년 이상, 아마존보다도 약 1년 빠르게, 윈도 베이스의 IaaS를 제공하며 독자적으로 편리성을 추구하고 있는 프로바이더가 있다. 바로 고그리드(GoGrid)이다.

고그리드의 모회사인 서버패스(Server Path)는 1994년, ISP 기업인 리치로 설립되었다. 그 후 2001년에 호스팅을 주 사업으로 하는 현재의 사명으로 변경하고 2008년 4월 클라우드 부문의 고그리드를 시작했다. 이 회사의 IaaS 클라우드는 사용이 편리하다는 점과 호스팅에서의 풍부한 경험을 살린 이용 형태가 인기를 끌고 있다.

호스팅형 하이브리드 클라우드란?

하이브리드 클라우드란 일반적으로 퍼블릭과 프라이빗 클라우드를 결합한 것이지만 고그리드의 경우는 퍼블릭 클라우드와 호스팅을 결합한 것이다. 이 아이디어는 모회사에서 배운 것으로 일반적으로 클라우드에는 웹 애플리케이션이 적합하다. 하지만 유저는 컴플라이언스와 시큐리티 또, 퍼포먼스 등에서 전용 하드웨어를 요구한다. 그들의 하이브리드 클라우드에서는 이 요구에 대응할 전용 호스팅기인 '데디케이티드 서버(Dedicated Server)'를 갖추고 클라우드 애플리케이션과 조합하여 이용한다.

아래 그림의 예에서는 백엔드의 중요한 데이터베이스를 데디케이티드 서버(전용 호스팅기)에 두고, 프런트 엔드의 애플리케이션은 고그리드의 클라우드 서버(가상 머신)에서 처리한다. 이 클라우드 서버는 필요하면 언제나 간단하게 추가 투입할 수 있어 확장성이 유지된다. 호스팅보다 안전하게, 그리고 클라우드로 확장성을 유지한다. 이 두 가지 요구를 만족시키는 점이 호스팅형 하이브리드의 인기 비결이다.

실제로 고그리드는 모회사의 데이터센터 설비를 이용하고 있다. 그렇기 때문에 호스팅용 데디케이티드 서버와 클라우드 서버는 VLAN으로 접속되어 쉽고 빠르게 커뮤니케이션할 수 있다. 게다가 네트워크와 로드밸런서 등 많은 기기도 호스팅과 클라우드가 공용하고 있다. 이것들을 사용하면 데디케이티드 서버의 방화벽과 페일 오버를 구축할 수도 있으므로 하이브리드는 보다 효율적인 구조인 것이다.

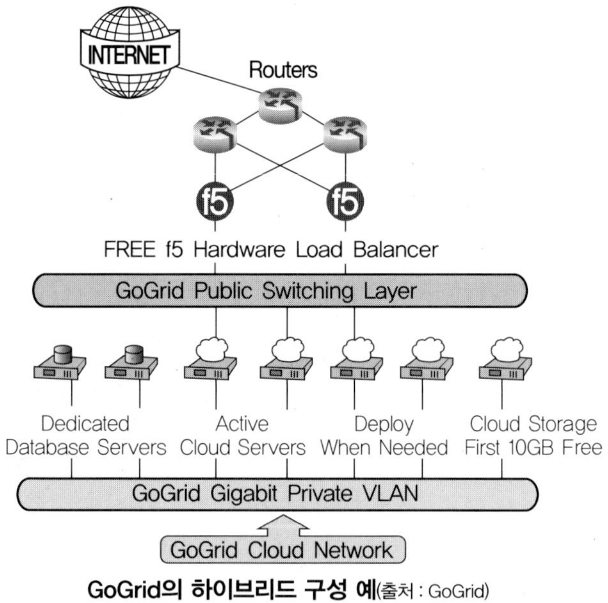

GoGrid의 하이브리드 구성 예(출처 : GoGrid)

철저한 윈도 서포트

2008년 시작 당시 고그리드의 장점은 윈도를 서포트한다는 것이었다.

아마존도 아직 윈도를 다루지 않았고, 리눅스계 유통만을 서포트하던 시기였다. 모회사의 호스팅 비즈니스로부터 배운 점은 이 시장은 중소기업이나 부문 내의 업무가 중심이라는 점이었다. 이러한 경향은 클라우드에서 한층 더 강해지는데 그렇게 되면 윈도 서포트는 필수다. 또한, 관련 소프트웨어의 프로비저닝을 보다 간소화해야 한다. 아마존의 경우 그 기본은 커맨드라인이다. 그렇기 때문에 그것을 보완하는 라이트 스케일이 인기를 끌었다. 고그리드에서는 소프트웨어 어플라이언스 등을 아이콘화한 드래그 & 드롭 방식을 채용하여, 가상 머신은 메뉴에서 실행시킬 수 있다. 간단하게 말하자면 라이트 스케일이 설치되어 있는 것이다. 윈도 서포트는 2008년 3월에 서버 2003판, 같은 해 9월에 서버 2008판이 시작되었고, SQL 서버와 IIS도 추가되었다. 리눅스계에서는 센트 OS, 레드햇, 우분투를 지원한다. 한편 IaaS 클라우드에서 앞서고 있던 아마존은 윈도 서버 2003판을 2008년 10월부터, 2009년 12월에 겨우 2008판 서포트를 개시했다. 고그리드에 비해 약 1년 늦은 것이었다.

이 회사는 윈도 애저에 대해서도 적극적이다.

2009년 11월 마이크로소프트 PDC에서 발표된 '애저용 애플리케이션 라이프사이클 관리(ALM)'는 이스라엘의 블루 스타 인포테크와 제휴한 성과이다. 애저의 서비스 개발은 일반적으로 로컬 비주얼 스튜디오에서 하지만 이 ALM 기능을 포함한 고그리드 클라우드 상에서는 개발자가 개발부터 부하 테스트 등 일련의 작업을 진행한 다. 모든 것이 클라우드상에서 이루어지기 때문에 테스트용 하드웨 어 구성 등은 신경 쓰지 않아도 된다. 그 결과를 애저에서 실행한다. 즉, 다른 애플리케이션과의 관계 등 어떤 사정으로 인해 실행은 애저 에서 하지만 개발은 매우 저렴한 고그리드 클라우드에서 하도록 한 다는 제안이다.

유저를 만족시키는 저렴한 가격

고그리드의 또 한 가지 특징은 저렴한 사용료를 들 수 있다.

유저가 선택할 수 있는 클라우드 서버는 기본적으로 코어 수(1코어 는 인텔 네할렘(Intel Nehalem) 2.0GHz 상당)과 RAM 메모리 용량 (GB)이 같은 수치가 되도록 정해져 있다. 예를 들면 0.5코어＋0.5GB 메 모리라든지 1코어＋1GB 메모리, 4코어＋4GB 메모리라는 형식이다.

그리고 사용료는 서버 RAM 시간이 기본이 된다. 서버 RAM 시 간이란 클라우드로서 전개하고 있는 서버상의 RAM 메모리의 총량 에 사용 시간을 곱한 것으로, 코어 수에는 직접적인 관련은 없고, 1 서버 RAM 시간은 19센트가 된다. 이 사용량 지불과는 별도로 월 액 선불도 있고, 2,500RAM 시간에 월 199달러(시간 당 8센트), 1만 4,500RAM 시간은 999달러(시간 당 7센트), 6만 7,000RAM 시간에 3,999달러(시간 당 6센트), 20만 RAM 시간은 9,999달러가 되어 환산 해보면 시간 당 5센트이다. 사용 시간 당 지불하는 것에 비하면 상 당히 저렴하다.

아마존 등과 그대로 비교할 수는 없지만 고그리드 쪽이 상당히 저렴하다는 것은 확실하다. 게다가 스토리지는 월 10GB까지는 무상, 추가는 10GB 이상 월 15센트/GB, 인터넷 데이터 전송폭은 인은 무상, 아웃은 29센터/GB, 로드밸런서도 무상으로 이용할 수 있다. 이들이 이처럼 저렴한 가격에 공급할 수 있는 것은 모회사가 ISP이고, 그 데이터센터의 여력을 이용할 수 있기에 가능한 것이다.

개방성과 저비용으로 시장을 개척하는 랙스페이스

랙스페이스(Rackspace)의 경우도 본업은 호스팅이다.

이 회사의 전신은 1996년에 ISP로 시작하여, 그 후 웹 호스팅으로 발전하였고, 1998년에 종합적인 호스팅 비즈니스를 취급하는 지금의 랙스페이스가 되었다. 그러한 흐름 속에 호스팅에 대한 다른 생각을 가진 두 명의 웹 개발자가 있었다. 그들은 고객의 대부분이 기기를 보유하는 것을 꺼려 호스팅으로 옮겨 온 것처럼 결국 언젠가는 호스팅도 만족하지 못할 것이라고 믿고 있었다. 회사는 그들의 안목을 믿고 2006년 초부터 시험 사업으로 '모쏘(Mosso)'를 시작했다. 아마존의 EC2보다 조금 앞선 일이다. 2008년에는 이 기술을 토대로 랙스페이스 스스로 모쏘의 도메인으로 '호스팅 클라우드'로서 시장에 진입, 같은 해 10월에는 온라인 백업 서비스인 정글 디스크(Jungle Disk)와 가상 머신 프로바이더인 슬라이스 호스트(Slicehost)를 인수하며 본격 공략에 나섰다.

2009년 6월에는 모쏘 브랜드를 현재의 '랙스페이스 클라우드 (Rackspace Cloud)'로 개명했다.

랙스페이스 클라우드의 기술은 세 가지이다. 우선 아마존 EC2에 해당하는 가상 머신 서비스가 '클라우드 서버(Cloud Servers)', 다음이 S3에 대응하는 '클라우드 파일(Cloud Files)', 여기에는 라임라이트와 연동한 CDN 서비스가 추가되었다. 그리고 웹 호스팅인 '클라우드 사이트(Cloud Sites)'이다. 이 사이트를 이용하면 '줌라 (Joomla!)', '월드프레스(Worldpress)', '드루팔(Drupal)' 등의 콘텐츠 매니지먼트 시스템(CMS)을 활용해 간단하게 웹 호스팅을 할 수 있다.

프라이빗 클라우드의 시작

랙스페이스의 퍼블릭 클라우드는 Xen 베이스였지만 2009년 여름부터 프라이빗 클라우드에도 대응하기 시작했다. 이 서비스에서는 가상화 시장에서 최대 셰어를 가진 브이엠웨어의 가상 환경을 채용하여 유저 기업은 포털 인터페이스로 전부 컨트롤할 수 있다. 실제 기기는 이 회사가 제공하는 호스팅 서버를 '데디케이티드 가상 서버 (Dedicated Virtual Server)'로 하여 프라이빗 클라우드용으로 사용할 수 있다. 제공된 서비스는 이 회사의 퍼블릭 클라우드와 마찬가지로 서버, 파일, 사이트 3종류이다. 퍼블릭 클라우드가 Xen이고, 프라이빗이 브이엠웨어라는 것은 조금 신경 쓰이지만 이유는 확실하다. 대부분의 클라우드 프로바이더가 Xen 베이스인 것처럼 퍼블릭에서는 처리 효율과 독자적 운용 관리면에서 보면 Xen이 뛰어나다. 그러나 한편으로 기업용 가상화 시장에서는 브이엠웨어가 절대 우위에 있다. 즉, 기업의 상당수는 이미 브이엠웨어를 도입하여 그 기술에 적응하고 있고, 경우에 따라서는 브이엠웨어 베이스인 클라우드를 일부 구축하고 있을지도 모른다. 이 같은 유저에게는 기술 기반을 바꾸지 않고 대응하는 것이 매우 중요하기 때문이다.

아마존을 능가하는 개방성

랙스페이스 클라우드를 시작하면 아마존과의 차이로 우선 알 수 있는 것은 그 구조이다.

아마존의 구조는 기본이 되는 가상 머신 EC2에 스토리지인 ESB와 S3, 그리고 콘텐츠를 배신(配信)하는 클라우드 프런트 등을 조합하여 이용한다. 이 같은 기능 모듈은 가상 프라이빗 클라우드와 클라우드 와치, 로드밸런서 등에서도 마찬가지이다. 즉, AWS는 필요한 모듈을 유저가 빌딩 블록 방식으로 조합하여 이용하는 클라우드판 SOA(Service Oriented Architecture)와 같은 것이다. 이에 대해 랙스페이스는 클라우드 서버와 클라우드 파일, 그리고 클라우드 사이트 이 3가지뿐이다. 매우 간단한 구조이다. 여기에 하나 더 추가하자면 자유로움이 요구되겠지만, 그러기 위해서는 더욱 연구가 필요하다. 바로 API와 오픈 소스화이다.

2009년 7월 중순, 랙스페이스는 기본이 되는 클라우드 서버의 API를 공개하여 외부 소프트웨어에서 클라우드 서버를 조작할 수 있도록 했다. 서비스명을 랙스페이스 클라우드로 개정한 다음 달의 일이다. 이 구조를 이용하면 외부에서 서버 인스턴스의 종합 정보가 되는 메타 데이터를 취득하여 제어하거나 인스턴스 기동 전에 새로운 정보를 삽입하여 가동 환경(리사이즈, 서버 이미지의 변경 등)을 재설정할 수 있다. 또, 가상 머신의 호스트기를 특정하거나 공유 IP주소를 그룹화하는 API 등도 추가했다. 같은 달 말 팀 오레일리(Tim O'Reilly)가 주도한 '오픈 소스 컨벤션(OSCON)'에서는 이 클라우드 서버 API와 클라우드 파일이 명확하게 소개되었다. 클라우드 파일에서는 Java, PHP, 파이썬, 루비, C#의 바인딩도 공개되었다. 여기에 호응해 외부 벤더들은 라이트 스케일이 서버 API를 사용해 드래그 & 드롭 방식을 따르는 자동 프로비저닝을 개발하고, 가상 어플라이언스인 r패스('제9장, 클라우드를 둘러싼 우주-가상 어플라이언스를 만들자' 참조)에서도 물리 환경에서 가상 환경으로 쉽게 애플리케이션을 전개할 수 있는 시스템이 나왔다. 2010년 초에는 아이폰에서 이 API를 경유하여 랙스페이스 클라우드를 기동할 수 있게 되었고, 원격 감시도 가능해졌다.

이렇게 보면 아마존은 다양한 기능을 모듈화하여 유저에게 편리함을 제공하지만 다른 관점에서 보면 그것은 아마존 고유의 것이어서 개방성이 결여되어 있다. 유저는 AWS에서 다른 클라우드로는 바꿀 수 없다. 반면, 랙스페이스의 심플한 구조는 자유도가 높아 다른 클라우드로의 이행도 기본적인 문제는 발생하지 않는다.

즉, 아마존은 사용하기 편리하지만 전용 기술 즉, 프로프라이어터리(Proprietary)의 개념에 가깝고 랙스페이스 클라우드는 개방성이 우수하다. 랙스페이스 클라우드는 기본적으로 64비트기이며, 우분투, 센트 OS, 페도라, 젠투 등의 OS를 서포트하고, 2010년 2월부터는 윈도 서버 2003과 2008도 서포트하기 시작했다.

오픈스택 프로젝트 개시, NASA도 협력

2010년 7월 19일, 랙스페이스는 마침내 완전한 오픈 소스화로 발을 내딛었다.

랙스페이스 클라우드의 서버와 파일의 기본 코드를 '오픈스택 프로젝트(OpenStack Project)'에 기증한 것이다. 이 프로젝트에 강력한 파트너로서 참가한 것은 실리콘밸리의 NASA 에임즈 연구소이다. 이 연구소는 슈퍼컴퓨터를 작동하여 달 표면에서 물을 탐사하는 엘크로스(LCROSS)와 화성의 피닉스 계획 등의 미션을 수행하고 있으며, 우주 왕복선의 타일 사고 분석과 허블 우주 망원경의 동영상 분석 등도 다루고 있다. 즉, NASA의 컴퓨터 부문을 겸하고 있다. 그 에임즈 연구소에서는 오픈 거버먼트 정책의 일환으로 '네뷸러(Nebula)' 클라우드를 가동 중이다('제12장. 움직이기 시작한 미국 연방정부의 클라우드-NASA의 네뷸러' 참조).

오픈스택에는 두 가지 프로젝트가 있다. '컴퓨트'와 '오브젝트 스토리지'이다.

기본 검토가 끝나고 컴퓨트에는 NASA 네뷸러, 오브젝트 스토리지에는 랙스페이스의 클라우드 파일을 사용할 수 있게 되었다. 이 계획이 본격화되면 대형 클라우드의 구축과 클라우드 간 연동, 나아가 애플리케이션 이동에 큰 영향력을 갖게 된다.

자회사들의 건실한 성장 – 정글 디스크 & 슬라이스 호스트

매수된 정글 디스크(Jungle Disk)와 슬라이스 호스트(Slicehost)는 자회사로서 활약 중이다.

스토리지 백업 서비스 기업 정글 디스크는 프런트만 그들이 개발한 것이고 백 엔진은 아마존 S3였다. 랙스페이스에 합병된 후에는 S3뿐만 아니라 모회사인 클라우드 파일도 대상으로 하여, 유저는 어느 쪽이든 선택할 수 있다. 이용 방법은 매우 간단하다. PC용 에이전트 소프트웨어를 다운로드하면 드라이브 J(Jungle Disk(J:))가 나타난다. 여기에 백업할 파일을 드래그&드롭하기만 하면 된다. 파일 용량의 제한은 없고, 시큐리티도 AES-256의 암호화로 만전을 기했다. 사용 요금은 개인용 퍼스널 에디션은 단지 월 2달러, 거기에 S3이나 랙스페이스 스토리지의 실비가 추가된다.

비즈니스용으로는 팀으로 사용하는 워크 그룹 에디션과 서버 에디션이 있고, 전자는 월 4달러, 후자는 5달러, 여기에 둘 다 스토리지의 실비가 더해진다.

또 하나의 자회사인 슬라이스 호스트는 Xen 베이스의 버추얼 서버를 슬라이스 제공하는 저가의 프로바이더이다. 유저가 필요로 하는 메모리와 디스크 용량 등의 리소스를 지정하여 신청하면 그 요청을 정리하여 슬라이스하고, 결과를 통지해준다. 가장 표준적인 슬라이스는 가격과 함께 홈페이지에 개시되어 있기 때문에 쉽게 알아볼 수 있다. 모든 디스크는 RAID 10에 의한 페일 오버로 보호받고 있기 때문에 안전하다. 이용할 수 있는 리눅스는 우분투, 데비안, 젠투, 센트 OS, 페도라, 아치, 레드햇 등이다. 슬라이스 호스트도 데이터센터는 기존의 것과 모회사의 것을 섞어서 사용하고 있다.

이렇게 랙스페이스 산하 자회사가 된 두 기업은 데이터센터 설비뿐만 아니라 기술도 공유하여 자사의 비즈니스를 발전시키면서 모회사의 고객 확대에도 기여하고 있다.

유튜브 호스팅 - 서버비치

2008년에 IPO(Initial Public Offering)한 랙스페이스에는 더욱 재미있는 이야기가 있다.

서버비치(ServerBeach)라는 회사다. 이 회사를 연 것은 랙스페이스를 일으킨 리차드 유(Richard Yoo)이다. 그는 미래는 비디오 등의 스트리밍으로 향한다고 예측하고, 사내에서 진행되고 있던 프로젝트를 독립시켜 별개 회사로 운영했다. 2002년의 일이다. 그의 감은 적중하여 유튜브를 고객으로 만들게 된 것이다. 유튜브의 설립은 2005년 3명의 페이팔(PayPal) 엔지니어가 생각해낸 아이디어다. 인기는 순식간에 퍼져 다음 해 2006년 10월, 창립한지 채 2년도 되지 않은 스타트업 기업을 구글이 약 16.5억 달러(약 1조 6500억 원)라는 고가로 매수한 것은 다 아는 사실이다.

그 후, 서버비치는 2004년 10월에 캐나다 벤쿠버에 있는 세계적으로 손꼽히는 호스팅 회사인 피어1이 700만 달러(약 7,000억 원)에 인수했다. 이 회사가 가진 독특한 기술과 유튜브의 호스팅을 높게 평가한 것이었다. 하지만 그것도 2007년 말을 끝으로, 유튜브는 구글의 데이터센터로 옮기기로 결정됐다.

'클라우드도 평범하면 지겹다' 서버비치는 '기크*1)(Geek)를 위한, 기크에 의한' 회사다.

그래서 유튜브와 같은, 당시로서는 과도한 요구에도 대응할 수 있었다. 호스팅에서 제공하는 서버는 듀얼은 물론 쿼드 코어(코어 4개)로 처리 효율은 크게 오르고, SSD도 이용할 수 있다.

사용할 수 있는 소프트웨어도, 오픈 소스의 도큐먼트 지향 데이터베이스 '몽고DB(MongoDB)'와 페러렐스(Parallels)가 개발한 호스팅용 서버 관리 '플레스크 패널(Plesk Panel)', 웹 호스팅을 컨트롤하는 'c패널(cPanel)' 등이다. 이들을 사용하면 서버비치상에서 소규모의 호스팅 비즈니스도 시작할 수 있다.

클라우드에 대해서도 독특하다. '클라우드원 스토리지(CloudOne Storage)'와 '클라우드 엑셀러레이터(CloudXcelerator)' 이 두 가지가 있다. 클라우드원 스토리지는 EMC가 개발한 '아트모스(Atmos)'를 베이스로 한 것이다. 이를 API 경유로 실행, 일반적인 데이터는 물론 리치 미디어를 백업하는 데 적합하다. 요금은 1개월 당 15센트/GB, 또, 카피가 첨부되면 1개월 당 32센트/GB이다. 모회사가 보유한 전미와 유럽을 커버하는 슈퍼 네트워크상에서 사용한다면 대역 사용은 무료이다.

---

*1) 기크(Geek) : 기술에 탐닉, 극한의 장인 정신을 보이곤 하는 기술자

클라우드 엑셀러레이터도 이 네트워크를 사용하여 기크들이 선호하는 각종 소프트웨어 툴을 구사하여 클라우드를 구축하는 프로그램이다. 이 프로그램은 신청한 것 중에서 그들이 선정한 기업만 대상으로 하고, 해당 기업은 대폭 할인을 해준다. 그리고 개발 후에는 공동 마케팅을 전개하여 함께 이름을 높이고자 하는 것이다.

지금까지 호스팅의 화려한 변신, 고그리드와 랙스페이스에 대해 알아봤다.

양사 모두 배경 자산을 잘 살리면서 명확한 개성을 갖고 있다는 점이 독특하다. 그렇지 않으면 아마존, 구글과 싸우기는 힘들다. 고그리드는 모회사로부터 배운 타깃층 엄선, 그 세그먼트에 초점을 맞춘 철저한 윈도 서포트, 모회사의 데디케이티드 서버를 이용한 하이브리드 클라우드가 무기이다.

랙스페이스 클라우드의 경우는 자유로운 회사의 분위기를 살려 오픈 소스를 지향한다. 두 명의 엔지니어의 꿈을 구현한 모쏘의 기술은 지금도 클라우드 파일과 클라우드 사이트의 기반이 되어 있고, 가상 머신 클라우드 서버는 합병한 슬라이스 호스트와 같은 기술로 통일되었다. 시작한 오픈 스택의 NASA 에임즈와의 공동 개발은 어떻게 해서든지 성공시켜야 한다.

제7장

대형 벤더와
캐리어

- 대형 IT 벤더의 대응
- 대형 캐리어의 클라우드 전략

수세에 몰렸던 대형 IT 벤더들도 체제를 재정비하기 시작했다.

앞선 서비스 프로바이더와 시장의 움직임을 주시하면서 어떻게 하면 자신들의 장점을 내세울 수 있을지, 어떻게 대응하면 자신들의 시장을 지킬 수 있을지 필사적이었다. 퍼블릭과 프라이빗을 양립시킬지, 아니면 퍼블릭은 포기하고 기업 내의 프라이빗 클라우드에 집중할지 논의는 계속되었다. 대세는 퍼블릭은 신흥 세력에게 맡기고, 프라이빗에 주력하자는 쪽으로 기울었다. 아마존이나 구글과의 정면충돌은 득될 것이 없고, 퍼블릭 시장의 규모나 개발자와의 관계를 생각하면 가장 자신 있는 기업 내 IT 부문을 유저로 하는 프라이빗 클라우드가 무난하기 때문이다.

IBM 클라우드의 브랜드 통일
– 스마트 비즈니스(Smart Business)

IBM은 2009년 2월에 발표한 '다이내믹 인프라스트럭처(Dynamic Infrastructure)'를 더욱 발전시키기 위해 같은 해 6월 모든 클라우드를 '스마트 비즈니스(Smart Business)' 브랜드로 통일하는 전략에 착수했다. 이 스마트 비즈니스에는 IBM이 운영하는 퍼블릭 클라우드와 유저 기업 내에 구축하는 프라이빗 클라우드가 있다. 발표에는 브랜드 통일뿐만 아니라 구체적인 툴로서 '개발&테스트 클라우드'와 '가상 데스크톱'이 포함되었다.

우선, 개발&테스트용에서는 ① IBM이 운영하는 퍼블릭 클라우드(Smart Business Development & Test on the IBM Cloud) 상에서 유저 기업이 개발·테스트하는 것과 ② 같은 기능을 프라이빗 클라우드(Smart Business Test Cloud)로서 제공하는 것이 있다. 그 프라이빗 클라우드 환경 구축 어플라이언스가 '클라우드 버스트(CloudBurst)'이다.

즉, IBM의 퍼블릭 클라우드는 개발 및 시험용이라고는 해도, 어디까지나 실험적인 것으로 기업 유저가 익숙해지면 구축 어플라이언스 도입을 권하고, 그 구축된 프라이빗 클라우드상에서 개발부터 실전까지 실행하도록 유도하는 작전이었다. 이 IBM 퍼블릭 클라우드는 β판으로 이어지다가

1년의 무상 기간이 끝나고, 2010년 6월 말에 유상으로 전환했다.

클라우드 버스트의 구조는 SUSE 리눅스상에 브이엠웨어의 가상 환경이 만들어져, '가상화 대응 웹 스피어(WebSphere Application Server Hypervisor Edition)' 등이 탑재되고, '래셔널(Rational)'과 이클립스를 이용해 개발하고 운영할 수 있다. 또, DMTF(Distributed Management Task Force)가 제정한 다른 가상 하드 디스크 형식을 래핑하는 OVF(Open Virtualization Format)가 제공되어, 브이엠웨어에 얽매이지 않고 운용할 수 있도록 하는 연구가 계속되고 있다.

그래서 등장한 프리 인스톨 어플라이언스를 사용하면 간단하게 클라우드 구축에 필요한 모든 것을 얻을 수 있다. 그 중에는 여기에 서술한 컴포넌트 이외에, 클라우드 리소스를 구성하고 관리하는 포털, 개발 및 테스트 작업을 신속하게 궤도에 올려놓을 수 있는 IBM의 소프트웨어 이미지 등도 있다.

또 하나의 가상 데스크톱은 같은 해 8월 말 '브이엠월드(VMworld 2009)'에서 모습을 드러낸 '스마트 비즈니스 데스크톱(Smart Business Desktop)'이다.

스마트 비즈니스 데스크톱은 프라이빗에 대응하거나 IBM이 운영하는 퍼블릭 클라우드상에서 움직이는 서비스다. 이 클라우드 서비스를 이용하면 클라이언트는 소프트웨어를 인스톨할 필요 없이 어디에서든지 액세스할 수 있게 된다.

하지만 가상 데스크톱 통합(VDI:Virtual Desktop Integration)의 도입은 그렇게 간단하지만은 않다. 게다가 IBM이 VDI의 솔루션을 가지고 있는 것도 아니다. 그래서 IBM은 VDI 대기업 시트릭스와 브이엠웨어, 그리고 신흥 VDI 기업 데스크톤(Desktone), 또 신클라이언트 터미널 벤더 최대 기업인 와이즈 테크놀로지(Wyse Technology)와 제휴하고, 세 가지 제안을 했다.

우선 '평가 및 계획 서비스'이다. 이는 엔드 유저를 포함한 워크숍 형식이 되어 각 회사의 제품과 도입 사례를 소개하고, 요구 사항과 과제를 정리하면서 향후 계획을 마무리한다. VDI로 내딛는 첫 걸음이라고 생각하면 된다.

두 번째는 유저 고유 사양에 따른 VDI 도입 '프로젝트 서비스'이다. 가상 데스크톱의 세계는 일반적으로 유저 기업의 데이터센터에 데스크톱에서 이용하는 OS와 각종 애플리케이션을 호스팅한다. 이 때, 자사가 개발한 애플리케이션이 많거나 이용 유저의 형태가 다방면에 걸쳐 있는 경우에는 이 프로젝트 서비스를 받아 독자적인 VDI 호스팅으로 발전시킨다.

마지막으로는 IBM이 표준으로 규정한 VDI 호스팅의 '표준 서비스'이다. 여기에는 마이크로소프트 오피스 등 일반적으로 자주 사용되는 애플리케이션군이 속해 있다. 초기 비용은 없고, 이용 내역에 따라 매월 이용 요금만 지불하면 된다.

IBM은 또 2009년 10월 초, 가상 클라우드 스토리지 장치와 정보 보관 솔루션을 발표했다.

전자는 '스마트 비즈니스 스토리지 클라우드(Smart Business Storage Cloud)'라는 인텔리전트 스토리지 장치로, 기업 유저가 프라이빗 클라우드에 도입하도록 하는 것이 목적이다. 이 장치는 IBM 서버에, 인수 합병한 XIV의 스토리지 어레이를 장착하고, '분산 공유 파일 시스템 GPFS(General Parallel File System)'를 탑재하여 방대한 파일을 슈퍼컴퓨터 수준으로 처리하는 것이다.

후자는 인포메이션 아카이브로서 하드웨어와 클라우드를 조합한 것이다. 보관된 법규제 등의 기업 정보는 관리 정책에 따라 자동적으로 보존·관리되고, 유저는 그것들이 테이프 등의 미디어라도 상관없이 클라우드를 경유하여 액세스할 수 있다.

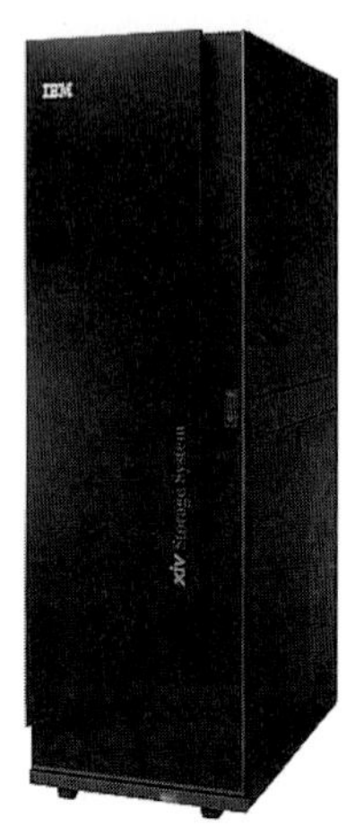

IBM XIV Storage System
(출처 : IBM)

이렇게 해서 IBM 엔터프라이즈 클라우드가 시작되었다.

더욱이 IBM은 콜래보레이션 '로터스 라이브(Lotus Live)'와 '티볼리(Tivoli)'에 의한 온라인 모니터링 서비스, IT 인프라를 렌탈하는 '컴퓨팅 온 디맨드(Computing On-Demand)' 등, 메뉴를 정비해 가고 있다. 또, 파트너와 공동으로 그들의 애플리케이션을 카탈로그에 등록하는 'IBM 스마트 마켓(IBM Smart Market)'도 개시했다. 이 사이트에서는 경비 처리와 타임 시트 '저닉스(Journyx)', 인튜이트의 경리 솔루션 '퀵북스(QuickBooks)', 디지엄(Digium)의 VoIP '애스터리스크(Asterisk)' 등이 등록되어 있다.

오라클 – 썬 연합의 사정

오라클의 썬 인수로 사태는 짐작할 수 없게 되었다.

원래 래리 앨리슨은 클라우드 컴퓨팅에 회의적인 발언을 많이 해 온 반면, 썬은 '오픈 클라우드 플랫폼(Open Cloud Platform)'을 적극적으로 추진하고 있었다. 그런 소극파가 적극파를 인수한 것이기 때문에 제대로 되기는 어렵다.

오라클은 그동안 피플소프트와 시벨, BEA시스템즈 등을 통합하고 썬까지 인수함으로써 기본 소프트웨어에서 하드웨어까지 두루 겸비한 거대 기업이 되었다. 과거 과점적이었던 데이터베이스 시장은 마이크로소프트와 IBM에 의해 분할되고 게다가 MySQL 등 오픈 소스계 데이터베이스가 침식하기 시작했다. 오라클의 전략은 대형 매수에 따른 엔터프라이즈 애플리케이션(ERP/CRM)으로 기울었다. 하지만 이 분야도 세일즈포스와 오픈 소스가 뒤쫓고 있다.

2008년 9월 '오라클 오픈 월드(Oracle OpenWorld 2008)'에서 오라클은 아마존과 제휴하고 파트너로서 오라클의 기술을 AWS상에서 제공한다고 발표했다. 그래서 오라클이 독자적으로 준비한 머신 이미지로 '오라클 DB11g(Oracle Database 11g)'와 미들웨어인 '퓨전(Fusion)' 등을 서포트하기 시작했다. 애플리케이션 개발 툴에서는 '애플리케이션 익스프레스(Oracle Application Express)'와 'J디벨로퍼(Oracle JDeveloper)', '이클립스 팩(Oracle Enterprise Pack for Eclipse)', '웹로직 워크숍(Workshop for WebLogic)' 등도 제공했다. 이 AWS 대응에서는 라이선스에 관한 발표도 있었다. 온 프레미스용 대형 라이선스를 가상 머신용 소형으로 수정해야 하기 때문이다. 그러나 AWS를 지원한다는 것은 오라클이 클라우드로 진입했다는 선전은 되었지만 순조롭게 진행되고 있다고 하기는 어렵다.

한편, 적극적이었던 썬의 클라우드는 어떻게 되었을까?

2009년 6월, 썬에 의한 마지막 '자바원(JavaOne 2009)'이 모스콘 센터에서 개최되었다.

샌프란시스코는 이 날 옅게 구름이 끼고 쌀쌀했는데 이는 오라클의 썬 매수를 암시하는 듯했다.

컨퍼런스에서도 첫 날의 제너럴 세션에서는 사회자였던 존 게이지(John Gage)가 퇴사하고, 게이밍 부문인 수석 에반젤리스트 크리스 멜리시노스(Chris Melissinos)가 담당했다. 또, 지금껏 대부분의 프레젠테이션을 처리하고, 소프트웨어 부문의 오픈 소스화를 발전시켜온 리치 그린(Rich Green) 상무도 대규모 레이오프로 퇴사하고 CEO인 조나단 슈왈츠(Jonathan Schwartz)가 직접 1시간 이상 진행을 맡았다.

그 후, 공동 창설자이자 오랫동안 썬을 경영해 온 스콧 맥닐리(Scott McNealy) 회장이 등장하여, 이제까지의 자바원을 되짚어봤다. 마지막으로 오라클의 래리 앨리슨이 등장했고 경건한 자바팬 개발자들로 채워진 회장에서는 한숨 소리가 새어나왔다.

썬의 오픈 클라우드는 매수극 직전이라고 해도 좋은 2009년 3월 18일, 맨해튼에서 개최된 '커뮤니티원 EAST(CommunityOne EAST)'에서 발표되었다. 그리고 3개월 후의 자바원 컨퍼런스와 병행하여 개최된 '커뮤니티원 WEST'에서 향후 방향에 대한 발표가 있었다. 9시부터 시작한 커뮤니티원은 대성황을 이루었다. 인트로는 썬의 클라우드팀을 인솔하는 데이비드 더글라스(David Douglas) 상무, 이

JavaOne 2009 마지막 제너럴 세션의 3인

어서 자세한 내용은 CTO인 류 터커가 맡았다. 설명에서는 "지금까지 한정 공개한 α판은 여름에는 상용 β판으로 일반에 공개될 것이다." 또, "이 컴퓨트 서비스(Compute Service)와 스토리지 서비스(Storage Service)로 구성되는 클라우드가 움직이기 시작하면 유일한 대형 IT 벤더로서 아마존에 정면 승부하게 될 것이다." 라는 내용이었다.

게다가 AWS가 가상 머신 레벨로 제공되는 데 비해 썬의 클라우드는 광대한 가상 데이터센터 제공이 목표였다.

그러나 β판은 아무리 지나도 등장하기 않았다.

MySQL 문제로 난항을 겪고 있던 오라클에 의한 매수도, 같은 해 8월 말에는 일단락되었다고 했음에도 불구하고 그 어디에서도 β판 에 대한 소식은 들리지 않았다. 해가 바뀌고, 2010년이 됐어도 들려오는 건 뒤숭숭한 소문뿐이었다. 중심 인물이었던 더글라스와 터커는 퇴사했다. 오라클 입장에서 보면 이제 막 유행하기 시작한 클라우드와 같은 가벼운 기술이 아니라 훨씬 이전부터 기초적인 분산 데이터베이스 등 그리드 컴퓨팅에 주력해 왔다는 자부심이 있었다. '리얼 애플리케이션 클러스터(Real Application Cluster)'나 관련된 '오토매틱 스토리지 매니지먼트(Automatic Storage Management)' 등이 그것이다. 가상화 관련해서는 오라클이 직접 운영했던 VM서버(Oracle VM Server), 매수한 버추얼 아이언(Virtual Iron), 그리고 썬의 Xen 베이스 프로덕트 시리즈와 '버추얼박스(VirtualBox)'도 있다. 솔라리스 OS부터 미들웨어에서는 웹로직 애플리케이션 서버와 퓨전, 하드웨어에서는 크고 작은 서버부터 스토리지 장비까지 클라우드 구축에 필요한 것은 무엇이든 갖추었다.

또, 텍사스주 오스틴에는 대규모 데이터센터가 있고, 1만대 이상의 리눅스기가 돌아가고 있다. 여기서는 웹 베이스의 '시벨 CRM 온 디맨드(Siebel CRM On Demand)'가 가동되고 있어 완벽한 SaaS라고 할 수 있다. 엔터프라이즈 시장에 확실하게 클라우드를 요청하면, 언제든지 가능하다. 어떤 것이 진짜 비즈니스가 될지, 이를 주시하고 있는 것이 오라클의 스탠스와 같다.

2010년부터 전 세계적으로 시작된 클라우드 캠페인에서도 그런 의지가 나타났다. 주역은 클라우드 컴퓨팅을 실현시키는 궁극의 데이터베이

Oracle Exadata v2
(출처: Oracle)

스 머신 '오라클 엑사데이터(Exadata)'이다. 이 엑사데이터는 2008
년도 오라클 오픈 월드에서 HP와 공동 개발하여 발표한 것이다. 이
번에는 그것을 '썬 파이어(Sun Fire)'에 탑재해, 버전 2로서 판매 확
대를 꾀했다. 오라클다운 현실적인 대응이라 할 수 있다.

시스코의 클라우드 도전

시스코(Cysco Systems)가 클라우드에 도전
한다고 하면 놀라는 사람이 있을지도 모른다.
하지만 시스코는 그 즈음 클라우드를 위한
기반 확충에 여념이 없었다. 가장 큰 움직임은 이제까지의 엔터프
라이즈용 네트워크 기기뿐만 아니라 2009년 4월에 차세대 데이터
센터 플랫폼이 될 '유니파이드 컴퓨팅 시스템(Unified Computing
System)'을 발표한 것이다. 이 유니파이드 컴퓨팅이란 네트워크와 서
버를 효과적으로 통합한 것으로, 시스코는 이제까지 다루지 않았던
블레이드 서버와 패브릭 인터커넥트를 개발했다. 고성능 서버와 기존
의 네트워크를 완전히 융합시키겠다는 전략이었다. 또한, 유니파이드
형 서버뿐만 아니라 레드햇과 제휴하여 레드햇 엔터프라이즈 리눅스
를 블레이드 서버와 패키지로 출하하기 시작했다. 소프트웨어 분야
에도 조금씩 발을 내딛은 것이다.
두 번째 움직임은 보다 퍼블릭한 분야를 확충하는 것이었다.
시스코가 웹 미팅 솔루션 기업 '웹엑스(WebEx)'를 인수한 것은
2007년 3월의 일이다. 웹엑스의 온라인 회의 서비스는 완벽한 SaaS
이다. 이 서비스를 이용하면 웹을 경유하여 어디에서든지 자유롭게

데모를 하면서 상대의 얼굴을 보고 회의를 할 수 있다.

최근에는 2009년 3월, '플립 비디오(Flip Video)'를 개발한 퓨어 디지털(Pure Digital)을 인수했다. 플립 비디오는 200달러 이하라는 디지털 카메라 정도의 저가 비디오로서 인기를 끌고 있으며, 본체에서 나온 USB 커넥터로 촬영 후 바로, 컴퓨터로 연결할 수 있다.

이것은 완전히 컨슈머 분야의 제품이다. CEO인 존 챔버스(John Chambers)의 설명에 따르면 앞으로는 엔터프라이즈와 컨슈머의 경계는 없어지고 그들을 융합한 제품과 서비스가 유망해진다. 그것을 위한 열쇠가 클라우드이다. 한편으로, 차세대 데이터센터용 유니파이드 컴퓨팅을 추진하고, 다른 한편에서는 인터넷 관련 웹 컨퍼런스와 소비자 제품을 다룬다. 이들은 머지않아 클라우드에서 융합된 모습으로 성장할 것이다. 비전문가의 생각으로도 플립 비디오와 웹엑스를 연동시킨다면 간단하고 새로운 방법이 탄생할 것이라는 것을 알 수 있다. 그것들이 네트워크와 융합된 유니파이드 컴퓨팅상에서 클라우드가 되어 가동된다는 것은 장대한 구상이다.

2010년 6월 29일, 이번에는 안드로이드를 탑재한 태블릿 '시어스(Cius)'를 발표해 더욱 놀라게 했다. 시어스는 7인치의 터치 디스플레이와 전면 배치한 카메라가 달려 있고, 단순히 e메일이나 웹브라우징 정도의 태블릿이 아니라, 수화기와 스피커를 갖춘 도킹 스테이션 디지털 전화와 결합하면 화상 회의에도 사용할 수 있다. 이것을 지휘해 온 파드마스리 워리어(Padmarsree Warrior) CTO는 모토로라에서 이적하였으며, 많은 컨퍼런스에서 클라우드에 대해 발표해 온 사람이다.

그리고 같은 해 6월 24일에는 전(前) 썬의 클라우드 CTO인 류 터커가 스카우트되어 클라우드 컴퓨팅 부문의 CTO가 되었다. 그는 시스코가 클라우드 서비스를 전개할지 어떨지는 모른다고 하면서도 자신만만해 보였다.

Cisco Cius Business Tablet(출처:Cisco)

Flip Video(출처:Pure Digital)

HP의 클라우드 컨설테이션 서비스

클라우드 비즈니스에 대해서는 비교적 방관적 입장이었던 HP(Hewlett Packard)도 움직이기 시작했다.

HP가 첫발을 내디딘 것은 기업 IT 부문용 클라우드 컨설테이션 서비스로 '클라우드 디스커버리 워크숍'과 '클라우드 로드맵 서비스', 이 두 가지 서비스를 제공하기 시작했다. 조사에 따르면 오늘날 기업은 클라우드의 이점은 충분히 이해하고 있고, 어떻게 기존의 IT 자산과 융합시킬 것인가에 대한 문제에 직면해 있다. HP의 컨설테이션 서비스는 그 부분에 대한 답을 제시한 것과 같다.

우선 클라우드 디스커버리 워크숍에서는 클라우드를 전략적인 서비스로서 파악하고, 클라우드를 추가한 서비스 딜리버리에 따른 유저 교육과 클라우드의 잠재적 위험을 해석하여, 실행 시의 프로세스와 기술적인 제안을 이끌어낸다. 이 워크숍 다음 서비스가 클라우드 로드맵 서비스이다. 여기에서는 어떻게 유저에게 클라우드를 적용할지를 분석하고 구체적인 스케줄을 포함한 제안 사양을 결정한다. 그리고 이들 사양을 실현에 옮기는 프로그램과 거버넌스를 규정한다. 제안을 받은 기업은 그것으로 판단하고 작업 실행 프로젝트로 이행한다.

이처럼 HP의 클라우드 컨설테이션은 기업 IT 부문과 일체가 되어 클라우드 전략을 세우고 실행 과정을 그려내는 것이다. 같은 서비스는 IBM에도 있지만 벤더가 제공하는 컨설테이션은 자칫하면 자사 기술이나 제품을 강요하는 것이 될 지도 모른다. 과거 HP는 시스템 운용 관리 이외에, 딱히 큰 소프트웨어 프로덕트를 갖고 있지 않았다. 소프트웨어 제품을 갖고 있는가의 여부는 HP의 전략상 이율배반의 관계에 있었다.

하드웨어 판매를 주로 하고, 소프트웨어에서는 중립적인 위치를 지향했던 이제까지의 흐름은 변하고 있다. 클라우드화가 진행되면 유저 기업은 하드웨어 판매뿐만 아니라 컨설테이션과 수탁 개발까지 기대하게 된다.

　HP는 이에 대응하기 위해 최근 기업 매수를 진행해 왔다. 특히 머큐리 인터랙티브(Mercury Interactive)와 옵스웨어(Opsware)를 통해, 커버 범위를 대폭 넓혔다. 그리고 클라우드 서비스에서는 2008년 5월에 매수한 EDS가 핵심이다. HP의 클라우드 담당 책임자이자 CTO였던 러스 다니엘(Russ Daniel)이 EDS의 CTO로 이적하여 EDS는 HP의 엔터프라이즈 서비스 부문이 되었고 2009년 3월 말부터 '클라우드 수탁(Cloud Assure)' 프로그램을 개시했다. 이 프로그램은 SaaS를 중심으로 수탁 개발을 맡은 것으로, 컨설테이션을 전 공정으로 하고, 이 서비스가 후 공정이 된다.

　이상과 같이 대형 IT 벤더의 전략에는 다소 온도차가 있다.
　요약하면 IBM은 퍼블릭과 프라이빗 모두를 다루고 있지만 퍼블릭은 IBM 클라우드의 계몽용이고, 프라이빗이 본 비즈니스로 보인다. 오라클–썬 연합에서는 시벨과 같은 온 디맨드는 증강할 여지가 있다. 하지만 당장은 클라우드 관련 미들웨어와 엑사데이터와 같은 장비 판매를 계속 할 모양이다. 그리고 클라우드이긴 하지만 기본적으로 퍼블릭은 아마존과의 실험 이외는 결국 폐쇄될 것이다. 오라클이 프라이빗 클라우드 비즈니스를 가속하기 위해서는 아직 시간이 필요할 것 같다. 한편, HP는 그 동안 기업 인수를 통해 확보한 기술력을 클라우드에서 살리는 데 주력하고 있으며, 뒤에 설명하는 국방성의 클라우드에서는 파트너로서 애쓰고 있다('제12장. 움직이기 시작한 미국 연방정부의 클라우드–국방총성의 클라우드와 콜래보레이션' 참조).

**대형 캐리어의
클라우드
전략**

미국의 캐리어 클라우드 동향을 설명하기 전에 그 역사에 대해 잠시 알아보도록 하자.

오늘날 전화는 1876년 알렉산더 그라함 벨(Alexander Graham Bell) 박사에 의해 발명되었다. 최초의 언어는 유명한 '왓슨군, 이리 오게. 부탁이 있네(Mr. Watson-Come here-I want you)' 이다. 그가 낸 특허를 바탕으로 전화기가 제조되고, 벨 전화 회사가 설립되었다. 그 후 전화기 제조부터 회선 설치, 시내·시외 회선 운영 등 전 분야로 범위를 넓혀 미국 전체를 커버하는 대기업으로 성장하고, 유명한 벨연구소도 설립했다.

하지만 이 거대 기업은 반독점 소송에 의해 1984년 1월 1일 베이비 벨이라고 하는 8개 회사(벨 애틀랜틱, 나이넥스, 벨 사우스, 아메리텍, 퍼시픽 텔레시스, 사우스웨스턴 벨, US웨스트)로 분할되었다. 이 베이비 벨 분할은 순조롭지 못해 결국 1990년대 중반 이후, 다시 통합을 반복했다. 현재는 동쪽의 버라이존, 서쪽에서 남쪽을 커버하는 AT&T의 2강 시대가 되었고, 그 사이의 덴버에 본사를 둔 퀘스트가 있다.

버라이존 비즈니스 CaaS

이상과 같은 배경으로부터 현재의 캐리어에도 합병의 역사가 있다. 버라이존(Verizon)은 미 동해안을 중심으로 중부까지를 커버하는 전미 넘버 2의 전화 회사로, 1997년에 벨 애틀랜틱이 나이넥스를 인수, 2000년에는 벨 계통이 아닌 독립계 최대 전화 회사인 GTE와 합병하여 사명을 현재의 버라이존 커뮤니케이션즈(Verizon Communications)로 변경했다.

클라우드는 버라이존 산하의 버라이존 비즈니스가 담당하고 있다.

버라이존 비즈니스는 모회사의 3개 비즈니스 유닛 중 하나로, 기업용 IP 베이스의 커뮤니케이션과 IT 관련 프로덕트·서비스를 제공, 전 세계 75개국에 3만 명의 종업원을 보유하고 있다.

버라이존 비즈니스는 2007년에는 시큐리티 서비스로 저명한 사이버 트러스트(Sybertrust)를 인수하여 시큐리티 서비스 분야에 진입했다. 그리고 2009년 6월 철저한 준비 끝에 완성된 'CaaS(Computing as a Service)'로 클라우드 비즈니스로의 진입을 선언했다. 이 엔터프라이즈용 서비스는 미국과 유럽에서 바로 개시되고, 아시아에서도 같은 해 여름부터 시작되었다. CaaS는 버라이존이 가진 월드클래스 IP 네트워크와 데이터센터를 이용하며, 보안과 유연성 면에서 장점을 가지고 있다.

이 서비스에서는 포털을 통해 기업 유저는 업무에 적합한 클라우드의 크기와 이용 기간을 결정할 수 있다. 사용되는 네트워크는 다른 것이라도 상관없지만 일반적으로는 버라이존이 제공하는 IP 네트워크이다. 이것으로 MPLS(Multi Protocol Label Switching)에도 대응할 수 있다. 버라이존의 과금은 유저 기업 내의 개별 부문으로 세분화할 수도 있다. 이 부분은 전화 회사가 아니고서는 어림없는 일이다.

버라이존의 CaaS는 완전한 기업용 설계를 위해 보안에 대해서는 특히 엄격하다. 버라이존 데이터센터 자체의 기밀성, 그리고 포털은 싱글 사인 온 관리, 게다가 NID(Network Intrusion Detection) 탑재, 멀티 티어(Multi-tier)의 가상 방화벽, 게다가 ID와 액세스 관리, 로그 관리 등도 옵션으로 갖추고 있다.

다음으로 플렉시빌리티(확장성) 향상을 위해서는 브이엠웨어의 가상화 기술과 물리적인 호스팅 수법이 어우러져 있다. 이로써 기업에서 요청하는 대형 애플리케이션도 대응할 수 있다. CaaS에는 기본적으로 HP제 하드웨어, OS는 레드햇 엔터프라이즈 리눅스를 채용하고 있다.

AT&T의 시냅틱 서비스 SaaS

미 캐리어 최대 기업인 AT&T의 시작은 베이비 벨의 하나인 사우스웨스턴 벨로, 1995년에 사명을 SBC 커뮤니케이션즈로 변경했다. 1996년에 퍼시픽 텔레시스, 1997년에 독립계 서던 뉴 일글랜드 텔레폰, 1999년에 아메리텍, 그리고 2005년에는 AT&T를 인수하고 사명을 AT&T로 이름을 변경했다. 다음 해 2006년에는 벨사우스를 인수하여 전미 최대의 캐리어로 자리매김해 미 서해안과 남부 전역을 커버하고 있다.

AT&T는 2008년에 '시냅틱 호스팅(Synaptic Hosting)'을 발표했다. 클라우드 비즈니스 시냅틱 호스팅은 사용량만큼 과금하는 유틸리티 호스팅이다. 다음해 5월에는 EMC와 제휴하여 인텔리전트형 분산 스토리지 '아트모스'를 글로벌하게 전개하는 '시냅틱 스토리지 서비스(SSaaS : Synaptic Storage as a Service)'를 발매했다. 같은 해 11월에

는 '시냅틱 컴퓨트 서비스(SCaaS : Synaptic Compute as a Service)'
도 개시하고, 최대 캐리어 기업으로서의 폭넓은 사업 범위를 과시했다.

이들 사업의 기반이 된 것은 2006년에 인수한 US 인터넷 워킹
(USi : USinternetworking)이다. USi는 ASP(Application Service
Provider)가 한창일 무렵 최대 기업으로서 인수 후 AT&T는 이 회사
를 중심으로 호스팅 사업을 전개했다. 기반이 된 것은 USi가 가진 기
반 소프트웨어와 5개의 전 세계 대응 데이터센터였다.

IBM과 파트너가 된 퀘스트

전미 3대 캐리어 중에서 가장 규모가 작은 퀘스트 커뮤니케이션
즈(Quest Communications)도 활동을 개시했다. 퀘스트는 중서부의
북쪽에서 남쪽으로, 몬태나, 아이다호, 와이오밍, 유타, 콜로라도, 뉴멕
시코, 애리조나의 각 주(州), 거기에 그 좌우가 되는 중서부 왼쪽(태평
양을 따라서)의 워싱턴, 오리건의 2주, 중서부 오른쪽의 미네소타, 아
이오와, 노스다코타, 사우스다코타, 네브래스카 등, 전부 14개의 주를
커버한다. 그러나 이 지역들은 미국 전체 중에서는 과소지가 확대되
어, 비즈니스로서는 버라이즌, AT&T에 비해 크게 뒤처져 있었다.

퀘스트는 AT&T와 버라이즌과는 달리 본래 대규모의 호스팅 사업
에 능통했던 기업은 아니었다. 그러나, 그 두 기업의 클라우드 동향
을 주시하면서 2009년 IBM과 IT 서비스 제공에 관한 계약을 체결했
다. 이로써 퀘스트의 중소 규모 기업 유저는 IBM이 제공하는 온 디
맨드와 클라우드 매니지드 서비스를 받을 수 있게 되었다. 이 서비

스에서 퀘스트는 네트워크 측을 전담하고, IBM의 센터 처리와 조합하여 제공한다.

　이처럼 미국의 캐리어 기업은 이제까지의 호스팅을 계속하면서 새로운 서비스 메뉴를 추가하여 클라우드 사업으로 진출했다. 아마존과 구글, 그 밖의 ISP계 프로바이더, 대형 IT 벤더, 게다가 독립계 데이터센터 등이 클라우드 사업으로 밀려들어와 드디어 본격적인 서비스 접전과 고객 쟁탈전에 돌입했다.

제8장

가상화 기술의 전쟁

- 브이엠웨어의 대 클라우드 도전
- Xen에 사활을 건 시트릭스
- KVM에 거는 기대

가상화 기술을 빼놓고는 클라우드 컴퓨팅 전쟁을 논할 수 없다.

점유율이 높은 브이엠웨어가 클라우드에서도 강할지, 그 뒤를 쫓는 시트릭스의 Xen이 따라잡을 수 있을지, 또는 새로 진입한 KVM(Kernel-based Virtual Machine)과 마이크로소프트의 하이퍼 V가 선전할지 예측을 불허하는 전쟁이 전개되고 있다. 오늘날 가상화 기술 분야에서 입지를 구축한 브이엠웨어조차도 이런 날이 올 것이라고는 예상하지 못했던 것이 틀림없다. 현재로서는 대형 클라우드 프로바이더는 Xen을 채용하고, 엔터프라이즈 유저에게는 단연 브이엠웨어가 압도적이다. 이들을 해석하는 매트릭스는 복잡하지만 각 사의 지금까지의 흐름과 현상을 분석해보도록 하자.

브이엠웨어(VMware)에게 있어 최대의 과제는 클라우드 비즈니스에서 확실한 자리매김을 하는 것이다.

이 회사는 1998년 스탠포드 대학의 조교수인 멘델 로젠블룸(Mendel Rosenblum)과 그의 팀메이트 3명, 그리고 그의 부인 다이앤 그린이 참여하여 시작됐다. SGI에서의 경영 실적이 있는 다이앤 그린을 CEO로 하고 로젠블룸팀의 애드워드 버그니언(Edward Bugnion)이 CTO로 취임했다. 당초의 목표는 고가의 메인프레임에서 시작된 가상화 기술을 저렴한 PC용으로 개발하는 일이었다.

가상화는 그린, 마리츠의 사명은 클라우드

설립 다음 해 1999년, 첫 제품 브이엠웨어 워크스테이션(호스트 OS형)을 발표했다.

2001년에는 가상화 중앙 서버에 적용한 호스트 OS형인 GSX, 호스트 OS가 없고 전용 커널에서 대응하는 ESX, 이 두 가지가 등장했다. ESX야말로 현재 브이엠웨어의 기술 기반이다. 그리고 2003년에는 센터 측 서버군을 관리하는 '버추얼 센터'도 등장하여, 미래를 내다보는 기업으로 성장했다.

그 후, 2004년 EMC가 인수하면서 윤택한 개발 자금을 확보하고, 더욱 제품 라인을 정비할 수 있었다. 또한, 보다 강력한 기업으로 성장하기 위해 2007년 8월에는 IPO(신규 주식 공개)를 단행했다. 이리하여 브이엠웨어의 본격적인 행보가 시작되었다.

그 주력 제품인 ESX는 이른바 하이퍼바이저로서, 완전 가상화를 기본으로 윈도와 리눅스는 물론 뛰어난 실장 기술로 솔라리스도 가동시켜 2006년에는 준가상화도 가능해지면서 Xen의 공세를 받기 시작했다.

그 후 ESX는 복수의 가상 서버군을 관리하는 버추얼 센터와 세트로 통합 소프트웨어인 '브이엠웨어 인프라스트럭처 3'가 되었고, 현재 주력 제품의 근간이 되었다.

그리고 시대가 변했다. 2008년 7월, 다이앤 그린이 갑자기 해임되고, 그 자리에 전 마이크로소프트의 폴 마리츠(Paul Maritz)가 오게 되었다. 이유는 Xen과 마이크로소프트가 발밑까지 바싹 거리를 좁혀왔기 때문이다. 그린의 임무가 가상화 기술의 완성이라면 마리츠는 그것을 기반으로 한 클라우드 비즈니스가 목표였다.

실리콘밸리 팔로알토시에 위치한
브이엠웨어 본사

클라우드 OS 'v스피어 4'의 등장

마리츠는 CEO로 취임한 직후 '브이엠월드 2008'에서 3가지 테마로 새로운 시대를 선언했다. 우선 클라우드화를 실현하는 통합 환경인 'VDC-OS(Virtual Datacenter Operating System)'를 정비하는 것이었다. 다음으로 클라우드 서비스를 촉진시키는 'v클라우드 이니셔티브(vCloud Initiative)', 마지막은 바싹 뒤쫓는 시트릭스에 대항하는 클라이언트 가상 환경 '브이엠웨어 뷰(VMware View)'의 제공이다.

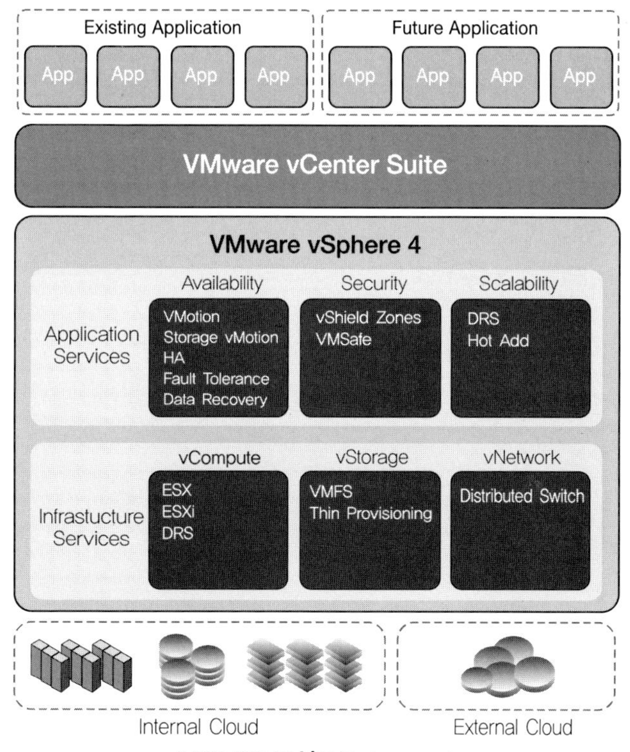

VDC OS 구성도 (출처 : VMware)

다음 해 2009년 4월, VDC-OS가 구체적인 모습으로 발매되었다. 인프라스트럭처 3의 뒤를 잇는 것으로 클라우드를 실현하는 'v스피어 4(vSphere 4)'이다. 이 제품의 등장은 가상화 기술 그 자체의 경쟁은 끝나고, 이제부터는 가상화 기술을 적용한 본격적인 클라우드 비즈니스 경쟁이 시작되었음을 의미했다.

v스피어 4는 하이퍼바이저 ESX를 중심으로 애플리케이션과 인프라스트럭처의 각 서비스 파트 그리고, VDC-OS의 전체를 관리하는 v센터(vCenter) 파트로 구성된다. 이 애플리케이션 서비스 파트에는 애플리케이션의 다양한 이행을 가능하게 하는 'V모션(VMotion)', 시큐리티를 강화하는 '브이엠세이프(VMsafe)'와 'v실드존(vShield Zone)', 또한 시스템 정지 없이 가상 머신에 CPU와 메모리를 추가할 수 있는 '핫 애드(Hot Add)' 등이 추가되었다. 인프라스트럭처 서비스 파트에서는 가상 머신을 'v컴퓨트(vCompute)'로 하고, 스토리지의 효과적인 활용을 위한 'v스토리지(vStorage)'와 'v네트워크(vNetwork)'도 정비되었다. v센터는 이제까지의 버추얼 센터를 대폭 업그레이드한 클라우드 환경 관리 제품으로서 가상 머신과 서버의 자동 프로비저닝, 가상 인프라의 용량 관리, 애플리케이션의 퍼포먼스 관리, 그리고 과금 처리 등에 대응한다.

v클라우드 익스프레스

마리츠는 어떻게 해서든 클라우드를 성공시켜야 한다. 그것이 그가 CEO가 된 이유이다.

그래서 등장한 것이 v스피어 4를 베이스로 한 'v클라우드 익스프레스(vCloud Express)'이다. 이 클라우드 구축 테크놀로지 세트를 데이터센터에 적용하여 프로바이더가 될 수 있다. 클라우드 비즈니스를 원하는 데이터센터 사업자는 많을 것이다. 그런 그들에게 퍼블릭 클라우드를 운영하도록 하여 브이엠웨어의 기업 유저와 동일한 테크놀로지 환경을 만들어낸다. 이렇게 되면 기업 유저는 자사 환경뿐만 아니라 너무 바쁘고 번거로울 때는 그 데이터센터와 자유롭게 왕래할 수 있는 구조가 된다. 그러기 위해 라이선스도 시간 단위의 종량제로 변경했다.

이를 위한 마케팅 전략이 'v클라우드 이니셔티브'이다. 포춘 1,000개사 중 브이엠웨어를 사용하고 있지 않은 기업은 겨우 30개사 정도라고 한다. 조금 오버하자면, 엔터프라이즈 시장의 전쟁은 브이엠웨어의 압승이다. 이제 데이터센터 시장을 정복할 차례다.

마리츠는 다음 해 '브이엠월드 2009'의 기조 연설에서 미국 캐리어 기업 AT&T와 버라이존, 또 데이터센터 대기업 사비스를 단상에 초청해 v스피어 4가 완전히 정착했음을 강조했다. 그리고 테레마크 월드와이드(Terremark Worldwide)가 등장하여 브이엠웨어가 발표한 v클라우드 익스프레스를 자사가 개조한 시범판을 공개했다. 이 클라우드에서 유저는 셀프 오퍼레이션 포털에 의해 가상 머신을 관리할 수 있다. 테레마크 v클라우드 익스프레스에는 '리소스', '서버', '네트워크' 버튼이 있고, 리소스 버튼에는 상단에 '컴퓨트', '스토리지', '밴드 와이즈(폭)'의 미터링 표시가 있다. 컴퓨트에서는 몇 대의 가상 머신이 어느 정도의 메모리 용량으로 몇 개의 서버가 움직이고 있는지, 스토리지는 몇 GB인지, 밴드 폭은 몇 MB 사용하고 있는지가 일목요연하게 보여진다.

다음으로 서버 버튼에서는 서버 작성, 복수 계층의 서버 그룹, 서버 각각의 각종 설정, 또한 VPN 접속 설정 등을 할 수 있다. 마지막으로 네트워크 버튼에는 인터넷과 시큐리티용 서비스가 있고, 인터넷 서비스에서는 퍼블릭 IP와 서버의 매핑, 또 시큐리티 서비스에서는 방화벽 설정 등을 할 수 있다.

v클라우드 이니셔티브는 성공할까?

2009년 9월, 이 v클라우드 익스프레스를 사용하여 퍼블릭 클라우드를 운영하는 β 프로그램이 가동되었다. 참가를 선언한 것은 테레마크를 필두로 미국의 블루락과 호스팅닷컴, 오스트레일리아의 멜버른IT, 그리고 영국의 로지카, 이 5개사였다. 하지만 그 후의 움직임을 보면 로지카는 정식 발표는 없었지만 이 회사 웹에서 클라우드 익스프레스의 정보는 삭제되어 정식판으로의 이행은 지연되고 있다. 이 β 프로그램이 제대로 궤도에 오르지 못한다면 마리츠의 체면은 말이 아닐 것이다. 그 뿐만 아니라 브이엠웨어에 있어서 클라우드 사업으로의 진전도 애매해진다.

5개사 중에서 눈에 띄는 것은 테레마크뿐이다. 브이엠웨어[1]는 2009년 6월, 이 회사에 투자하여 모델화를 계획했다. 그 시기는 미 연방정부의 클라우드 수주전이 한창이었지만 결과는 좋지 않았다. 낙찰된 것은 데이터센터 최대 기업인 사비스(Savvis)였다('제12장. 움직

---

*1) 2011년 6월 현재 Terremark와 Virtacore가 vCloud Express의 파트너로서 동참하고 있다.

이기 시작한 미국 연방정부의 클라우드 – 페더럴 클라우드 컴퓨팅 계획' 참조). 하지만 그 사비스는 브이엠웨어 제품을 사용하면서도 v클라우드 익스프레스의 β프로그램은 취급하지 않았다. 앞으로 정식판이 어느 정도 보급될지가 포인트이다. 그것이 궤도에 오르면 그 다음은 엔터프라이즈 클라우드가 보일 것이다.

이런 단계를 거치면서 브이엠웨어는 단순한 가상화 기술 기업에서 클라우드 기업으로 변모하기 시작했던 것이다.

하지만 브이엠웨어에게는 클라우드에 대해 기업 유저를 직접 서포트할 능력은 없다. v클라우드 이니셔티브는 이런 면에서도 기대가 높다. 계획에 동참할 파트너를 찾아서 우선은 그들의 데이터센터를 이용하여 클라우드로 진출하고, 그들의 유저를 서포트하게 한다. 그 여력으로 언젠가 개시할 기업 유저용 클라우드도 확실하게 서포트할 수 있게 될 것이다. 그와 병행하여 ISV와 기업 유저가 개발한 애플리케이션을 어플라이언스화하여 교환 판매하는 마켓플레이스인 'v앱(vApp)'도 완성했다. 모든 것이 작전대로 진행된다면 데이터센터는 물론, 브이엠웨어에게도 큰 길이 열릴 것이다.

스프링 확대 작전

브이엠웨어는 한편으로 새로운 시도도 시작했다.

2009년 8월 10일, 자바 개발자에게 인기가 많은 '스프링 프레임워크'의 스프링소스(Spring Source)를 인수했다. 스프링소스는 같은 해 4월에 오픈 소스의 시스템 감시로 많은 팬을 확보한 하이퍼릭(Hyperic)을 인수했고, 같은 해 8월 말에는 자바 개발의 라이프 사이클을 클라우드 환경에서 실행하는 클라우드 파운드리를 발표하여 클라우드 사업을 위한 진전은 모든 것이 순조로웠다.

그리고 2010년 4월 말, 브이엠웨어는 세일즈포스와 손잡고 '브이엠포스(VMforce)'를 발표, 5월 중순에는 구글과도 제휴했다. 4월 세일즈포스와의 발표회에는 양사의 CEO가 등장해 의욕이 넘쳤다. 세일즈포스의 기대는 SaaS 애플리케이션인 CRM에서 벗어나 다음 비즈니스인 '포스닷컴(Force.com)'을 추진하는 것이고, 브이엠웨어는 자사의 기술을 제공하여 셰어를 확대하는 것에 있다. 이 연대의 포인트는 스프링이다. 브이엠웨어가 인수한 스프링을 포스닷컴상에서 v스피어 4와 함께 전개하고, 한편으로 포스닷컴의 데이터베이스와 각종 플랫폼 서비스를 합쳐 제공한다. 즉, 새로운 자바용 PaaS 서비스이다. 대상은 엔터프라이즈의 자바 개발자들이다. 자바 개발자들이 기대했던 썬의 오픈 클라우드 플랫폼은 오라클에 의한 매수로 흥미가 사라졌다. 그래서 자바팬인 그들에게 스프링에 주목하도록 하여 클라우드 환경에서도 계속해서 쉽게 개발할 수 있도록 한다는 것이다.

구글과의 제휴는 2010년 5월 중순 개발자 컨퍼런스인 '구글 I/O (Google I/O 2010)'에서 '앱 엔진 비즈니스판'의 일부로 발표되었다 ('제4장. 구글의 장대한 구상-앱 엔진 비즈니스판 등장' 참조). 구글에게 있어서 이 제휴는 뒤늦은 엔터프라이즈 시장 진입에 뒷받침이 되었고 또, 브이엠웨어와의 협력으로 가상 환경에서의 애플리케이션 이식 가능성(Portability)을 높일 수 있을지도 모른다. 브이엠웨어의 기대는 이 비즈니스판 앱 엔진을 통해 자사의 영향력을 강화시키는 것이다.

버추얼 데스크톱 파노

잠시 기분 전환겸 브이엠웨어의 기술을 활용한 별종 가상 데스크톱 '파노(Pano)' 에 대해 알아보자.

고작 5cm의 정사각형 단면을 갖는 작은 케이스에는 PC의 주요 컴포넌트인 CPU와 메모리는 없고, 소프트웨어도 전혀 탑재되어 있지 않다. 유저는 케이스의 포트에 디스플레이와 키보드 등을 연결하기만 하면 된다. 이용할 수 있는 OS는 인터넷 저편의 데이터센터에 있는 윈도(7, 비스타, XP)이다. 즉, 가상화된 데이터센터를 리모트 액세스하는 완전한 버추얼 데스크톱이라 할 수 있다.

보통, PC에서 사용하는 소프트웨어는 개별로 구입하는 것이 당연하다. 하지만 그런 방법으로는 클라이언트가 비대해지고 기업은 소프트웨어 라이선스와 관리에 많은 비용을 지불해야 한다. 이 같은 이유로 미국에서는 TCO를 중시하여 서버에 소프트웨어를 설치하여 공유하고, PC를 가볍게 하는 씬클라이언트를 보급하고 있다. 파노는 씬클라이언트보다 앞선 것이다.

일반적으로 씬클라이언트의 액세스 터미널에는 소형 CPU와 소량의 메모리가 탑재되어 있다. 하지만 파노에는 아무것도 없다. 겨우 3개의 USB와 키보드, 인터넷, 디스플레이를 접속하는 포트만 있을 뿐이다. 이 USB 포트에는 외장 CD 드라이브와 프린터 등을 접속할 수 있다. 파노는 단순한 디바이스라서 인텔리전스는 없다. 역설적인 표현이긴 하지만, 그렇기 때문에 시큐리티에 대한 걱정과

소프트웨어 업데이트도 필요 없다는 것이 특징이다. 파노는 인터넷을 통해 데이터센터에 있는 서버에 연결되어 있다. 파노의 전원을 켜고 로그온 화면에서 윈도의 인증이 끝나면 다음은 일반 PC와 같다. 데이터센터는 브이엠웨어로 가상화되어 각각의 유저가 이용할 수 있는 가상 머신에 윈도와 애플리케이션이 갖추어져 있다.

파노와 가상 서버의 논리적인 중간, 물리적으로는 데이터센터 측에는 '파노 매니저'가 존재한다. 이 서버 소프트웨어가 항시 파노를 감시하고, 파노에서 접속 요구가 있으면 가상 머신을 배당한다. 물론 액티브 디렉터리와 연동된 로그온 화면을 표시하는 것도 이 소프트웨어이다. 또한, 파노 매니저는 시스템 관리 콘솔, 유저의 세션 트러블 등에도 대처한다.

트러블이 발생하면 파노의 위쪽 모서리에 있는 삼각 버튼을 눌러 다양한 도움말을 선택할 수 있다. 예를 들면 ① 윈도를 초기 상태로 돌리고 싶다, ② 트러블이 어디서 났는지 밝히기 위해 다른 가상 머신으로 바꾸고 싶다, ③ 빨리 작업을 계속하기 위해 가상 머신의 이미지를 데스크톱과 랩톱으로 바꾸고 싶다 등등.

이들 옵션을 선택하면 가상 머신의 리프레시와 롤백이 실행된다. 어떤 경우에도 작업 중인 기록과 파일을 잃어버리는 경우는 없다.

가상화 서버는 파노를 인터넷 너머로 오버 IP뿐만 아니라 오버 USB로써 이용한다. 그 결과 파노는 완전한 디바이스가 되고 모든 것은 브이엠웨어의 ESX를 탑재한 가상화 서버에서 처리된다.

도입은 우선, 파노 인스톨러를 기동시켜 브이엠웨어를 자동 검출하고, 없으면 ESX 서버와 v센터의 설치로 진행한다. 이미 도입했다면 거기에 파노의 솔루션이 설치되고, 그 다음은 브이엠웨어의 순서에 따라 파노에서 사용하는 윈도의 구성, 거기에 CPU 수와 메모리, 디스크 용량 등을 설정, 그리고 최초의 가상 머신을 작성한다. 그리고 템플릿에 필요한 수만큼의 가상 머신 클론을 생성하면 된다. 실행하면 파노 매니저에 의해 엔드 유저의 파노와 연결된다.

파노 디바이스(출처:Pano Logic)

파노 로직(Pano Logic)의 마케팅 전략은 엔터프라이즈 시장이다. 파노 도입을 계획하고 있는 기업 유저를 위한 스타터 킷이 준비되어 있다. 여기에는 5대의 파노 디바이스와 파노 매니저 등 가동에 필요한 세트가 포함되어 있고, 가격은 1,899달러이다. 이것과는 별도로 유지 보수 비용이 필요하다. 일반적으로 기업이 파노를 사용한 새로운 씬클라이언트 시스템을 구축하기 위해서는 애플리케이션을 어떻게 취급할지를 정해야 한다. 모든 유저에게 균일하게 적용하는 방법도 있지만 부문과 직종, 프로젝트 등에 따라 사용하는 애플리케이션 세트를 몇 가지 준비하는 것이 일반적이다. 파노에서는 이 세트를 컬렉션이라 하고, 파노매니저를 통해 필요한 컬렉션과 유저를 연결시킨다. 파노 디바이스의 소비 전력은 겨우 5W, 이것은 일반 PC의 3% 정도이다. 디바이스이기 때문에 트러블 시에도 IT 스태프가 찾아가는 일은 없고, 모든 소프트웨어 업데이트는 센터에서 이루어진다.

파노 로직은 2007년 설립되었다. 초대 CEO인 닉 골트(Nick Gault)는 젠소스(Xen Source)의 공동 창설자이자 CEO이다. 브이엠웨어에 대항하려고 설립한 젠소스의 전 CEO가 브이엠웨어의 기술을 서버에 적용하고, 정작 브이엠웨어는 서툴렀던 클라이언트 측의 가상 데스크톱을 개발한 것이다. 참으로 요상한 세계다.

Xen에
사활을
건 시트릭스

가상화 기술의 영웅이 브이엠웨어라면 그것을 추격하는 것은 Xen을 서포트하는 시트릭스(Citrix Systems)이다. Xen이 탄생한 것은 캠브리지 대학의 컴퓨터 연구소이다. 캠브리지의 강사였던 이안 프레트(Ian Pratt, 현 시트릭스 부사장)의 주도로 프로젝트가 조직화되어, 브이엠웨어에 대한 대항 작전이 시작되었다.

Xen 프로젝트의 시작

1990년대 후반 캠브리지 대학에서 퍼블릭 인프라 베이스의 광역 분산 처리 '제노 서버(Xenoserver) 프로젝트'가 시작되었다. 이 프로젝트의 과제는 크게 두 가지였다. 하나는 제노 서버, 그리고 또 다른 하나가 Xen 개발이었다. Xen은 애초부터 복수의 제노 서버 리소스 관리가 목적인 하이퍼바이저로 여겨졌다.

개발자들을 이끌었던 케이어 프레이저
(Keir Fraser)는 준가상화 기술을 생각해
내 큰 공헌을 하였다. 준가상화 방식 Xen

은 논리적으로 보아 복잡한 번역을 동반하는 브이엠웨어의 완전 가
상화보다도 우위에 설 수 있게 되었다.

오픈 소스인 Xen 커뮤니티판은 2002년 발매되었다. 그 후 개발은
순조롭게 진행되었고 Xen 1.0의 상용화를 목표로 프래트와 프레이
저 그들 멤버가 2004년에 젠소스를 설립했다. 2005년에는 노벨, 레
드햇, 썬 등이 Xen의 서포트를 표명했고, 이 같은 흐름을 배경으로
리눅스와의 친화성 향상을 도모했다. 리눅스 커널에 Xen이 들어간
다면 한층 더 처리 효율이 향상되었을 것이다. 하지만 그렇게 되지
못해 리눅스 창시자인 리너스 토발즈(Linus Tovalds)는 리눅스 커널
2.6.20부터 이스라엘의 쿰라넷 제품인 ‘KVM(Kernel based Virtual
Machine)’을 채용하기로 결정했다. 목표를 상실한 젠소스는 2007년
8월 시트릭스에 매각되어 오늘에 이르고 있다.

씬클라이언트로부터 탈피를 시도한 시트릭스

시트릭스 시스템즈를 설립한 것은 1989년이다.

시트릭스는 본래 씬클라이언트 터미널을 이용한 ‘SBC (Server-
Based Computing)’를 전문으로 하였으며, 그 원점이 된 것은 ‘메타
프레임(MetaFrame)’ 이다.

이 회사는 메타프레임의 서버와 클라이언트 사이의 압축 기술

시트릭스 실리콘밸리 사업소

인 'ICA(Integrated Communication Architecture)' 를 무기로, SBC 의 세계를 개척해왔다. 메타프레임은 그 후 프레젠테이션 서버로 이름을 바꿔, 시장에 군림해 온 것은 이미 알려진 바다.

SBC란 윈도가 가진 리소스 관리를 간이 가상화 기구로 간주하고 복수의 OS를 갖지 않은 터미널에서 중앙 서버의 애플리케이션을 액세스하는 구조이다. 이 방식은 지금 보면 미숙하지만, 당시에는 ICA 와 함께 미국을 중심으로 보급되었다.

다시 태어난 Xen

젠소스는 2008년 2월, 매각된 지 반 년 만에 'Xen 서버(Citrix XenServer)'와 'Xen 데스크톱(Citrix XenDesktop)'을 발표하며 다시 태어났다. Xen 서버는 기본적으로 데이터센터 내의 서버를 가상화한 것으로 브이엠웨어의 ESX 서버와 경쟁하고, Xen 데스크톱은 브이엠웨어의 클라이언트 가상 환경 '브이엠웨어 뷰'에 해당한다.

이 두 가지는 시트릭스에 있어서 SBC 시장의 새로운 길을 여는 중요한 제품이 되었다.

Xen 서버를 이용하여 새로운 서버 가상화 시장을 개척하고, Xen 데스크톱은 센터 측 Xen 서버와 연동하면서 이제까지의 SBC 시장을 바꾸는 역할을 담당하고 있다. Xen의 기본 전략은 과거 실적이 있는 데스크톱의 가상화 시장을 중심 축으로 하여 그 속에서 중앙 서버의 가상화에 매진하는 것이다. 대응하는 브이엠웨어는 그와 반대이다. 그들의 기반은 중앙 서버의 가상화가 주이고, 데스크톱의 가상화에서는 시트릭스를 쫓는 입장에 있다. 그리하여 젠소스가 이루지 못한 꿈을 시트릭스가 짊어지게 되었다.

Xen 데스크톱은 PC나 씬클라이언트를 이용하고, Xen 서버에서 가상화된 중앙 서버상의 가상 머신에 필요한 OS와 애플리케이션을 설치하여 액세스한다. 이 구조에 의해 유저는 기존의 유연성이 떨어졌던 프레젠테이션 서버에서 해방되어 자유로운 환경에서 작업할 수 있게 되었다. 그리고 무엇보다도 중요한 것은 ICA 접속이다. 가상 머신과 클라이언트 사이에서는 이제껏 해왔던 것처럼 고속 압축되어 쾌적하게 움직인다. 시트릭스 유저의 입장에서 보면 ICA에서 고속 액세스가 보증되어 터미널은 그대로 바꾸지 않아도 된다.

한편, Xen 서버도 시트릭스가 가진 기술과 Xen의 장점이 통합된 제품으로 다시 태어났다.

Xen 구조의 핵심이 되는 도메인 0에는 이 회사가 커스터마이즈한 전용 리눅스가 설치되어 스스로 서포트한다. 게스트 OS는 윈도 서버 2003과 2008, 그리고 각종 리눅스(레드햇, SUSE, 데비안, 센트 OS, 오라클 엔터프라이즈 리눅스 등)가 서포트하고 있다. 또한, 이 Xen 서버에는 통합 시스템 관리를 가능하게 하는 'Xen 센터(XenCenter)도 포함되어 있다.

Xen 서버의 무상화와 에센셜

시트릭스는 서서히 숙적 브이엠웨어를 쫓는 작전을 개시했다.

우선, 그 후의 일진일퇴에서 벗어나기 위해 2009년 2월 Xen 서버의 무상 오픈 소스화를 발표했다. 이로써 브이엠웨어에 도전장을 내민 것이다.

물론 브이엠웨어에게도 평가용 무상 제품인 ESXi가 있다.

둘을 비교하면 ESXi는 32비트로 가상 머신은 최대 4까지, Xen 서버는 64비트 대응으로 가상 머신은 8개, 게다가 Xen 서버에는 복수 서버 관리나 물리 머신에서 가상 머신으로 이행, 백업 등의 기능이 추가되어 있다. 이들은 시스템 운용에 관련된 것으로 브이엠웨어에서 말하자면 v센터 기능의 일부에 해당한다. 즉, 같은 무상이라도 ESXi

는 도입 실험용이고, 그 정도로는 실전에서 운용할 수는 없다. 운용에 관한 v센터는 유상이라는 것이다. 그래서 브이엠웨어의 독점 시장을 나눠먹기 위해 시스템 운용의 일부를 Xen 서버로써 무상 제공하여 대폭적인 것은 아니었지만, 실전에 사용할 수 있게 하려는 것이다. 그리고 수입원 확보를 위해 '시트릭스 에센셜(Citrix Essentials)'이 등장했다.

시트릭스 에센셜은 Xen 서버에 풀 기능의 Xen 센터를 추가한 것이지만 주목할 점은 마이크로소프트의 하이퍼 V도 대상으로 하고 있는 점이었다. 마이크로소프트는 2006년에 젠소스와 제휴하여 가상화 기술 개발을 서둘렀으나 마이크로소프트의 시스템 운용 관리 '시스템 센터(Microsoft System Center)'의 업그레이드까지는 좀처럼 손댈 수 없는 실정이다. 마이크로소프트에 있어서 시트릭스는 SBC 시장을 개척한 공으로 맹우 관계(盟友關係)에 있다. 이 시트릭스가 마이크로소프트의 가상화를 지원하면서 브이엠웨어에 맞서는 구도가 되었다.

그 후 2009년 7월에 Xen 서버 5.5가 발매되어 대응하는 에센셜의 기능 향상을 도모했다. 시스템 전체의 효율화를 도모하는 '워크로드 밸런스(Workload Balance)'와 복수의 스토리시 시스템을 일원 관리하는 '스토리지 링크(StorageLink)', 시스템 이미지를 집중 관리하여 물리 머신에서도, 가상 머신에서도 자유롭게 전개할 수 있는 '다이내믹 프로비저닝(Dynamic Provisioning)', 테스트부터 실제 환경까지의 라이프 사이클을 관리하는 '자동 랩(Automated Lab Management)' 등이 있다.

새로운 전개, '시너지 2010'

그러나 시트릭스가 가장 자신 있었던 가상 데스크톱은 물론, 가상 서버 시장을 개척하는 것은 그리 간단하지는 않았다.

브이엠웨어를 무너뜨리는 것은 순조롭지 못했고, 2010년 '시트릭스 시너지(Synergy 2010)' 컨퍼런스가 개최되었다.

5월 12일부터 시작된 컨퍼런스에서는 Xen 서버 5.6가 발표됐다. 기존의 Xen 서버 5.5와 시스템 관리를 담당하는 Xen 센터 5.5는 별도로 인스톨이 필요했지만 5.6판에서는 Xen 서버 5.6으로 통합됐다. 이에 따라 에센셜 Xen 서버판은 없어지고, 유상으로 제공하는 '에센셜 하이퍼 V' 판만이 남았다. 그 결과, Xen 서버는 무상판과 유상판의 Xen서버(어드밴스판, 엔터프라이즈판, 플래티넘판)로 정리되었다.

컨퍼런스의 중심은 차세대 'Xen 데스크톱 4'였다.

Xen 데스크톱은 Xen 서버에서 만들어진 가상 머신에 클라이언트에서 필요한 OS와 애플리케이션 등의 소프트웨어를 설치하여, 네트워크를 통한 PC와 씬클라이언트 단말로부터 액세스한다. 최신판 Xen 데스크톱 4에서는 메타프레임에서부터 프레젠테이션 서버 또, 호칭을 통일하여 Xen 앱스가 된 복수의 프로덕트 라인의 기능을 모아 다음과 같은 새로운 형태로 서포트된다.

그것은 ① 지금까지의 SBC 베이스인 '호스트 공용형 데스크톱(Hosted Shared Desktops)', ② 중앙의 가상 머신을 이용한 '가상 머신형 데스크톱(Hosted VM-based Desktops)', 이 경우의 가상 머신은 Xen뿐만 아니라 브이엠웨어와 하이퍼 V라도 상관없다. 여기에 ③ 씬클라이언트용 전용 PC 블레이드 보드를 이용한 '블레이드형 데스크톱(Hosted Blade PC Desktops)', ④ 애플리케이션을 스트리밍 즉, 뿌려주는 '스트리밍형 데스크톱(Virtual Apps to Installed Desktops)', ⑤ OS마다 네트워크에서 부팅해서 바로 뿌려주는 '네트워크 기동형 데스크톱(Local Steamed Desktops)'등이다. 그리고 이들의 다방면에 걸친 스트리밍을 위해 '플렉스캐스트(FlexCast)'라는 기술이 개발됐다. Xen 데스크톱 4야말로 데스크톱 가상화의 결정체이다. 이렇게 되면 Xen 데스크톱으로의 이행이 가속화되는 것은 시간 문제다.

또, 'Xen 클라이언트(XenClient)'의 평가판도 발매되었다.

정확하게는 2009년에 개최된 시너지 2009에서 개요가 발표되었고 이번에는 그 상세 설명과 한정 발매이다. 그 기능은 최종적으로 앞에 서술한 Xen 데스크톱 4의 여섯 번째 기능, ⑥ '로컬 VM형 데스크톱(Local VM-based Desktop)'으로서 통합된다.

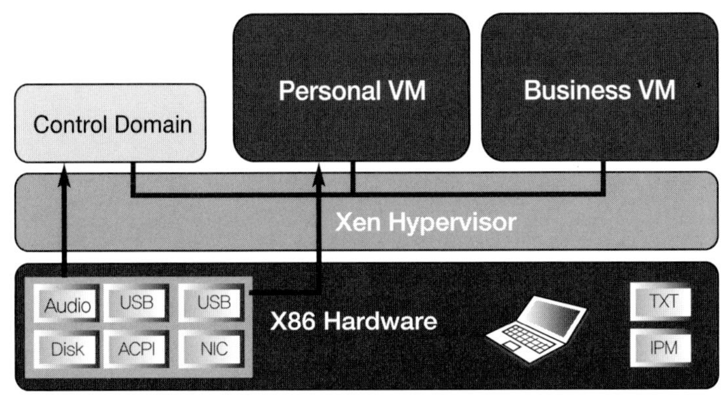

클라이언트 개요(출처:Citrix Systems)

Xen 클라이언트는 외부에서 가상 데스크톱을 이용하는 모바일 워커용이다. Xen 클라이언트를 이용하면 인터넷에 접속할 수 없는 오프라인 상태에서도 가상 데스크톱을 이용할 수 있다. 기술적으로는 우선 랩톱 등의 베어메탈에, Xen 하이퍼바이저가 되는 Xen 클라이언트를 인스톨한다.

즉, 호스트 OS는 없고, 리눅스 베이스의 하이퍼바이저가 설치되고, 그 위에 윈도 등의 가상 머신이 만들어 진다. 가상 머신은 비즈니스용과 개인용으로 구분되며, 화면상에서 아이콘으로 선택할 수 있다. 각각의 가상 머신은 개인용은 기본적으로 자유롭게 사용하는 것이고, 비즈니스용은 Xen 데스크톱을 이용하게 된다.

Xen 데스크톱은 일반적으로는 센터 접속이지만 Xen 클라이언트에 의해 오프라인 상태에서도 계속 처리할 수 있다. Xen 클라이언트와 함께 제공되는 리시버와 싱크로나이저에서 오프라인과 온라인이 동기화되기 때문이다. 또, 절대 조건은 아니지만 시트릭스는 처리 효율 향상을 위해 적용하는 PC에는 인텔 v프로(Intel vPro) 채용 제품을 추천하고 있다.

메이저 업데이트된 Xen 4.0과 XCP

2010년 4월 Xen 4.0이 발매되었다.

2005년 12월에 젠소스에서 3.0이 나온 이래 메이저 업데이트이다. 4.0에서는 리눅스 커널도 2.6.32의 준가상화(PVOps) 대응이 가능해져, 캐나다의 브리티시 콜롬비아 대학에서 개발된 폴트 톨러런스의 '레무스(Remus)'가 적용되었다. 이로써 물리 머신에 장해가 발생할 경우 바로 백업 머신으로 교체할 수 있다. 이른바 물리 머신의 미러링이다. 그 외에도 디스크 관련 모듈의 업데이트에 따른 VHD (Virtual Hard Disk)를 서포트하여 하이퍼 V의 가상 머신 이미지를 직접 다룰 수 있다. 또, 가상 머신 1대 당 가상 CPU 64개, 호스트 1대 당 1TB까지 메모리 서포트하며, 네트워크 주변의 성능도 향상되었고, 가상 머신상에서 중복되는 소프트웨어 등을 페이지 공유하여 메모리 소비를 억제하는 기능도 추가되었다.

2009년 8월에는 Xen을 사용한 '클라우드 기반 XCP(Xen Cloud Platform)' 프로젝트도 발표되었다.

XCP는 퍼블릭 클라우드 간, 퍼블릭과 프라이빗 클라우드 간의 상호 운용성을 지향한 프로젝트이며, 인텔과 AMD 등의 CPU 벤더, HP와 델 등의 PC 벤더, 또 클라우드 프로바이더로서는 아마존과 고그리드, 랙스페이스 등, 오픈 소스에서는 유칼립투스와 하둡 등이 참가했다.

XCP에서는 각사의 가상 이미지를 래핑한 분산 관리 태스크 포스(DMTF)인 OVF와 각종 디펙트 API 채용이 정해졌다. 이런 움직임이 실제 적용되면 머지 않아 사내 클라우드에서 퍼블릭으로 이행하거나, 그 반대도 가능해질 수 있을 것이다.

Xen의 매각은 걱정했던 것보다 순조롭게 진행되었다.

당초, 오픈 소스 부문에서는 약하고 씬클라이언트에만 의존했던 시트릭스에 의한 매수는 걱정거리였다. 그러나 현재로서는 시트릭스는 Xen 서버를 백엔드로 한 Xen 데스크톱을 전면에 내세워 브이엠웨어와 맞서고 있고, 'Xen 프로젝트(Xen.org)' 자체도 Xen 4.0과 XCP 개발이 순조롭게 진행되고 있다. 시너지 2010에서도 랙스페이스의 CEO 류 무어맨(Lew Moorman)이 자사의 퍼블릭 클라우드를 향후에는 자사가 적용했던 Xen에서 Xen 서버로 이행한다고 발표했다. 아마존도 뒤에 서술하는 레드햇에 의한 Xen 서포트 중단 문제로 같은 것을 검토하였고, 또 고그리드나 슬라이스 호스트는 Xen 적용 구조이다.

어쩌면 대기업 클라우드 프로바이더는 Xen에 만족하고 있을지도 모른다.

<table>
<tr><td>

**KVM에
거는 기대**

</td><td>

최초로 KVM을 서포트한 것은 레드햇(Red Hat)이다. 레드햇은 2009년 2월 KVM 지원을 발표하고 같은 해 6월에 드디어 KVM을 탑재한 RHXL (Red Hat Enterprise Linux) 5.4를 출시

</td></tr>
</table>

했다. 또, 9월에는 시카고에서 개최된 '레드햇 서밋(Red Hat Summit 2009)' 에서 정식판을 발표했다. KVM은 이스라엘 기업 쿰라넷이 개발한 것으로 2007년 2월에 정식으로 리눅스 커널 2.6.20에 탑재되어 발매되었고 그 후 레드햇은 2008년 9월에 쿰라넷을 합병하면서 KVM에 빠져들기 시작했다.

KVM을 탑재한 RHEL 5.4의 등장

돌이켜 생각해보면 레드햇의 가상화 대응은 애매한 것이었다.

레드햇이 Xen 대응 RHEL 4를 발표한 것은 2004년의 일이다. 하지만 실제로 Xen이 탑재된 것은 2007년 RHEL 5부터다. 그동안 거의 진행되지 않았다. 같은 RHEL 5라도 5.0~5.3까지는 Xen만, 5.4부터는 KVM을 위주로 하면서 Xen도 지원하였고, 그리고 RHEL 6.0부터는 Xen 지원을 중지했다. 이제 다시 되돌릴 수는 없다.

KVM에 대해 정리해보도록 하자.

KVM은 준가상화도 가능하지만 기본적으로 완전 가상화를 지원하므로 게스트 OS로 변경할 필요는 없고, 코드도 콤팩트하게 커널에 내장된다. 이 커널과의 탄탄한 관계로 인해 KVM은 퍼포먼스 면에서 우위에 서있다. 즉, 일반 하이퍼바이저에서는 스케줄러나 메모리 매니지먼트, I/O 스택 등 OS와 같은 기능이 필요하지만, 커널에 KVM을 둠으로써 중복을 피할 수 있다. 이렇게 완성된 커널은 가상화 기술을 내장한 차세대형이 되었다.

게스트 OS로서는 RHEL 3&4 시리즈, 윈도 XP, 윈도 서버 2003과 2008을 지원한다. 리눅스 KVM에서는 하드웨어의 가상화 지원 기구인 인텔-VT나 AMD-V를 전제로 하고, 가상 환경 설정에는 오픈 소스인 QEMU를, 가상 머신용 API는 레드햇이 지원하는 오픈 소스인 '리버트(Libvirt)'를 채용하고 있다. 이것은 Xen도 마찬가지이다.

한편, 레드햇 구현에는 몇 가지 특징이 있다.

대칭형 다중 프로세스인 SMP나 복잡한 대형 다중 서버인 NUMA (Non Uniform Memory Access) 등에 대응하고 있다는 점, 게다가 IBM 메인프레임에 적용된 점은 두드러진다. 오늘날 최신 자체 OS를 갖고 있지 않은 IBM에게 RHEL은 중요한 OS이며, 또 레드햇에게는 RHEL을 사용해주는 IBM은 중요한 시스템 인터그레이터이다.

제공된 제품은 RHEL 5.4 이외에 경량이고 내장용으로 사용하는 '하이퍼바이저 RHEV-H'(KVM 대응 RHEL을 RHEV라 함), 프로비저닝과 시스템을 감시하기 위한 '가상 관리 매니저(Enterprise Virtualization Manager for Servers)', 쿰라넷의 '솔리드 ICE(SolidICE)'를 업그레이드한 '가상 데스크톱 관리 매니저(Enterprise Virtualization Manager for Desktop)'가 있다.

하지만 문제는 지금부터다. RHEV는 완성하더라도 그것은 시장 경쟁의 절반에도 미치지 못한다.

레드햇은 현재 대부분의 자원을 투입하여 시스템 운용 관리 부분을 보강하는 데 서두르고 있다. 브이엠웨어를 보면 이제 가상화 기술 단계는 넘어섰고, v센터와 연동하는 종합적인 v스피어를 강점으로 하고 있다. 그래서 기업 유저는 간편하게 사용할 수 있는 것이다. Xen의 경우도 오라클/썬에서 운용 관리 제품이 나오고 있고, 시트릭스에서는 운용 관리 Xen 센터를 포함한 Xen 서버가 출시되는 등, 대기업 클라우드 프로바이더는 특색 있는 관리 시스템을 개발하고 있다.

다른 리눅스 디스트리뷰션에서도 레드햇의 움직임을 살피면서 KVM을 추종하는 것이 일반적이다. 레드햇의 오픈 소스판 페도라(Fedora)와 우분투, 센트 OS, 데비안 등이다. 게다가 SUSE를 제공하고, 레드햇과 경쟁하고 있는 노벨도 KVM 대응에 움직이기 시작했다. 노벨이 추진하고 있던 '알라크리티 VM(AlacrityVM)' 프로젝트는 확

실한 KVM 구현을 위한 탐색이다. 이 프로젝트는 멀티플랫폼 하이
퍼바이저를 지향하는 노벨에게 중요한 역할을 하고 있다. 결코 KVM
을 무시할 수 없다. 2010년 5월, 네덜란드에서 개최된 컨퍼런스 '브레
인세어(BrainShare)'에서 SUSE11의 서비스팩 1이 등장했다. 이 최신
판 서비스 팩에서는 Xen 4.0을 수용하면서 커널을 2.6.32로 업그레
이드했고, 또 Xen 3.4에 대응하면서 KVM도 시험용 테크니컬 프리
뷰로 발매했다.

2010년 6월 말, 보스턴에서 개최된 '레드햇 서밋 2010'에서는 '레드
햇 클라우드 파운데이션(Red Hat Cloud Foundations)'이라고 하는
포괄적인 패키지가 발표됐다. 이는 레드햇의 제품과 파트너 서비스를
조합하여 클라우드 도입 계획이 있는 기업 유저의 트레이닝부터 컨설
팅 등을 종합적으로 서포트하는 것이다. 컨퍼런스에서는 또, RHEV
의 최신판 2.2가 발매되었고, 이에 앞서 같은 해 3월 말에는 RHEL
5.5, 4월 말에는 첫 RHEL 6.0 β1이 발매되었다.

가상화 시장의 변화

KVM의 등장으로 시장에는 많은 변화가 일어났다.

최강의 브이엠웨어, 그를 뒤쫓는 시트릭스, 거대한 윈도 시장을 가
진 마이크로소프트도 세력을 확대하고 있다. 그리고 KVM의 등장으
로 가상화 시장의 구도가 변하기 시작했다. 브이엠웨어와 마이크로소
프트는 물론이고, 오픈 소스 진영은 'Xen을 등에 업은 시트릭스'와
'KVM을 지원하는 레드햇'으로 나뉘어 그렇지 않아도 지연되고 있는

실정인데 그나마 이분화되어 버린 느낌이다.

흐름이 바뀐 것은 리눅스가 KVM을 채용한 시점부터이다.

시장의 흐름은 가상화 기술 자체의 경쟁에서 그 주변 환경 정비로 진행해 왔는데, KVM의 등장은 그 흐름을 3년쯤 되돌려버린 것 같다. 리너스 토발즈의 생각도 이해 못하는 것은 아니다. 가상화 기술의 진전에 따라 가상화 기능은 OS의 일부처럼 되어 왔다. 마이크로소프트가 브이엠웨어를 두려워 한 이유도 여기에 있다. 브이엠웨어가 기능이 확대되면 윈도가 위협받게 된다. 일반 OS와는 관점이 다르지만 실제로 브이엠웨어는 클라우드 OS로서 v스피어 4를 출시했다.

마이크로소프트도 하이퍼 V에 그치지 않고 윈도 애저를 클라우드 OS로서 개발했다. 이 상황은 리눅스 입장에서는 가혹하다. 앞으로도 기업용 서버 OS의 자리를 지키기 위해서는 윈도와 차별을 두어야 한다. 가상화 기술을 구조적으로 보면 Xen과 하이퍼 V는 마이크로소프트가 원해서 젠소스와 제휴한 것으로 볼 때 서로 비슷하다. 젠소스 입장에서 말하자면 이 시점에서 Xen의 적은 마이크로소프트와 마찬가지로 브이엠웨어였던 것뿐이지만 그 결과, 그것이 윈도와 리눅스의 차별화를 생각했을 때는 큰 장해가 되었다. 리눅스가 기업용 서버에서 확고한 위치를 계속 유지하기 위해서는 커널에 KVM을 넣어 처리 능력 면에서 우위에 서서

리눅스가 기본이 되고, 윈도는 게스트 OS로서 그 위에 설치하는 것이 바람직하다. 만일 윈도가 베이스가 되고, 그 하이퍼 V상에 리눅스가 게스트가 된다면 점점 상승세를 타고 있는 윈도 서버에 날개를 달아주는 셈이 된다.

시대의 고비

그러나 클라우드 컴퓨팅을 구축하고자 하는 기업 유저에게 가상화 기술의 우열은 검토 항목의 일부일 뿐이다. 브이엠웨어가 2007년에 IPO를 한 시점에서 흐름이 바뀌었고, 분별 있는 사람들은 이미 눈치를 챘을 것이다. 가상화 기술을 중심으로 그 주변의 환경 정비에는 자금이 필요하다. IPO는 그것을 위한 것이었다.

그 후, 윈도는 개발 부문을 확충, 시스템 운용 관리 v센터와 가동 중인 가상 머신 간을 이행시키는 v모션 등을 차례로 개발했다. 그리고 ESX 서버와 그것을 세트로 한 인프라스트럭처 3, 이어서 v스피어 4에서는 ESX의 가상 머신 파트는 v컴퓨트가 되고, 가상 스토리지 파트의 v스토리지, 가상 네트워크인 v네트워크로 수비 범위를 넓혔다. 대략 이들이 3년 전부터 오늘날까지 브이엠웨어가 개발해 온 내용이다. 그리고 또, 그들은 현재 클라우드 시장 개척을 위한 마케팅 전략에 여념이 없다.

우분투나 데비안 등이 KVM을 채용하는 데는 다른 이유가 있다. 그들은 엔터프라이즈라기보다 데스크톱 등 가볍게 이용할 수 있는 시장이 목표였기 때문이다. 예를 들면, 맥상에서 움직이는 패러렐즈와 썬의 버추얼 박스 등에 대항하기 위한 수단이 KVM이다. 그러나 레드햇은 본격적인 엔터프라이즈 시장이 목표이다. 이 시장에 시트릭스와 레드햇이 다른 오픈 소스 기술을 가지고 경쟁하는 것은 참으로 답답한 일이다. 예전 같으면 리눅스 협회 등 관련 단체나 오픈 소스계에서 영향력 있는 사람이 조정에 들어갔겠지만 지금은 그 움직임도 없다. 그만큼 오픈 소스는 비즈니스화되었다는 것이다. 이 같은 세분화의 움직임을 가장 반기고 있는 것은 브이엠웨어이고, 다음은 마이크로소프트이다.

제9장

클라우드를 둘러싼 우주

- 탈바꿈하는 시스템 관리
- 가상 어플라이언스의 구축
- 루비의 세계
- 시스템 통합은 필수
- SaaS 프로바이더 옵소스

가상화 기술로부터 클라우드가 생겨나고 IT 세계가 변모했다.

이미 시장을 리드하는 것은 대형 IT 벤더가 아니다. 이제까지 컴퓨터 산업의 주류에는 없었던 아마존과 구글, 그리고 신흥 기업(스타트업 기업)들이 스타가 되었다.

여기에 호응하는 것은 세계 곳곳에서 활약하고 있는 우수한 개발자들이다. 지금까지 '대형 IT 벤더'와 '기업 내 IT 부문'이라는 기술의 공급자와 수요자가 바뀌어 클라우드 컴퓨팅에서는 '신흥 기업 세력'이 기술의 공급자가 되고 '개발자'는 수요자가 되었다.

유저가 진정으로 바라고 있는 것이 무엇인지, 그것은 유저가 아니고서는 알 수 없다. 아마존과 구글은 자체 데이터센터를 만들어 왔다. 심지어 구글은 하드웨어까지도 직접 조립했다. 스스로가 유저이자 벤더이다. 그래서 클라우드가 만들어진 것이다. 논리화된 가상 머신이 있으면 얼마만큼 편리할지, 어떻게 하면 그렇게 할 수 있을지, 그러기 위해 해결해야 할 과제는 무엇인지, 보급하는 데는 무엇이 필요할지 이러한 난관을 풀어갈 수 있는 것은 우수한 엔지니어링 능력 또, 유저의 마음을 이해할 수 있는 그들밖에 없다.

그래서 탄생하게 된 클라우드를 실제 유저 대신 평가해주는 것이 개발자의 역할이 되었다. 이러한 그들의 다양한 노력은 거센 흐름이 되어 클라우드를 진화시키고 있다.

한편, 계속해서 새로운 스타트업 기업들이 등장하고 있다. 클라우드를 둘러싼 우주의 탄생인 것이다.

탈바꿈하는
시스템 관리

클라우드를 둘러싼 우주에서 가장 큰 변화는 시스템 관리이다.

초기의 시스템 운용 관리 제품에서는 데이터센터 내의 기기 관리 위주였다. 그러다가 복잡해진 업무의 자동 스케줄링과 장해 복구 또, 인터넷이 보급되면서 네트워크 기기, 이전의 터미널 등도 관리 범위에 포함되었다. 여기까지는 어디까지나 물리적인 세계이다. 가상화 기술의 등장은 논리적인 가상 머신을 만들어내어, 네트워크와 스토리지의 가상화도 추진하기 시작했다. 이들 전부를 관리하는 것은 지극히 어려운 기술이다. 현재 시장에 나와 있는 제품의 대부분은 아직 성장 단계에 있다고 해도 좋다.

각 벤더의 대응은 기존 제품의 업그레이드형과 신규 개발로 나뉜다. 기존 그룹인 IBM은 티볼리, 마이크로소프트는 시스템 센터의 업그레이드에 여념이 없고, HP와 CA, BMC 등도 마찬가지이다. 신규 그룹은 브이엠웨어의 v센터, 시트릭스의 Xen 센터, 레드햇의 가상 관리 매니저 등이 있다.

v센터 오케스트레이터와 데이터 리커버리

브이엠웨어에서 v스피어가 실행 환경이라면 v센터는 그 반대인 운용 환경이다.

v센터에는 서버 간 정상 동작을 감시하는 하트비트와 자동화 오케스트레이터, 자동 복구 기능의 사이트 리커버리 매니저, 개발 테스

트 환경을 위한 랩 매니저, 물리 머신에서 가상 머신으로의 변환이
나 가상 머신 포맷 변환을 실시하는 컨버터 등 다양한 기능이 갖춰
져 있다.

이들 중 특징적인 두 가지만 살펴보도록 하자.

우선 v센터 오케스트레이터(vCenter Orchestrator). 정확한 시스
템 관리를 위해서는 자동화가 필수이다. 가상 머신 작성, 그들의 기
동, 실행 중 클론 작성, 장해 시 복구 등, 열거하면 끝도 없다. 이러한
작업들을 오류 없이 정확하게 실행하기 위해 준비된 것이 오케스트레
이터이며 그 중심에는 워크플로 엔진과 데이터베이스가 있다.

워크 플로에서는 자동화에 필요한 프로세스의 흐름을 드래그&드
롭으로 연결시킨다. 플로 차트를 작성하는 요령이다. 완성된 지정 태
스크를 실행하기 위해서는 v센터의 라이프 사이클 매니저와 연계하
여 프로비저닝을 전개하거나 그 후의 트래킹 등을 지정할 수도 있다.

다음은 v스피어 4에서 등장한 데이터 리커버리(Data Recovery)
이다.

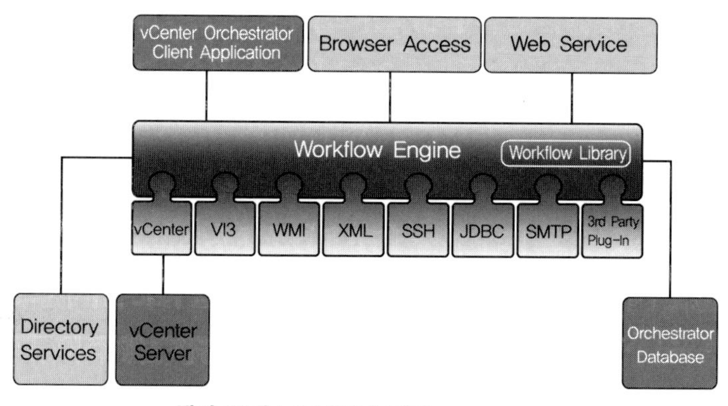

v센터 오케스트레이터 개요(출처: VMware)

이제까지 브이엠웨어상의 리커버리는 서드 파티 제품을 병용하는 것이 일반적이었다. 하지만 소규모라면 이 제품을 사용할 것이다. 가상 머신이 실행 중이라도 디스크상에 스냅숏을 생성할 수 있고, 데이터 중복을 피하는 기능도 갖추어져 있다.

향후, 이 데이터 리커버리가 발전하여 대규모 시스템에 적용할 수 있게 된다면 유저에게는 더 없는 기쁨일 것이다.

노벨의 운용 관리, 플레이트스핀

SUSE 리눅스의 노벨에서도 실용적인 제품이 나오고 있다. 플레이트스핀(PlateSpin)이 그것이다.

플레이트스핀은 원래부터 브이엠웨어의 오랜 파트너이며, 물리 환경과 가상 환경을 상호 이동시키는 운용 관리 툴을 개발하고 있었다. 2008년 2월 노벨이 인수하여 자회사가 되었지만 인재 유출 등 한 때 혼란기를 거쳐 지금은 노벨과의 조정이 궤도에 오르고 안정을 되찾았다. 그리고 마이크로소프트와의 공동 마케팅도 시작되었다.

기업이 가상화 시스템을 도입하는 경우는 몇 가지 시나리오가 있다.

예를 들면, 이용률이 제각각인 기존 서버군을 통합하거나 계약이 만료되었거나 노후화된 서버, 또 윈도 NT 등의 오래된 시스템을 가상 머신으로 전환하는 경우 등이다. 플레이트스핀의 주요 기능은 '플레이트스핀 리콘(PlateSpin Recon)'과 '플레이트스핀 마이그레이트(PlateSpin Migrate)' 두 가지이다.

우선 플레이트스핀 리콘은 '가상화 계획'과 '용량 계획'을 담당하며, 데이터센터 내의 가상화 시스템의 전체상을 그려낸다. 플레이트 스핀 마이그레이트는 그것을 받아, 임의의 환경 간 워크로드 이동과 재배치에 따른 운영 환경을 정비한다.

기본적인 구조는 물리 서버와 가상 머신 간의 이동을 '이미지 아카이브(Image Archive)'라고 하는 독자 포맷으로 변환하여 이루어진다. 이 이미지 아카이브를 이용하여 P2I(Physical to Image)에서 I2V(Image to Virtual)를 경유하여 물리 서버상의 애플리케이션 환경을 가상 머신으로 옮긴다. 밴드폭 등 운용상 주의가 필요하지만, P2V(Physical to Virtual)에서 직접 이행시킬 수도 있다. 이렇게 물리 서버상의 애플리케이션은 가상 머신, 이미지 아카이브 사이를 자유롭게 왕래할 수 있다. 이 방법으로 구 시스템에서 가상화 머신으로 전환하거나 온 프레미스의 오버 플로를 클라우드상으로 옮겨 애플리케이션을 실행시키는 것이다.

기본적인 구조를 이해한 다음 플레이트스핀을 이용한 윈도 환경으로 전환하는 경우를 생각해보자. 처음에 플레이트스핀 리콘을 이용하여 기존의 리눅스와 윈도 서버군의 리소스 이용 상황을 측정, 그 결과를 하이퍼 V를 탑재한 윈도 서버 2008에 통합 데이터로써 공급한다.

즉, OS와 애플리케이션, 데이터 등 실제 가동 리소스 이용 상황을 프로파일로서 데이터베이스화하고, 이를 워크로드의 포터빌리티 기능으로 다른 시스템으로 옮겨, 확인할 수 있는 것이다. 이들 데이터로부터 하드웨어의 대수와 시스템의 조합 등을 감안하여 이행할 수 있는 통합 시나리오를 몇 가지 작성한다.

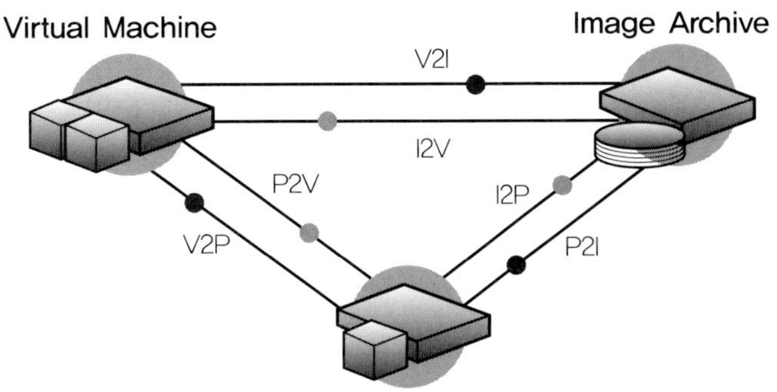

Various Movements(출처 : Novell-PlateSpin)

그 중 최적의 것을 골라내는 것이 용량 계획이다. 우선 워크로드 포터빌리티에서 실제로 부하를 주어 어떤 변화가 있는지 확인하면서 작업을 진행한다. 최종적으로 가장 적당한 것을 찾아내는 것은 어디까지나 운용 관리자의 일이다. 또한, 이 단계에서는 실제로 이행하기 전에 통합으로 인한 소비 전력 절감도 예측할 수 있다. 여기까지가 이행 계획 입안 단계이다.

다음으로 실제 이행 작업을 한다. 여기에서 사용하는 것이 플레이트스핀 마이그레이트이다. 최신 하이퍼 V를 탑재한 윈도 서버 2008 상에 타깃 OS인 윈도 NT와 리눅스를 설치하고, 플레이트스핀 마이그레이트의 워크로드를 옮겨 실행시켜 본다. 이것이 1단계이다. 2단계에서는 기대한 대로 이행이 됐는지, 실전 서버에 영향을 주는지를 확인한다. 이 단계에서는 실제로 시행 중인 시스템을 몇 가지 툴을 사용하여 눈짐작해보거나 다시 플레이트스핀 리콘에서 워크로드의 프로파일을 찾아 데이터베이스를 드릴 다운하면서 분석한다. 3단계에서는 구 시스템에서 가상 머신으로 이행하는 테스트 기간 중인 데이터를 플레이트스핀의 '서버 싱크(Server Sync)' 기능을 사용하여 동기화시킨다. 문제가 없으면 이것으로 실제 이행 작업을 개시하게 된다.

2009년 7월, 최신판 플레이트스핀 8.1이 발매되었다. 이 버전에서는 리눅스와 윈도에 솔라리스 10도 추가되었다. 또, 플레이트스핀에는 복구를 위한 '플레이트스핀 프로테스트(PlateSpin Protest)', 원격으로 재해 복구를 실행시키는 가상 어플라이언스인 '플레이트스핀 포지(PlateSpin Forge)', 복잡한 테크놀로지와 하드웨어의 조합으로 최대의 효과를 끌어내는 '플레이트스핀 오케스트레이트(PlateSpin Orchestrate)'가 있다.

마이크로소프트 시스템 센터와 SUSE

마이크로소프트는 가상화 시스템으로 이행하기 위한 한 가지 방법으로, 노벨의 플레이트스핀에 의존하고 있다. 하지만 노벨의 SUSE 리눅스는 이행이 끝난 실전 환경과 윈도와의 혼재 실행 환경에서는 반대의 관계에 있다.

2009년 6월 노벨은 마이크로소프트와의 제휴 성과로 마이크로소프트의 운용 관리 시스템을 토대로 하여, SUSE 리눅스를 윈도와 같이 관리하는 툴 '마이크로소프트 시스템 센터용 SUSE 매니지먼트 팩(SUSE Linux Enterprise Management Pack for Microsoft System Center)'을 발표했다. 이 제품은 마이크로소프트 시스템 센터의 오퍼레이션 매니저의 플러그인으로서 기능한다. 이 플러그인에 의해 유저는 시스템 센터의 동일 콘솔에서 윈도와 리눅스 모두를 감시할 수 있게 되었다.

이 두 회사의 제휴는 2006년 11월로 거슬러 올라간다. 당시는 리차드 스톨만이 이끄는 프리 소프트웨어 재단의 GPL(General Public License) 제3판 제정의 후반에 이르렀다. 마이크로소프트의 독점과 독선적인 움직임을 싫어하는 리눅스 커뮤니티는 노벨에 의한 마이크로소프트와의 갑작스런 제휴에 당황했고 비난의 목소리가 높았다. 그 결과 2007년 6월에 확정한 제3판 중에서 마이크로소프트의 특허를 둘러싼 대항책을 취하고, 위반하면 페널티(노벨은 시기적인 면에서 면책)를 부과했다.

이런 환경하에서 이루어진 양사의 제휴 기간은 2012년까지이다.

제휴 목적은 '광범위한 윈도와 리눅스의 상호 운용성 향상과 서포트(Broad Collaboration Windows and Linux Interoperability & Support)'이다. 그 때문에 두 회사는 연구소 시설을 정비하고, 제휴의 3가지 시책으로서 ① 가상화 기술, ② 물리·가상 서버의 관리, ③ 문서 포맷의 호환성을 내세웠다.

여기에서 설명하는 운용 환경 툴은 두 번째 항목에 따른 것이다.

시스템 센터는 2003년부터 시작된 '다이내믹 시스템 이니셔티브'에 따른 시스템 운용 관리 제품이다. 액티브 디렉터리를 베이스로 .NET 환경에서의 SQL 서버와 익스체인지 서버 등을 효율적으로 운용하도록 설계되어 있다. 그리고 최신판에서는 윈도 서버 2008과 하이퍼 V의 등장으로 가상화 환경도 커버하게 되었다.

이 이니셔티브에서는 분산 환경에서의 동적인 시스템 관리를 지향하고, 주요 기능은 이 회사가 규정한 시스템 정의 모델에 준거한다. 이 모델에 대응하면 서드 파티 제품이라도 가동할 수 있다. 이 제품의 주요 관리 기능은 ① OS와 애플리케이션을 포함한 시스템 구성, ② 시스템 전체의 모니터링과 퍼포먼스, ③ 데이터 백업 등이다.

이 같은 콘셉트로부터 실제 데이터 백업 예에서는 시스템 정의 모델에 준거한 ISV 제품이 프런트엔드가 되어 리커버리 데이터를 취득하고, 시스템 센터의 데이터 프로텍트 매니저가 백엔드로서 전체의 데이터 관리를 실행한다. 보급되어 있는 프런트 제품으로는 시맨틱(구 베리타스)과 컴볼트의 SIMPANA 등이 있다.

이번 플러그인 개발로 SUSE는 시스템 센터에서 관리할 수 있게 되었다. 이것은 단순히 운용할 선택지가 증가했다는 것 이상의 큰 의미를 가진다. 유저는 이제껏 가상화 기술의 우열을 고르는 수준에서 벗어나 OS와 가상화 기술, 그리고 운용 관리 이 3가지를 종합적으로 평가하기 시작했기 때문이다. 이 같은 상황 속에서 IBM은 리눅스와 가상화는 타사에 위임하여 티볼리를 정비하는 데 힘쓰고, 썬은 Xen 베이스의 독자 정비 노선을 추진하고 있다. 한편, 브이엠웨어와 시트릭스는 v센터와 Xen 센터의 정비에 여념이 없고, 가상화로 KVM을

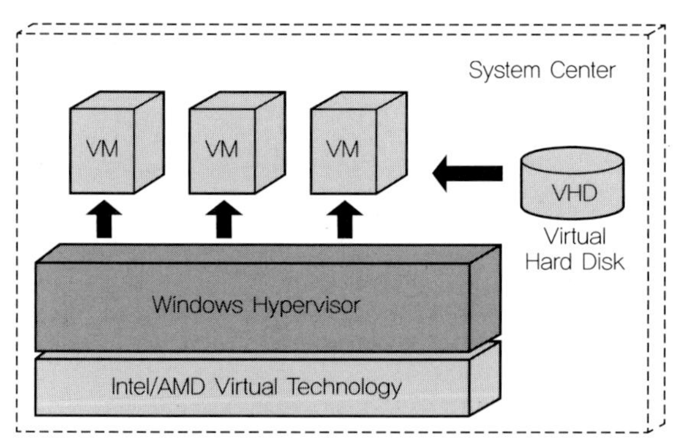

Windows Hyper-V and System Center

결합한 레드햇은 이제 겨우 운용 관리에 손을 대기 시작했다. 드디어 경쟁은 종합화되기에 이르렀다.

멀티 하이퍼바이저 관리 콘솔 이노멀리

이노멀리(Enomaly)가 최초의 ECP (Elastic Computing Platform)를 출하한 것은 2004년의 일이다. 서버용

가상화 제품이 나오기 시작한지 얼마 안 됐을 때였다. 그 후, ECP는 대규모 IaaS를 운용하기 위한 시스템 관리 콘솔로서 기대되었다. 진정한 프로용 시스템 관리이다. 알다시피 이 분야의 기능은 일반적으로 가상화 벤더가 담당해왔다. 브이엠웨어의 인프라스트럭처 3와 그 후속인 v스피어 4, 시트릭스의 Xen 센터와 에센셜, 게다가 OS 공급자로는 썬의 xVM 옵스 센터(xVM Ops Center), 레드햇 가상화 서버 (Red Hat Enterprise Virtualization for Servers) 등이다.

그러나 가상화에서 브이엠웨어가 압도적이라고는 하지만, 클라우드 프로바이더의 대부분은 Xen을 채택하고 있다.

그리고 그들도 Xen을 주로 하면서도 경우에 따라서는 브이엠웨어도 도입하고 있고, 기업 유저도 브이엠웨어뿐만 아니라 윈도 서버와 씬클라이언트 구축을 위해 마이크로소프트와 시트릭스도 도입하고 있다. 즉, 어느 한 제품만 채택하는 것이 아니다.

더욱이 물리적으로 복수의 데이터센터에 걸친 거대한 클라우드에서는 이들의 툴만으로는 어렵다. 이노멀리의 ECP는 이러한 시장

을 위해 하이퍼바이저에게 의존하지 않는 대규모 시스템 관리 기능을 제공한다.

기술적으로는 오픈 소스의 가상 머신 제어 라이브러리 '리버트(Libvirt)'를 통해 Xen과 브이엠웨어, KVM 등 복수의 하이퍼바이저를 제어한다. 게다가 ECP는 ① 룰 엔진에 의한 따른 최적 배치인 자동 프로비저닝, ② 복수 데이터센터에 대한 적용 ③ 유저별 멀티 레벨 액세스 컨트롤, ④ 고도의 모니터링, ⑤ 유저별 과금·청구 처리 등의 기능으로 API를 제공한다. 이 API를 사용하면 클라우드 프로바이더는 자유롭게 애플리케이션을 추가하고 자신의 시스템과 통합할 수 있게 된다. 제품으로서 ECP는 현재 주력하고 있는 프로바이더용 '서비스 프로바이더 에디션', 그리고 기업용 '데이터센터 에디션'으로 정비되고 있다.

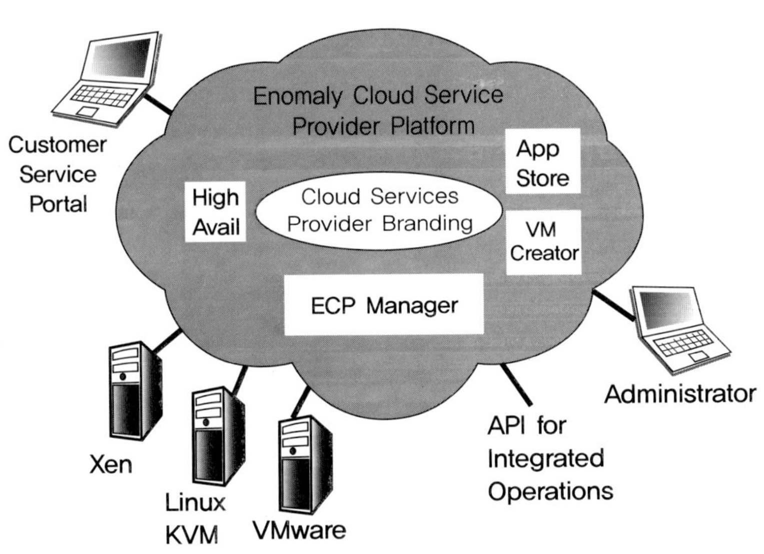

ESP(Elastic Computing Platform) 개요(출처 : Enomaly)

프로바이더용 에디션에서는 엔드 유저용으로 포털을 통한 셀프 서비스로서 ① 대시보드, ② 가상 머신 관리, ③ 어카운트 관리, ④ 리모트 콘솔, ⑤ 다국어 처리, ⑥ 디스크 관리, ⑦ 하드웨어 프로파일, ⑧ 소프트웨어 어플라이언스 관리, ⑨ VPN을 사용한 버추얼 프라이빗 클라우드 설정 등의 기능을 가진다.

2009년 11월 인텔은 소프트웨어 벤더 8개사(시트릭스, 브이엠웨어, 패러렐즈, 마이크로소프트, 레드햇, 케노니컬, 유니바 UD(Xen 컨소시엄)와 함께 '클라우드 빌더 프로그램(Cloud Builder Program)'을 발표했다.

이 프로그램은 인텔 아키텍처상에서 참여한 각사의 기술을 사용하여 서비스 프로바이더와 호스팅 업자, 또, 대형 엔터프라이즈 클라우드를 구축하는 가이드라인을 나타낸 것이다.

이노멀리는 2010년 이 프로그램에 처음으로 참가하여 '인텔 이노

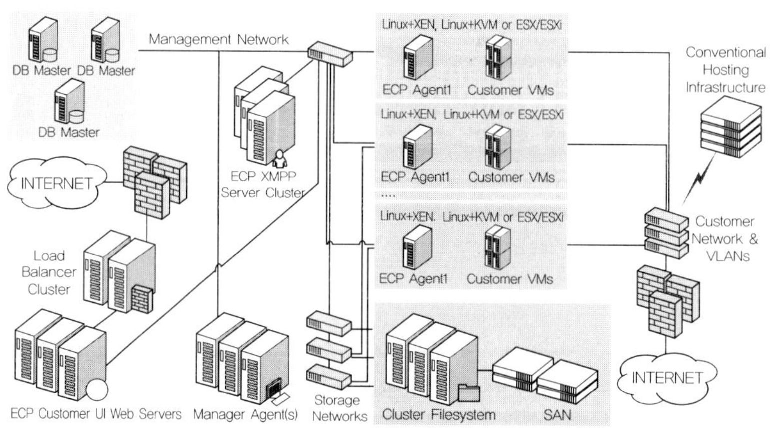

Carrier Grade Deployment Architecture(출처:Enomaly)

멀리 클라우드 디벨로프먼트 레퍼런스 아키텍처'로서 그 성과를 입증했다.

실제 대형 IaaS 구축에서는 트레이드오프되는 기술적인 요건이 많이 있다. 그것을 확인하기 위해 이 가이드라인에서는 실제로 인텔 제온(Intel Xeon 5500)을 탑재한 복수의 서버기에 이노멀리 ECP 서비스 프로바이더 에디션을 인스톨하여 각종 분석을 추가했다. 그리고 나서 고려해야 할 포인트를 정리하고 있으므로 이 같은 계획을 가진 프로바이더에게는 필독 사항이다.

가상
어플라이언스의
구축

클라우드 유니버스 속에서 소프트웨어도 변모하여 어플라이언스가 되기 시작했다.

어플라이언스란 전기 기구 등을 가리키는 말이다. 즉, 소프트웨어의 소스 코드를 컴파일하여 만드는 지금까지의 수고는 생략하고, 처음부터 실행 가능한 바이너리 코드로 제공한다.

이렇게 함으로써 전기·전자 제품과 같이 간단하게 이용할 수 있다. 이제까지의 소프트웨어 어플라이언스는 하드웨어에 프리 인스톨하여 제공되는 경우가 많았으나 구글의 검색 어플라이언스와 IBM의 클라우드 구축용 클라우드 버스트('제7장. 대형 벤더와 캐리어 – IBM 클라우드의 브랜드 통일' 참조) 등 많은 제품이 나오고 있다. 여기서는 이렇게 하드웨어화한 것을 구분하기 위해 '가

구글 검색 어플라이언스(출처:Google)

상 어플라이언스'라 한다. 클라우드 유니버스에서는 주로 그 자체의 바이너리 코드를 가상화 기술에서 사용하는 가상 디스크 포맷으로 하여 이용한다. 이것을 소프트웨어 판매에서 취급한다면 사이트에서 다운로드 배포하여 그대로 가상 머신에서도, 물리 머신에서도 실행할 수 있다. 게다가 한 번 컴퓨터에 설치해두면 아이콘을 만들어 자유롭게 관리하거나 처리할 수도 있다.

정통 어플라이언스 기업 r패스

r패스(rPath)는 정통 어플라이언스 기업으로 손꼽힌다.

r패스는 2005년 레드햇에서 분리 독립한 멤버에 의해 설립되었고, 같은 노스캐롤라이나주 롤리에 본사를 두고 있다. 2006년에 소프트웨어 어플라이언스 작성 툴인 'r빌더(rBuilder)'를 발표했다. 이 툴을 사용하면 가상 어플라이언스도, 소프트웨어 어플라이언스도 가능하다. 출시된 유명한 것으로는 PBX를 소프트웨어화한 애스터리스크(Asterisk)와 네트워크 모니터링의 제노스(Zenoss), 슈가CRM(SugarCRM) 등이 있다.

r빌더의 개발 단계를 살펴보자.

우선 r빌더를 기동시켜 처음 어플라이언스로 사용하는 OS와 리포지터리를 정하고 타깃 이미지 타입을 선택한다. 유상으로 적용할 수 있는 OS에는 이 회사가 튜닝한 r 패스 리눅스 2, 레드햇, SUSE, 센트OS, 윈도 서버 2003과 2008이 있다. 이미지 타입이란 r빌더가 만들어

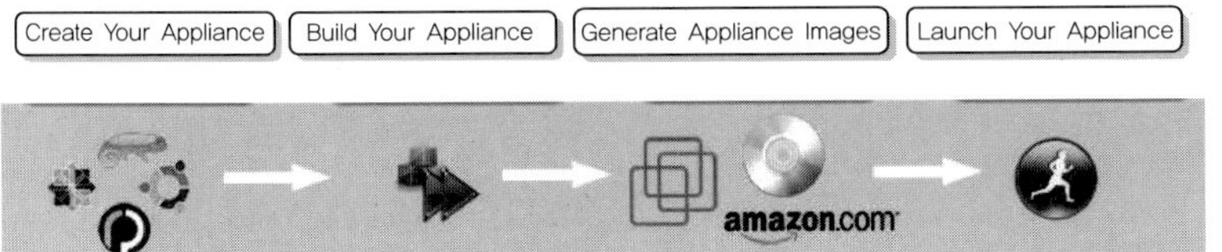

rPath에 의한 어플라이언스 작성에서 실행까지의 흐름(출처:rPath)

낸 가상 디스크 포맷이다. 브이엠웨어라면 VMDK(Virtual Machine Disk), 마이크로소프트는 하이퍼 V, 버추얼 아이언은 VHD(Virtual Hard Disk), Xen도 보통은 VHD이지만 시트릭스 Xen 서버용으로는 OVF, 패러렐즈나 QEMU에는 로 하드디스크, tar 커맨드의 압축 파일, 아마존 AMI가 있다. 게다가 CD와 DVD용이라면 ISO의 파일 형식 등이 갖추어져 있다. 여기까지가 사전 준비이다.

다음 단계에서는 필요로 하는 모든 소프트웨어를 지정하거나 리포지터리를 참조하면서 시스템의 전체상을 만들어낸다. 제3단계에서는 빌드를 실행하여 구체적인 어플라이언스 이미지를 작성한다. 완성된 이미지에는 버전 관리가 설치되고 그 후의 패치업과 버전업을 위해 제공된다. 마지막은 온라인 서비스로 완성된 이미지 파일을 다운로드하여 확인을 위해 실행해보면 된다. 이 어플라이언스를 기동시키는 것은 r패스 매니지먼트 콘솔에서 해도 되고, 직접 기동할 수도 있다.

r빌더에서는 리포지터리와 버저닝 그리고 패키징 간 밀접한 관계가 있다. 그 때문에 리눅스에서 보통 사용되고 있는 RPM(Red Hat Packaging Manager)이 아닌, '코너리(Conary)'라고 하는 패키지 매니저를 적용하고 있다.

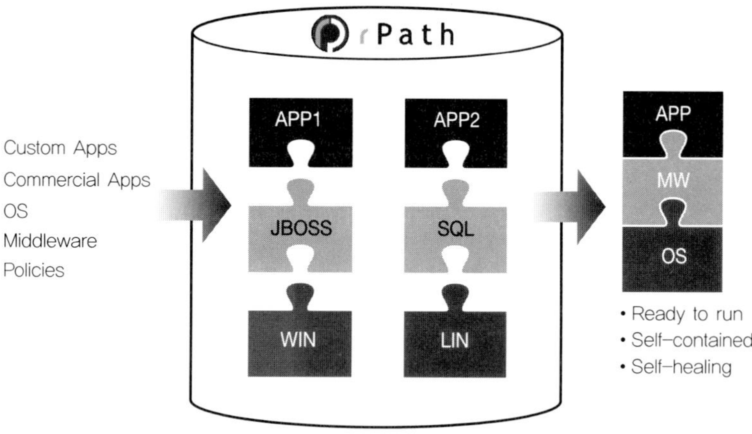

rPath 아키텍처 개요(출처:rPath)

RPM이 각각의 코드 버전 번호만으로 패키징하는 것에 비해 코너리는 리포지터리를 등록하는 데 독자적인 식별 시스템을 가지고 있다. 시스템 안에 패키지의 버전 번호, 소스 코드의 버전 번호, 바이너리의 빌드 번호 등의 정보가 있다. 이런 다원적인 정보가 각종 파일의 일원 관리를 가능하게 하고 정확한 패키지 작성과 그 후의 유지보수 작업을 쉽게 한다.

이렇게 해서 r패스는 초기의 어플라이언스 작성에서 빠지고 점차 발매 후의 자동 업데이트, 개발·테스트·실전 등의 기능을 업그레이드하고, 일련의 처리를 취급하는 라이프 사이클 관리까지를 커버하게 되었다.

r빌더의 제품은 3가지가 있다. 평가판으로 나와 있는 초급용은 무상 제공되며, 그 이용 형태는 웹상의 'r빌더 온라인' 이다. 이 서비스에서 적용할 수 있는 OS는 r패스 리눅스 2와 센트 OS이다. 클라우드

에 적용하는 것도 아마존 EC2에 한하고, 서포트는 커뮤니티로 위임된다. 다음으로 일반용 스탠드 얼론 r빌더도 무상이다. 이것 역시 온라인판과 마찬가지로 두 가지의 OS를 대상으로 하지만 가상 머신은 아마존 이외에 보통 하이퍼바이저에도 대응한다. 서포트는 이것 역시 커뮤니티뿐이다. 그리고 마지막이 유상 제공되는 'r빌더 언리미티드(rBuilder Unlimited)'이다. 이 상용판에는 오픈 소스인 컴포넌트군에 고성능화를 위한 커머셜 요소가 상당히 많이 추가되었다. 상용 플랫폼 OS도 두 가지가 아니라 앞에 서술한 모든 OS가 대상이 된다. 특징적인 것은 작성한 어플라이언스를 방화벽 밖에서 업데이트하거나 개발 시의 다운 대책으로 r빌더 서버 복제 기능이 있다. 서포트는 비용에 따라 24시간 대응도 가능하다.

브이엠웨어 스튜디오와 v앱스

브이엠웨어의 클라우드 추진의 요점은 v클라우드(vCloud)이다.

그리고 이 v클라우드를 뒷받침하는 것이 'v앱스(vApps)'이다. v앱스는 ISV 등의 소프트웨어를 프리 인스톨화하여 간단하게 브이엠웨어상에서 가동시키는 구조이다. 지금까지와 같이 하드웨어에 OS가 탑재되고, 그 위에 애플리케이션이 있는 상태에서 OS와 애플리케이션을 하나로 취급하고, 이 상태를 어플라이언스로 본다.

개발 환경은 '브이엠웨어 스튜디오(VM Studio)'이다.

아웃풋 형식은 OVF. 이 스튜디오는 스탠드 얼론으로 다운로드해서 사용하고, 이클립스의 플러그인이 있다. 이것을 이용하면 개발부터 어플라이언스화까지 일관되게 가능하다는 것이다. 이용하는 데 있어 다운로드는 무상, 서포트는 유상으로 준비되어 있다. 완성된 어플라이언스는 판매용 마켓 사이트에 등록되고, 트라이얼 서비스인 '앱 온 디맨드(App on Demand)'도 있다.

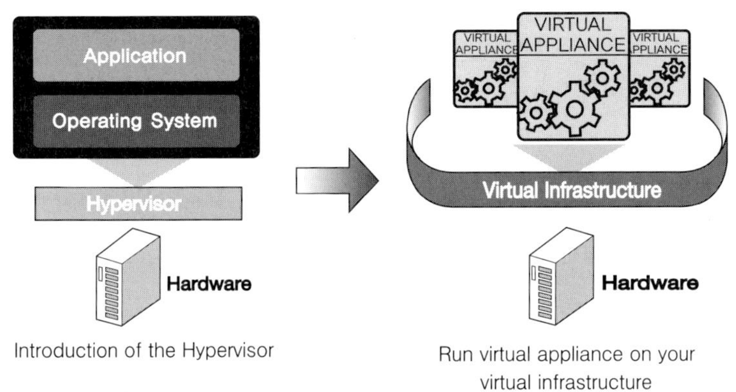

브이엠웨어 가상 어플라이언스 개요(출처:VMware)

SUSE 어플라이언스 프로그램, SUSE Studio

SUSE를 제공하는 노벨에서도 'SUSE 어플라이언스 프로그램'이 나오고 있다. 이 프로그램을 이용하면 ISV 제품을 간단하게 소프트웨어 어플라이언스로 변환하고, 클라우드상의 가상 머신뿐만 아니라 물리 머신에서도 가동할 수 있다. 이 추진 프로그램의 목적은 가능한 한 많은 ISV 제품을 어플라이언스화하고, SUSE에게 유리한 환경을 정비하는 것이다. 그러기 위해 마켓플레이스도 구축했다.

어플라이언스 툴은 'SUSE 스튜디오(SUSE Studio)'이다. 이로써 ISV는 이제까지의 '슈링크랩(Shrink Wrap)'뿐만 아니라 가상 디스크 이미지로 출하할 수 있고 유저도 소프트웨어를 구입하고 인스톨하는 번거로움에서 벗어날 수 있다.

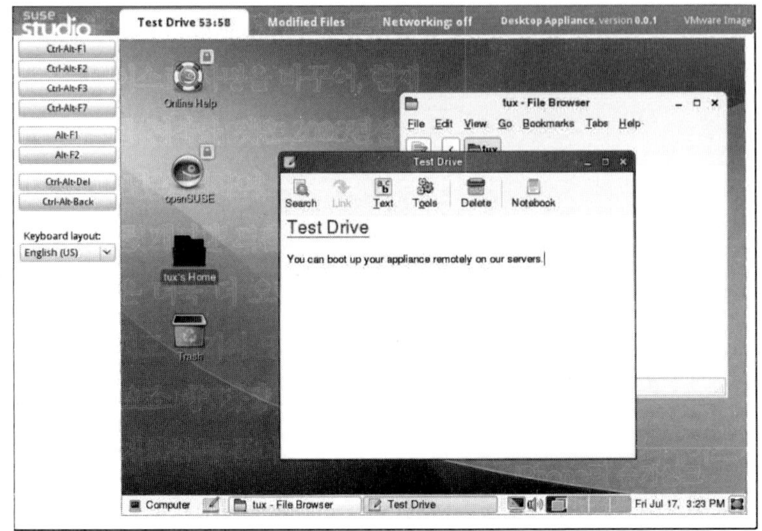

SUSE 스튜디오 온라인 서비스(출처:Novell)

SUSE 스튜디오는 웹 기반 서비스로 스탠드 얼론형 브이엠 스튜디오와 r패스의 무상 온라인 서비스와는 조금 색다르다. 어플라이언스를 작성하는 ISV는 템플릿에서 SUSE 리눅스와 각종 컴포넷을 조합한 스택을 만든다. 이 때, 아파치 웹 서버와 PHP 패키지 등은 라이브러리에 갖추어져 있지만 애플리케이션 고유의 것은 업로드하여 스택을 완성시킨다. 이용할 수 있는 OS는 상용 SUSE 리눅스 엔터프라이즈의 각 판과 오픈 SUSE(OpenSUSE)이다. 이 오픈 SUSE는 JeOS(Just enough OS)로서 최소화한 것이다. 또한 이들 OS는 서버용, 데스크톱용, 32비트판, 64비트판, GUI는 그놈(Gnome), KDE 등 상세하게 선택할 수 있다. 이것으로 이용할 소프트웨어 스택이 완성된다.

다음으로 소프트웨어 구성 설정에서는 이 소프트웨어를 사용하는 세계의 지역(존)과 나라명, 언어, 시간대 등은 물론 네트워크에 관한 방화벽과 포트, 시큐리티, 또 이용 유저에 관한 정보, 어플라이언스의 브랜드와 로고도 설정할 수 있다.

마지막으로 이를 정리하여 온라인에서 빌드 작업을 한다. 이때는 최종 이미지 파일을 내보내는 포맷 지정이 있다. 여기에는 각종 가상화 소프트웨어 대응, CD/DVD용 ISO, 또 USB 디바이스에는 로 하드 디스크 형식이 있다. 빌드 중에는 진척 상황을 나타내주는 바 표시가 있고, 완성된 어플라이언스는 테스트 드라이브도 가능하다.

이렇게 SUSE 스튜디오는 웹 기반이긴 하지만 본격적으로 ISV가 이용할 수 있는 서비스이고, 그 후의 업데이트에는 라이프 사이클 매니지먼트 툴 키트도 있다. 물론 이것도 무료이다.

흥미로운 것은 IBM도 이 프로그램에 참가하여 자사 제품의 어플라이언스화를 진행하고 있다는 점이다.

오피스 툴인 로터스와 미들웨어인 웹스피어, BI의 코그노스(Cognos) 등의 어플라이언스화가 마무리되었다.

오픈 소스의 어플라이언스화, 비트나미

오픈 소스의 어플라이언스화 중 가장 인기 있는 것은 비트나미(BitNami)이다.

비트나미는 우리에게 익숙한 설치형과 어플라이언스, 두 얼굴을 갖고 있다. 오픈 소스는 편리하지만 설치가 어렵다고 생각하는 사람이 많다. 비트나미는 이 과제를 어플라이언스 기술로 해결했다.

이 툴을 사용하면 위키와 블로그 등 대부분의 고품질 오픈 소스 제품들을 이용할 수 있다. 그렇기 때문에 비트나미에서는 이 제품들과 관련된 웹 서버와 데이터베이스, 언어 런타임 등 필요한 것을 모두 스택으로서 정비해 두고 있다. 이렇게 하나로 된 스택은 전용 인스톨러에서 로컬 머신으로 간단하게 인스톨하거나 가상 머신 이미지라면 클라우드상에서 실행시킬 수도 있다.

전용 인스톨러에서 취급하는 것은 뒤에 설명하는 비트나미 스튜디오로 작성한 스택이다. 이 스택에는 모든 컴포넌트가 포함되어 있고, 그들의 상호 관계를 고려해 설정되어 있다. 이로써 간단하게 웹 애플리케이션을 움직일 수 있다.

가상 머신의 경우는 이들 스택과 최소화된 JeOS를 가상 머신 이미지로 하여 브이엠웨어와 버추얼 박스상에서 움직이게 할 수 있다. 또한, 클라우드 이미지에서는 아마존 EC2와 고그리드를 실행할 수 있고, 향후에는 다른 클라우드 대응도 계획 중이다.

비트나미 스튜디오(출처:BitNami)

한편, 비트나미에는 각종 이미지 파일을 작성할 수 있는 SaaS '비트나미 스튜디오'가 있다.

비트나미 스튜디오에서 이미지 파일을 작성하려면 우선 아이디를 만들어 로그인하고, 새로운 스택을 만들거나 기존의 것을 수정할지를 선택한다. 이 스튜디오에서 만들어진 스택은 타깃과 런 타임, 애플리케이션 이 3가지 레이어의 조합이다. 상위 애플리케이션 레이어에서는 사용할 언어를 선택한다. 현재는 PHP와 루비만 사용할 수 있지만 머지 않아 Java, 그 후에는 .Net도 등장할 예정이다. 오픈 소스 패키지를 이용할 경우에는 여기에서 기존 템플릿 중 원하는 것을 선택하면 된다. 예를 들면, CMS '드루팔' 이나 '워드프레스', 루비에서 만들어진 프로젝트 관리용 '레드마인(Redmine)' 등이 있다.

다음 런타임 레이어에서는 애플리케이션으로 이용할 MySQL이나 아파치 등의 미들웨어 스택을 선택한다. 현재 버전에서는 제한이 있지만 향후에는 데이터베이스의 경우, 오라클에서도 아마존 RDS(Amazon Relational Database Service), 아파치의 코치 DB(Apache Couch DB)도 자유롭게 선택할 수 있게 된다.

타깃 레이어에서는 클라우드용이면 아마존이나 고그리드, 가상 머신 이미지라면 브이엠웨어나 버추얼 박스를 선택한 다음 움직이는 우분투 등을 지정한다. 다른 OS에 대해서도 확충할 예정이다.

이것으로 모든 지정이 끝났다. 다음은 빌드이다. 비트나미 스튜디오의 빌드 버튼을 클릭하면, 몇 분 뒤에 빌드가 종료된다. 이번에는 론치 버튼을 누르면 기동 준비가 완료된다. 빌드가 끝난 스택은 전용 인스톨을 사용하거나 클라우드라면 퍼블릭 DNS를 이용하여 IP 주소로 변경하고 클라우드에 접속할 수 있다.

루비의
세계

클라우드의 등장으로 소프트웨어의 취급 방법과 형태도 변해왔다.

이제까지의 소프트웨어는 일부가 어플라이언스가 되어 이동이 쉬워지고, 번거로운 인스톨 없이도 이미지 포맷만 맞으면 어디에서든지 실행할 수 있다. 프로그래밍의 세계도 변했다. Java와 C++의 시대부터 웹 애플리케이션을 중심으로 보다 간단한 스크립트 언어에 힘이 실리고 있다. 구글의 앱 엔진은 파이썬을 따르고, 사이트수프라(SiteSupra)는 PHP를 서포트한다. 그 중 주목되는 것이 루비 온 레일즈(Ruby on Rails 이하, 레일즈)이다.

헤로쿠, 루비의 히어로가 될 수 있을 것인가?

2007년 설립된 헤로쿠(Heroku), 어딘가 이름이 이상하다.

그 이름의 유래는 히어로(Hero)와 일본 고유의 단시(短詩)를 의미하는 하이쿠(Haiku)를 합한 것이라고 한다. 루비를 개발한 마츠모토 유키히로의 이름을 땄고, 루비 클라우드의 히어로를 목표로 한다는 의미도 있다. 오늘날 하이쿠를 영어로 만드는 사람들이 증가하고, 그대로 하이쿠라고 해도 영어로 통하는 시대가 되었다. 루비를 매우 좋아하는 사람들의 집합, 그것이 헤로쿠이다.

레일즈는 루비에서 쓰인 프레임 워크이다.

헤로쿠는 이 레일즈 기반으로 지금까지 2가지 정도의 사용법을 제공하고 있다. 한 가지는 유저가 작성한 루비 프로그램을 호스팅하는 것. 그리고 또 한 가지는 '헤로쿠 가든'으로 유명해진 브라우저상의 웹 IDE에서 레일즈를 사용하여 개발하는 것이다. 후자는 브라우저 만으로 레일즈를 개발할 수 있다고 하여 인기를 얻었지만 현재는 중 지되었다. 헤로쿠에 문의해본 결과 확실하게는 말하지 않지만 아마 경쟁이 심해져, 비즈니스가 이루어지지 않았던 것 같다.

이하에 현재의 헤로쿠 플랫폼 구조를 설명하기로 한다.

실행 엔진은 아마존 EC2를 이용한다. 그 위에 '다이노 그리드 (Dyno Grid)'라 불리는 가상 그리드 컴퓨팅 환경을 만들고, 그 위에 서 루비 중 하나의 프로세스를 가리키는 다이노가 병행하여 움직이 기 시작한다. 스토리지도 아마존의 EBS(Elastic Block Store)를 이용 한다. 루비가 필요로 하는 데이터베이스는 기존의 SQL 라이트(SQL Lite)였지만 현재는 포스트그레 스큐엘(PostgreSQL)로 교체되었다.

이용 요금은 어떨까? 우선 기본인 '블로섬(Blossom)' 코스는 디스 크 5MB와 최초의 ICPU(1다이노)까지는 무료, 2다이노부터는 1시간 당 5센트씩 과금된다. 또, 웹 애플리케이션 가동 효율을 높이는 병행 처리도 1워커 당 1시간에 5센트가 과금된다. 그 위의 '코이(Koi)' 코 스는 디스크가 20MB까지이고 15달러/월, 다이노나 워커는 블로섬과 마찬가지로 과금된다. 상위 '로닌(Ronin)' 코스에서는 2TB까지의 디 스크를 포함하고, AWS의 1 컴퓨트를 추가하여 200달러/월이다. 이 들 과금에는 아마존 EC2 부분도 포함되어 있으므로 유저는 신경 쓰 지 않아도 된다.

헤로쿠의 역사를 살펴보면 초기에는 루비의 자사 데이터센터에 호스팅하고 있었다. 그 다음 브라우저를 개발하는 헤로쿠 가든이 등장했다. 하지만 이 IDE는 없어지고, 현재의 시스템에서는 아마존을 이용한 호스팅이 전부로 되어 있다. 이 EC2에 편승하는 것이 성공할지 여부는 다이노 그리드의 기술에 달려 있지만 경합이 심해 어디까지 요금을 인하할 수 있을지가 당면 과제이다.

루비 호스팅, 엔진 야드

엔진 야드(Engine Yard)는 2006년 12월부터 클라우드형 호스팅을 시작했다.

루비의 'MVC 아키텍처'는 모델(M)/뷰(V)/컨트롤러(C)의 3요소를 기본으로 한다. 이 아키텍처의 프레임워크인 '머브(Merb)'는 창업자인 에즈라 자이먼트윅(Ezra Zygmuntowicz)이 개발한 것으로 지금의 최신 '레일즈 3'는 머브와 레일즈 2.3을 통합한 것이다.

루비와 머브가 오픈 소스인 것처럼 엔진 야드는 많은 오픈 소스 프로젝트를 지원하고, 이 회사의 엔지니어들이 참가하고 있다. 레일즈 애플리케이션의 종속성을 관리하는 '번들러(Bundler)'나 루비의 클라우드 라이브러리 '포그(Fog)', 애플리케이션 전개를 쉽게 하는 '패신저(Passenger)' 등이다.

엔진 야드가 제공하는 서비스는 '앱 클라우드(AppCloud)'와 'x클라우드(xCloud)', 이 두 가지이다.

앱 클라우드는 비교적 작은 것에 유리하고, 보다 큰 본격적인 것이라면 x 클라우드를 이용한다.

이 x 클라우드는 SOX(Sarbanes-Oxley Act)법의 SAS70 컴플라이언스에 준거하여 시스템 확장성(Scalability)을 보증하며, 무엇보다 엔터프라이즈용으로 적합하다. 두 가지 서비스는 레일즈에 있어서 기능적인 변동은 없으며, 기본적으로 모두 오픈 소스로 구성되어 있다.

엔진 야드의 아키텍처에서는 애플리케이션층은 유저로부터 요구가 있을 때마다 오리지널을 메모리 캐시나 디스크로부터 찾아내어 새로운 것으로 하고, 요구가 많으면 확장하면서 대응한다. 또, 퍼포먼스 향상을 위해 필요 없는 태스크는 메시지 버스 등을 사용하여 백그라운드로 보내진다.

데이터층에 대해서도 인덱싱과 서치를 백그라운드로 함으로써 처리 효율 향상을 도모하고, 관련 데이터베이스뿐만 아니라 킷값(Key value) 검색에 적합한 무관 데이터베이스도 취급할 수 있다.

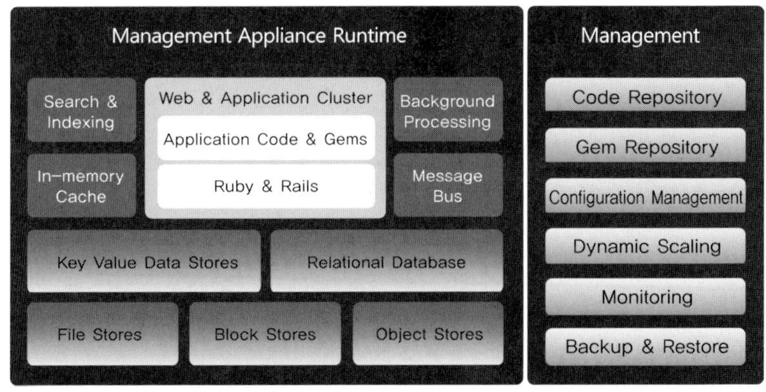

엔진 야드 오픈 클라우드 애플리케이션 아키텍처(출처:Engine Yard)

엔진 야드에서 선택할 수 있는 테크놀로지 스택은 다음과 같다.

우선 ① '루비 인터프리터'로서 MRI(Matz, Ruby Implementation), J루비, REE(Ruby Enterprise Edition)가 있고, ② '루비 프레임워크'로는 레일즈 2.3.8과 머브 1.0.12 두 가지가 있다. ③ '웹 애플리케이션'용으로는 고속 웹 서버인 엔진엑스(nginx), 루비용으로 만들어진 웹 서버 유니콘(Unicorn), 병렬 처리 웹 서버 몽그렐(mongrel) 등이 있고, ④ '데이터베이스'에서는 릴레이셔널 MySQL이나 포스트그레 SQL, 도큐먼트를 지향하는 데이터베이스인 몽고 DB를 취급할 수 있다. 또, ⑤ '캐시&스토어'에서는 분산형 메모리 캐시인 멤캐시드(memcached)와 인 메모리 데이터베이스인 레디스(Redis), 비구조인 도쿄 캐비닛(Tokyo Cabinet) 등, ⑥ '서치'에서는 스핑크스(Sphinx), ⑦ '백그라운드'는 딜레이드 잡(delayed_job)과 백그라운드 잡(BackgroundJob), 그리고 ⑧ 'OS'에는 젠투 리눅스(Gentoo Linux)가 이다. 이들 모두가 오픈 소스라는 것은 대단한 것이다.

엔진 야드의 강점은 바로 기술이다. 이제까지 기업 유저의 대부분을 자사 데이터센터에서 호스팅해 왔다. 하지만 비즈니스로서는 구조적인 문제가 있었다. 안심하고는 있지만 비용이 비교적 비싸다는 점이 고민이다. 엔진 야드처럼 자사의 데이터센터를 운영하는 방식에서는 큰 파이를 취해 이기는 수밖에 방도가 없다.

그렇지 않으면 이용료는 내려갈 수 없기 때문이다. 엔진 야드의 경우는 클라우드 플랫폼을 제공한다 하더라도 루비에 한정되어 있기 때문에 어려움이 있다.

2009년 1월, 아마존 EC2상에서 루비를 가동시키는 서비스가 시작되었다.

이것은 일부 기능을 한정하면서도 비용을 대폭으로 내려 호평을 받았고, 지금의 '앱 클라우드 서비스'로 진화했다. 또, 2010년 2월에는 데이터센터 대기업인 테레마크 월드와이드와도 제휴하여 테레마크가 가진 엔터프라이즈 클라우드 서비스를 이용한 루비 호스팅을 제공했다. 이것이 현재의 'x클라우드' 서비스이다. 엔진 야드는 현재, 이 두 가지 방식에 승부를 걸고 있다. 클라우드는 성장기에 들어갔고, 이리하여 파이 쟁탈전이 시작되었다.

AppCloud   xCloud

<table>
<tr><td>**시스템
통합은 필수**</td><td>클라우드 유니버스에서 성공 요건 중 하나는 통합(Integration)이다.</td></tr>
</table>

제공하는 서비스와 온 프레미스나 사이트를 잇는 기능이 없으면 유저는 당황하게 된다. 하지만 그것을 연결하기 위해서는 각각을 숙지하고, 각종 툴과 IT 시스템 전체에 대한 깊은 지식이 필요하다. 돌이켜 생각해보면 오늘날에 이르는 통합의 역사는 길다. 1960년대에 시작한 초기의 데이터 통합은 다른 기종 간의 데이터 이동이 주 목적이었다. 그 후에는 데이터 웨어하우스 구축 툴로서 개량되고, 오늘날의 웹 통합으로 진화되어 왔다. 현재 시장에 있는 툴은 아직 충분하다고는 할 수 없지만 미래를 향한 과정을 가리키고 있다. 이 분야에서는 여기서 설명한 툴 외

에도 대기업 벤더 제품과 탈렌드(Talend), 허브스팬(Hubspan), 지터비트(Jitterbit), 퍼베이시브(Pervasive) 등이 있다.

경쾌한 움직임의 스냅 로직

2006년 설립된 스냅 로직(Snap Logic)은 실리콘밸리의 경량 인터그레이션을 취급하고 있다.

처음에는 완전히 오픈 소스 프로젝트였다. 그 후 개발이 진행되고, 상용 프로덕트를 출시한 오늘날도 프로젝트의 움직임은 활발하다.

이 회사의 코어 기술은 실행 엔진이 되는 '데이터 플로 서버(Data-Flow Server)'와 '데이터 플로 디자이너(DataFlow Designer)'이다. 데이터 플로 서버는 데이터 서버 엔진을 베이스로 디자이너에서 규정한 접속 처리를, 플로를 따라 차례대로 처리해간다. 이 인터페이스는 리눅스 등의 프로세스 간 통신 파이프를 이용하고 있으므로 오픈 또는 경량의 유연한 구조이다. 실제 데이터 플로를 작성하는 것은 웹 베이스의 데이터 플로 디자이너이다. 이 툴은 플래시화되어 이용하는 데 있어서 브라우저를 특정하지 않는다. 개발자는 이 디자이너를 사용하여 드래그&드롭하면서 각 컴포넌트를 연결한다. 이때 연결 과정에서 연결 정보의 스냅을 생성할 수 있으므로 이를 다시 이용할 수도 있다. 통합 대상 데이터는 웹, SaaS, 온 프레미스에서도 상관없다. 컴포넌트 라이브러리나, 스냅 스토어에서 선택하여 이용한다. 데이터 통합의 기본이 되는 ETL(Extract：추출, Tansform：가공,

188

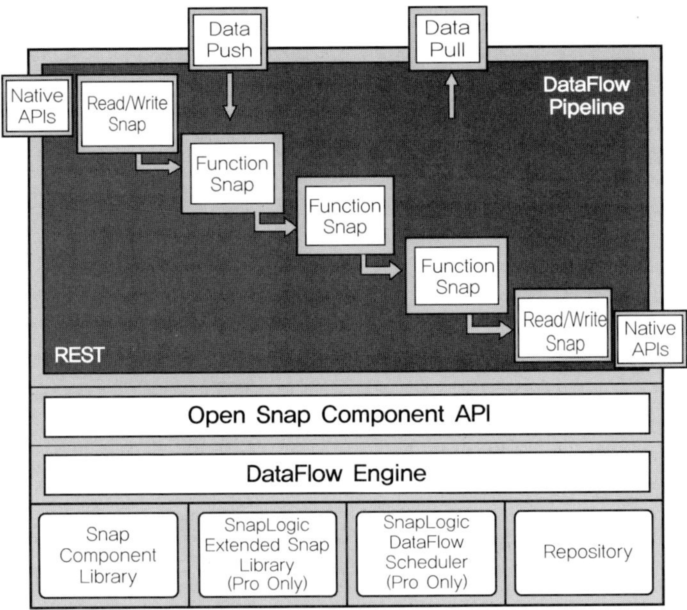

스냅 로직 개요(출처:SnapLogic)

Load:기록)은 라이브러리에 있고, 그 외 범용 소프트웨어와 웹을 통합하는 커넥터는 스냅 로직의 판매 사이트인 '스냅 스토어'에서 이용한다. 그 커넥터들은 이 회사의 커뮤니티와 벤더가 개발한 것으로 공개 API를 이용한다. 스냅 스토어의 대부분은 무상 커넥터이며, 유튜브와 트위터, 클라우드 스토리지인 박스닷넷, MySQL, 포스트그레SQL, 슈가 CRM 등 무엇이든 있다.

유상으로 구입하는 것은 e메일 마케팅용 이그젝트 타깃과 구글의 어낼리틱스/체크아웃, 넷스위트 등이다.

스냅 로직의 제품은 브이엠웨어 플레이어상에서 가동되는 무상 커뮤니티판과 커머셜판 '스냅 로직 프로 2.0' 두 가지이다. 서브 스크립션 계약으로 두 가지 동시 이용하는 데 25라이선스 포함 25,000달

러/년, 또 서포트 플랜이 갖추어져 있다. 이들 두 가지의 프로덕트는
아마존 EC2상에서도 가동된다.

2009년 10월 그러프 딜런(Gaurav Dhillon)이 새롭게 CEO로 취임
했다. 그는 이 회사의 공동 창설자이기도 하지만 동시에 1992년에 인
포메티카(Informatica)를 히트시켜 IPO한 베테랑이다. 고성능 통합
기능을 가진 인포메티카에서 이번에는 경쾌한 스냅 로직으로 진로
변경한 것이다.

온 디맨드 인터그레이션, 부미

부미(Boomi)의 설립은 2000년이다. 클
라우드보다 더 이전부터 활약하고 있었다.

부미는 원래 데이터를 통합하는 패키지 개발 ISV였다. 당시 유행했
던 애플리케이션들을 통합하는 EAI에는 팁코와 시비욘드, 웹메소드
등이 경쟁하고 있었다. 부미와 타사의 큰 차이는 드래그 & 드롭으로
컴포넌트를 매핑하는 '비주얼 인터그레이션' 기술이라는 것이었다.
그리고 클라우드 시대가 왔다.
비주얼 인터그레이션 기술을 중심으로 클라우드에 적용하는 검
토가 시작되고, 2008년 끝 무렵에 '아톰스피어(AtomSphere)'를 발
표했다. 아톰스피어는 '아톰'이라 불리는 클라우드상에 산재하는 인
텔리전트한 런타임과 그것을 통합 실행하는 인터그레이션 플랫폼으
로 구성된다. 이 기술을 사용한 서비스 '부미 온 디맨드'는 세일즈
포스와 넷스위트 등과 제휴하여 적용 범위를 넓혀왔다. 부미 온 디

맨드를 사용하면 웹상의 CRM에서 발생하는 데이터를 유저 기업의 온 프레미스에 입력하거나 반대로 온 프레미스에서 데이터를 공급할 수도 있다.

이용 방법은 우선 사이트에 로그인해서 '비주얼 디자이너'를 사용하여 필요한 컴포넌트를 연결한다. 이 작업에는 API도 없고 코딩도 필요 없다. 이 구조의 핵심이 되는 것은 '커넥터'이다. 실제로 업무에 사용하는 주요 웹과 범용 패키지 등에는 전용 커넥터가 갖추어져 있다. 이 커넥터 컴포넌트를 비주얼 디자이너상에서 연결함으로써 인터그레이션이 가능하다. 물론 인터그레이션 내용을 확인하고 조정할 수도 있다. 준비된 커넥터에는 회계 시스템인 '퀵북스'와 '피치 트리', 오라클 등 각종 데이터베이스, CRM과 ERP에서는 'SAP', '오라클 e비즈니스', '피플소프트', '시벨', '세일즈포스', 또, SaaS 프로바이더에서는 프로젝트를 관리하는 '@task', 능력 관리에는 '타레오(Tareo)', e메일 마케팅인 '이그젝트 타깃', 세일즈 성적을 관리하는 '잭트리' 등이 있다. SOA와 SOAP, REST 등은 전혀 신경 쓰지 않아도 된다.

사용하는 커넥터를 클릭하는 것만으로 프로세스 디자이너가 해석하여 필요한 정보를 만들어낸다. 그렇게 디자이너 상에서 그려진 컴포넌트 아이콘에는 워크 플로 처리의 순서와 규칙 등, 그 소프트웨어를 실행하는 데 필요한 정보가 들어 있다.

이들 정보는 실행 시에는 아톰이라 불리는 작은 런타임으로 넘어간다. 아톰은 이용하는 모든 컴포넌트에 배치되어 그 정보를 참조하면서 움직이기 시작한다. 아톰 스피어를 기동시키면 최초의 아톰이 움직인다. 그리고 자신의 처리가 끝나면 다음의 아톰으로 차례대로 자동적으로 처리된다.

부미의 기술은 웹을 중심으로 한 인터그레이션 시도이다.

그러나 유저 입장에서 보면 모든 것이 인터그레이션의 대상이 되는 것은 아니다. 커넥터가 갖추어진 것에 한한다. 부미가 갖추고 있는 100종 이상의 커넥터 중 없는 것은 부미에 요청하면 검토 후에 제품화되지만 ISV라면 제공되는 SDK에서 개별적으로 개발할 수도 있다.

소규모용부터 대규모 시스템까지 3종류(베이스/프로페셔널/엔터프라이즈)가 있어 적합한 것을 선택하여 이용할 수 있다. 월 사용료는 550~5,500달러이며, 각각 30일 간의 무상 시험판을 제공하고 있다.

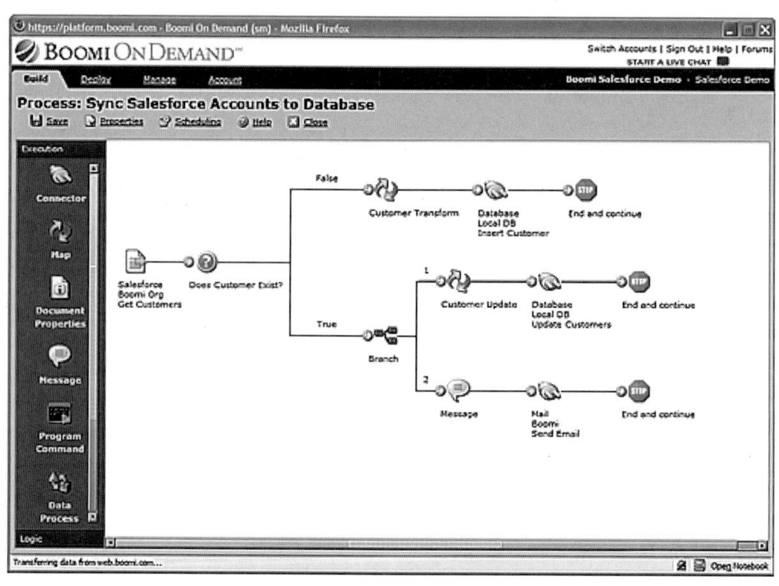

부미 비주얼 디자이너 (출처 : Boomi)

IBM 산하가 된 캐스트 아이언

2001년 실리콘밸리에 설립된 캐스트 아이언(Cast Iron)도, 클라우드 인터그레이션에서 넘버 1을 목표로 하고 있다. 캐스트 아이언에도 '옴니 커넥트(OmmiConnect)'라고 하는 전용 커넥터 시리즈가 있으며, '옴니 커넥트 플랫폼'에서 실행된다. 이 두 가지가 인터그레이션의 요점이다. 이 회사의 비즈니스는 이들로 구성된 가상 어플라이언스가 주력이었다. 그리고 클라우드의 시대가 되어 '캐스트 아이언 클라우드 2'라고 하는 웹 기반의 인터그레이션 서비스가 등장했다.

설립 이래, 캐스트 아이언은 EAI 벤더로서 활동해왔다. 다음으로 ERP와 CRM 등의 대형 애플리케이션의 시대가 시작된 이래 이 분야의 인터그레이션에 집중해왔다.

이 회사 제품의 최대 특징은 클라우드와 온 프레미스의 연계에 있다. 클라우드 대응에서는 CRM만으로도 '세일즈포스'와 '오라클 CRM 온 디맨드', '마이크로소프트 다이내믹스 CRM', '넷스위트', '라이트나우' 등 대부분의 것을 커버하고 있다. 이 이외에도 오피스 툴인 '구글 앱스'와 e코머스인 'SPS 코머스', 비즈니스 수행 지원 '석세스 팩터스' 등도 있다. 반대의 온 프레미스 분야에서는 ERP인 'SAP', '로슨', 'JD에드워드', '피플소프트', '오라클 EBS' 등이 있다. 이들을 온 프레미스로 이용하고 있는 기업 유저의 수는 어마어마하다.

기업 유저는 클라우드 2를 사용하면 웹 기반의 애플리케이션과 온 프레미스의 인터그레이션이 가능하다. 지금까지 쌓아온 기술력과 경험으로 다양한 커넥터를 갖추었다. 이 중에는 대기업 SaaS 프로바이더의 커넥터도 많다. 이것을 클라우드 프런트로 하고, 뒤에서는 온 프레미스에서 움직이는 대형 비즈니스 패키지 커넥터를 준비했다. 이것은 지금까지 이 회사가 주력해왔던 장점 분야이다.

대형 웹 애플리케이션과 온 프레미스 패키지의 조합, 이것은 대부분의 기업이 바라는 클라우드를 이용한 시스템의 초기 형태이다.

2010년 5월 IBM이 이 회사를 인수한 목적도 여기에 있다.

IBM 유저가 떠안고 있던 방대한 애플리케이션 자산을 클라우드와 제휴하여 얻으려고 하는 전략이다.

구체적인 목표는 IBM의 플래그십 '웹스피어'와 '옴니 커넥터 플랫폼'의 연동이다.

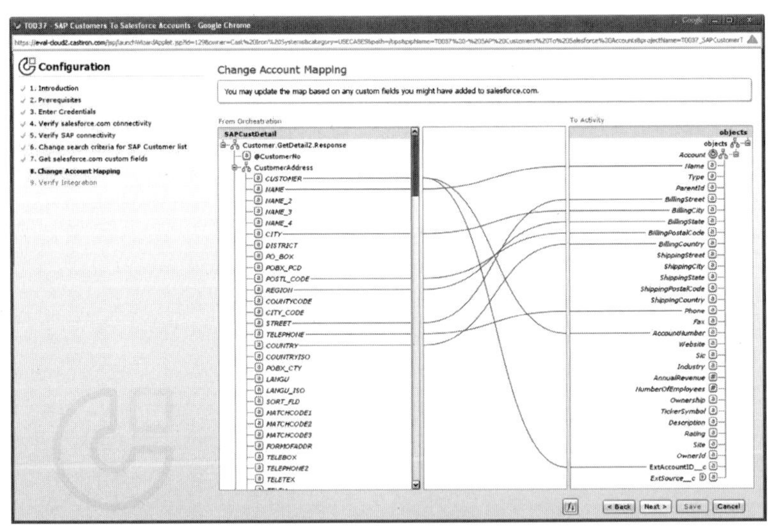

캐스트 아이언 인터그레이션 매핑 차트 (출처 : Cast Iron)

웹스피어는 애플리케이션 서버 기능의 일환으로, 기본적인 인터그레이션 기능을 가지고 있다. 이 기능을 이용하여 이미 파트너로부터 다양한 애플리케이션을 제공받고 있지만 이것으로 충분하다고는 하기 어렵다. IBM은 이 부분을 캐스트 아이언으로 보완할 계획인 것이다. 이렇게 되면 인터그레이션 기능과 대응 애플리케이션은 확대된다.

캐스트 아이언의 클라우드 2는 2009년 9월에는 아마존, 같은 해 11월에는 윈도 애저와의 인터그레이션도 가능해졌다. 이것으로 하이브리드 클라우드에도 대응할 수 있다.

또한, 이 두 회사에는 가상 어플라이언스라는 공통의 제품이 있다. 만약 캐스트 아이언의 가상 어플라이언스가 IBM의 클라우드를 구축하는 '클라우드 버스트'에 설치되면 경쟁사에는 없는 강력한 제품으로 발전할 것이다.

**SaaS
프로바이더
옵소스**

2002년에 설립한 옵소스(OpSource)는 SaaS 프로바이더이다.

이 회사는 당초 ASP로서 활동하다가 SaaS 시대를 맞이했다. 미국의 ISV는 이제까지의 슈링크랩/다운로드 비즈니스에서 벗어나기 위해 SaaS화가 진행되고 있다. 하지만 독자적으로 SaaS 시스템을 구축하는 것은 시간적, 자금적으로도 쉬운 일은 아니다.

옵소스의 기본이 되는 비즈니스는 그들의 잠재 고객

에게 SaaS 플랫폼을 제공하는 것이다. 그들이 필요로 하는 플랫폼 소프트웨어를 데이터센터가 포함된 것을 하나로 제공한다. 그 결과로 ISV는 자신들의 애플리케이션에만 집중할 수 있다. 이것이 옵소스의 'SaaS-ISV'이다.

ISV용 SaaS 서비스

이 ISV용 서비스에는 '애플리케이션 오퍼레이션'과 '비즈니스 오퍼레이션', 이 두 가지가 있다. 전자는 애플리케이션의 투입부터 실행·관리에 이르는 것이고, 후자는 SaaS로서의 비즈니스 분석이나 엔드 유저의 서포트, 또 과금 등이다.

우선 '애플리케이션 오퍼레이션'에서는 위탁된 애플리케이션은 전용 버스상에서 가동된다. 이 서비스 버스는 SaaS 비즈니스 전용 엔터프라이즈 서비스 버스(ESB)라 생각해도 좋고, 게다가 동일 위탁 사업자의 애플리케이션이라면 연동도 가능하다. 물론 다른 이용 사업자의 애플리케이션도 같은 버스상에서 가동하고, 그들은 이 회사가 준비한 서비스 프로그램(비즈니스 분석/과금/마케팅 등)과 연동 처리가 가능하다. 오픈 소스인 SaaS 플랫폼에서 OS는 리눅스이거나 윈도이다.

두 가지의 OS상의 버스는 공통이다. 이 버스는 SOA와 같이 애플리케이션을 투입하거나 컴포넌트 추가 등을 쉽게 할 수 있다. 데이터베이스 서버는 오라클, MySQL, 포스트그레SQL, SQL 서버가 표준 장비이다. 버스에는 기능을 확장하는 커넥터도 있다.

이것을 사용하면 다른 ESB와 접속하거나 'SAP'나 '세일즈포

스', '넷스위트' 등과도 연결할 수 있다. 옵소스의 주된 유저가 ISV이
기 때문에 다양한 메뉴가 많이 있어야 한다.

'비즈니스 오퍼레이션'도 중요하다.

SaaS 비즈니스는 모든 것을 컴퓨터만으로는 처리할 수 없다.

그렇기 때문에 옵소스에서는 24시간 콜센터를 유저 기업명으로
제공하고 있다. 이용하는 엔드 유저는 만약의 상황이 닥치면 이 콜
센터로 전화하여 지원받을 수 있다. SaaS 비즈니스에 IT 시스템은 필
수이지만 그 뿐만 아니라 직원이 상대하는 오퍼레이션 센터도 중요
한 요건이다. 이 둘을 제공함으로써 위탁한 ISV의 부담은 대폭으로
줄어든다.

콜센터와 마찬가지로 빌링 기능도 뛰어나다. 컴퓨팅 리소스에 관
한 과금 청구 처리라면 어느 프로바이더라도 다 있지만, 위탁 애플리
케이션을 이용하는 엔드 유저용 빌링 기능은 없고, 그 내용도 아이

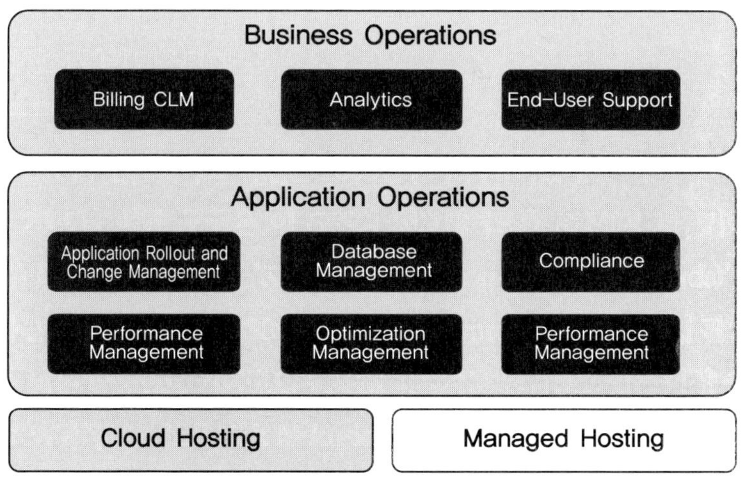

옵소스의 ISV용 SaaS 호스팅 매니지먼트(출처 : OpSource)

없다. 이 엔드 유저용 '빌링 CLM(Billing Customer Lifecycle Management)'을 사용함으로써 엔드 유저의 이용 정보 수집, 청구서 발행, 지불 등을 일련의 처리로 실행할 수 있다. 예를 들면 ISV가 독자 개발한 패키지 소프트웨어를 이 시스템상에서 제공할 경우, 엔드 유저는 자신의 어카운드를 만들고 로그인하면, 온 보드에서 자신의 빌링 정보를 보면서 애플리케이션을 이용할 수 있다. 또, 위탁 벤더측은 엔드 유저의 과금을 자사 전략에 따라 서브 스크립션인지, 사용량 지불인지를 결정할 수 있다.

IaaS 서비스도 등장

2009년 8월, 이 회사는 '옵소스 클라우드(OpSource Cloud)'를 발표했다.

기존의 SaaS 프로바이더에서 IaaS 비즈니스로 진입한 것이다. SaaS는 당연한 것이지만 인프라가 되는 IaaS상에 있다. 새롭게 등장한 서비스는 이 부분을 분리해 내어 유저 프로비저닝 등 몇 가지의 서비스 기능을 부가한 것이다. 옵소스의 클라우드는 브이엠웨어 기반이므로 가상 머신으로 이용할 수 있는 OS는 윈도와 레드햇 리눅스이다. 주된 특징은 ① VPN을 이용한 안정된 프라이빗 클라우드의 구축, ② 가상 머신을 이용한 엔드 유저용 액세스 컨트롤 설정, ③ 미국 SAS70과 유럽 세이프 하버(Safe Harbor)에 준거한다. SAS70은 SOX법에서 아웃소싱을 하는 외부 기업의 내부 통제를 제3자가 감사(監査)하는 규정이다.

제10장

격화하는 클라우드 스토리지 경쟁

- 클라우드 스토리지 서비스 대격전
- 하드웨어를 포함한 클라우드 스토리지
- 클라우드 스토리지를 만들자

클라우드 스토리지를 둘러싼 경쟁은 치열하다.

그들이 미치는 영향은 크고, 보다 편리한 네트워크 사회가 발달한다. 하지만 살아남기는 어렵다. 이 분야의 클라우드 서비스는 기본 기능에 충실한 것부터, 소셜 네트워크형, 최근에는 모바일과 넷북을 타깃으로 한 것, 게다가 컨슈머 일렉트로닉스에 대응하는 사양도 있다. 클라우드 스토리지의 대부분은 일반 유저용이기 때문에 그 비즈니스 모델은 대부분이 소량의 스토리지를 시험용으로 제공하고, 그 후에는 유상이 된다.

구조적으로 보면 이들 서비스는 대체적으로 프런트와 백으로 구성된다. 프런트 엔드는 자사가 독자적으로 개발한 특징적 기능을 제공하고, 백 엔드 스토리지 부분은 자영인 것도 있지만 위험 분산과 투자 절감 등으로 아마존 S3 등 기존 클라우드를 이용하고 있는 것이 많다.

안전성을 중시하는 모지

모지(Mozy)는 클라우드 붐이 일기 전부터 활약했던 스토리지 백업 전문 기업이다.

창업자인 조시 코츠(Josh Coates)는 UC 버클리에서 대형 병렬 컴퓨팅을 전공하고, 그 후 몇 개의 회사를 거쳐, 병렬 스토리지 시스템인 스케일 8을 아이템으로 사업을 시작했다. 그리고 2005년 버클리 데이터 시스템즈를 설립하고 현재의 모지 서비스를 개시했다.

모지의 메뉴는 두 가지이다. 홈 유저용 백업 '모지홈'과 소규모 비즈니스용 '모지프로'이다. 두 가지 모두 백업 대상 컴퓨터에 에이전트 소프트웨어를 다운로드하여 이용한다.

모지홈은 2GB까지 무상이고, 백업과 클라우드 간 교환에 대해서는

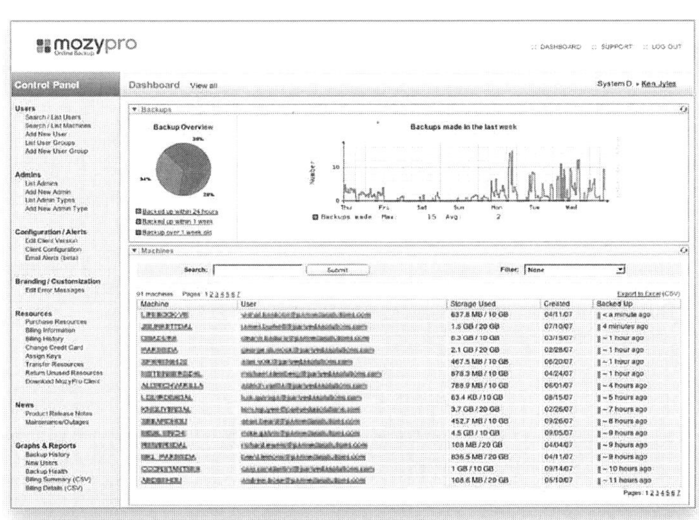

모지 대시 보드 (출처:Mozy)

철저하게 암호화되어 있다. 우선 로컬에서는 448비트의 블로피시 (Blowfish)나 256비트의 AES를 채택, 대부분 밀리터리 그레이드 암호화다. 게다가 128비트에 SSL에서 백업 데이터를 센터로 보낸다.

취급하는 데이터는 도큐먼트부터 동영상, 비디오 무엇이든 상관없다. 게다가 마이크로소프트의 '아웃룩'도 백업할 수 있다. 서포트 OS는 윈도 7, 비스타, XP, 2000, 맥 OS X10.4 이상이다.

또한, 모지프로는 개인 비즈니스나 중소기업용이고, 그들이 보유한 데스크톱, 랩톱, 서버 등의 자동 스케줄을 포함한 백업이 실시된다. 또, 한층 더 안전하고 다운 시의 편리성은 물론 데이터센터와 로컬을 모두 백업할 수 있는 '모지 2X 프로텍트'도 제공되고 있다.

모지 백업은 안전성 외에도 두 가지 연구가 진행 중이다.

우선, 클라우드에 올릴 때 인터넷 대역의 이용폭을 지정할 수 있도록 하는 것이다. 이것은 대역폭이 충분하지 않은 환경에 있는 홈 유저에게 반가운 소식이다. 사용하고 있는 PC에 무리가 가지 않고 또, PC의 아이들 타임에도 백업이나 스케줄을 지정할 수 있다. 또 한 가지의 중요한 기능은 간이형 'CDP(Continuous Data Protection)'이다. CDP는 엔터프라이즈의 시스템 운용에서는 상당히 보급되어 있는 백업 기술로, 원본 파일을 계속 갱신하면서 병렬적으로 백업해간다. 그렇기 때문에 어떤 상황에서 다운된다 하더라도 한없이 최신 상태에 가까워질 수 있다.

이렇게 사용하기 쉬운 안전한 기능으로 모지의 인기는 올라가고 있지만 2008년 1월, 클라우드 시장에 적극적이었던 EMC에 매각되었다. 현재는 EMC의 새로운 클라우드 자회사 데코의 한 부문으로

써 활약하고 있다. 또, 같은 해 10월에는 시큐리티 대기업 맥아피로
부터 제휴 요청을 받아들여 연 60달러에 클라우드 스토리지 용량
을 무제한으로 제공하는 모지 서비스인 '맥아피 온라인 백업'도 시
작되었다.

사용 편리성을 추구하는 카보나이트

카보나이트(Carbonite)는 모지와
마찬가지로 2005년에 창업하여 다
음해부터 서비스를 개시했다.

카보나이트도 전통적인 백업을 제공하고 있지만 그만큼 인기가 있
는 데는 비밀이 숨겨져 있다. 우선, 에이전트가 되는 소프트웨어를 다
운로드한다. 이 소프트웨어가 PC상에서의 작업을 방해하지 않고 갱
신된 새로운 파일이나 추가된 것을 찾아내어 백업한다. 게다가 PC가
아이들 상태가 되면 작동하고, 다시 PC가 돌아가면 슬립 상태가 되
어 얄미울 정도로 흠잡을 데가 없다. 마치 컴퓨터와 일체가 된 것과
같은 움직임이다. ADSL을 이용하는 경우에는 1일 당 5~8GB가 업로
드의 기준이 된다.

이 느긋한 움직임이 업무 본연의 환경을 쾌적하게 해준다. 시큐리
티는 로컬과 클라우드, 이 두 단계이다. 대상이 되는 파일은 무엇이
든 상관없고, 설정하기만 하면 프로그램 실행 파일과 DLL(Dynamic
Link Library)이라도 백업할 수 있다. 또, 사이즈 제한은 없으므로 자
신의 PC에 쌓여 있는 하드디스크 사이즈가 그대로 클라우드 스토리
지와 같다고 생각하면 된다.

카보나이트를 쉽게 사용할 수 있는 또 한 가지의 요소는 진행 상황을 볼 수 있다는 점이다. 백업이 어떤 상태인지 바로 알 수 있다. 파일 폴더에 녹색의 O표시가 있으면 백업 완료, 노란색 O표시가 있으면 진행 중, 아무것도 없으면 이제부터 시작이라는 것이다.

문제가 발생했을 때의 리스토어는 모든 파일을 대상으로 할 수도, 특정 파일을 대상으로 할 수도 있다. 파일 세대(世代) 관리는 10세대까지 가능하다. 만약 PC 내의 파일을 삭제하더라도 30일 이내라면 클라우드에 있으므로 문제 없다. 카보나이트는 윈도(7, 비스타, XP)뿐만 아니라, 맥(OS X 10.4 이상)판도 있으므로 애플 팬들도 안심할 수 있다.

이처럼 모지와 카보나이트 서비스는 매우 유사하다.

굳이 그 차이를 이야기하자면 모지는 안전성, 카보나이트는 편리성을 추구한다고나 할까? 비용 면에서는 모지홈은 1PC 당 월 4.95달러,

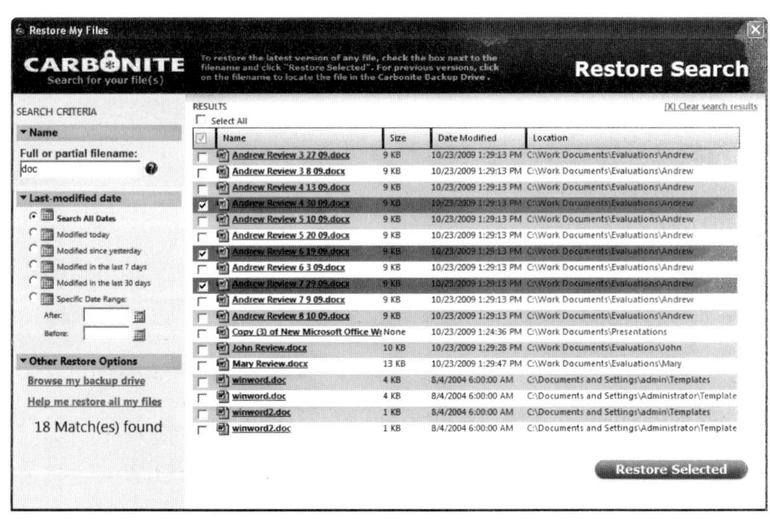

카보나이트 리스토어 조작(출처 : Carbonite)

시험판은 2GB까지 무상이다. 모지프로는 데스크톱 1대 당 월 3.95 달러, 여기에 백업 스토리지 요금 50센트/GB가 부가된다. 서버도 마찬가지로 1대당 월 6.95달러이며 스토리지는 같다.

한편 카보나이트에는 월액 지불이 없고, 1PC에서 연액 54.95달러, 2년 선불로 99.95달러, 3년이라면 129.95달러로 되어 있다. 무상은 15일간 시험판이고, 파일 용량의 제한은 없다. 이 같이 두 개의 계약 조건을 보더라도 두 회사는 서로를 강하게 의식하고 있다는 점을 알 수 있다. 그리고 모지에도 드디어 연액 지불이 등장했다. 1년치를 지불한다면 59.45달러에 1개월 무상, 2년 선불은 103.95달러에 3개월이 무상이다.

정통 백업 클라우드 두 가지를 소개했다.

물론, 윈도는 OS 자체에 파일 백업, 리스토어 기능을 가지고, 다른 디바이스를 설치할 수도 있다. 하지만 일반 유저는 내장된 하드디스크밖에 없어서 고장이 나거나 멈추면 모든 것이 허사가 된다. 클라우드 스토리지를 사용하는 이점 중 한 가지는 여기에 있다. 지금까지 오랜 세월 시장을 나눠왔던 두 회사에게도 신흥 세력의 추격이 격렬해졌다.

심리스 가상 드라이브, 주모 드라이브

저가의 넷북과 스마트폰이 보급되고 있다. 실제로 이들과 클라우드 스토리지는 궁합
이 잘 맞는다. 특히 초기 넷북에는 가격 면에서 충분한 스토리지가 없어, 클라우드를 활용하는 것이 편리했다. 대기업 벤더들은 넷북과 클라우드 스토리지를 조합한 판매책을 추진했다. 그 중에서도 주모 드라이브(Zumo Drive)의 기술은 두드러진다.

이 회사가 제공하는 것은 프런트엔드의 엔진뿐이다. 백엔드가 되는 클라우드 스토리지는 아마존 S3를 사용한다. 이 S3은 PC상에서는 '가상 드라이브 Z(ZumoDrive Z:)'가 되어 보여지고, 통상의 '드라이브 C(Drive C:)'와 동기한다. 동기할 뿐만 아니라 로컬 디스크와 클라우드가 심리스가 된다. 실제로 하드디스크가 4GB라도, 클라우드에 100GB가 있으면 괜찮다. 현재 판매되고 있는 넷북은 내장 디스크도 대형화되어 나왔지만 아직 작은 것도 있고, 모바일의 디스크 용량은 충분하지 않다. 주모 드라이브는 그것들을 심리스하게 동기화한다. PC와 모바일의 디스크는 단지 캐시인 것이다.

주모 드라이브를 개발한 것은 실리콘밸리의 스타트업 기업, 젝터이다. 2007년 설립 당시의 α판은 C드라이브상의 파일을 Z드라이브로 드래그&드롭하여 업로드했다. 여기까지는 여느 클라우드 스토리지와 같지만 주모 드라이브는 Z드라이브의 클라우드 파일 전체가 로컬에 있는 것처럼 보인다. 클라우드의 가상 스토리지와 로컬 디스크를 심리스하게 보여주는 콘셉트이다. 그 후 β판의 등장으로 주모 드라이브는 보다 스마트해졌다.

클라우드 스토리지에 있는 음악 파일을 열면 클라우드로부터 스트리밍되어 로컬로 보내진다. 이렇게 되면 이제 모바일의 실제 스토리지 사이즈에 좌우되는 것은 없다. 한번 다운로드한 파일이 로컬에 남아 있으면 캐시로 취급되어 온라인에서도 사용할 수 있고, 로컬 스토리지를 어느 정도 캐시에 사용할지도 정할 수 있다. 파일의 업&다운로드 속도는 레버를 슬라이드하면서 대략의 속도를 조정하는 오토매틱 방식과 업, 다운을 상세한 전송 속도로 정의할 수 있는 수동 방식으로 설정할 수도 있어 얄미울 정도로 똑똑하다.

게다가 그룹으로 클라우드 스토리지를 공유할 수 있게 되었다. 해당 파일을 오른쪽 클릭하여 '셰어'를 선택하면, 파일에 액세스할 무작위의 문자열로 구성되는 URL이 생성된다. 이 URL은 만약을 위해 꾸밀 수도 있기 때문에 시큐리티 면에서도 안전하다. 또, 자신이 가진 복수의 PC나 모바일에서, 같은 어카운트로 로그인하면 클라우드 스토리지는 공유되어 모두 같은 파일이 보인다. 어떤 디바이스에서도 가상 드라이브가 심리스하게 보여지는 것이다.

음악을 좋아하는 아이팟 유저에게는 아이튠즈, 사진을 좋아하면 피카사와 아이포토가 주모 드라이브에 통합되어 있다. 즉, 번거로운 조작을 하지 않더라도 어디에서든 익숙한 미디어 플레이어로 음악을

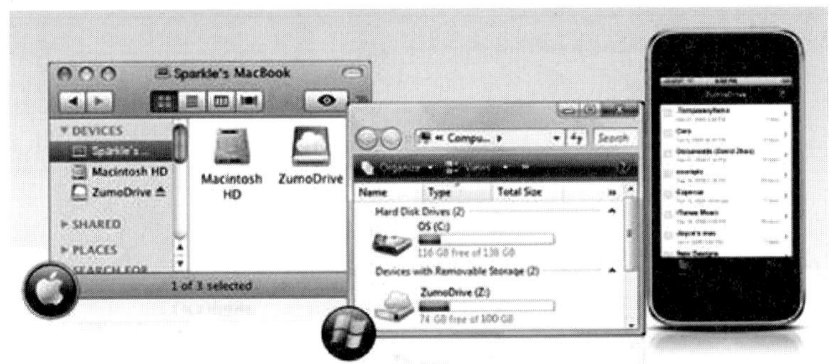

주노 드라이브의 동작 구조(출처 : ZumoDrive)

편집, 재생하거나 웹 앨범으로 사진을 열람할 수 있다. 일반적으로 이들 작업은 한 번 다운로드하고, 다시 전용 소프트웨어에 임포트해야 했지만 주모 드라이브라면 아무것도 하지 않아도 된다.

현재 주모 드라이브는 윈도, 맥 OS, 리눅스판이 나와 있다.

모바일에서는 아이폰뿐만 아니라 안드로이드와 HP가 매수한 팜 웹용 OS도 등장했다. 이용료는 2GB까지는 무료, 10GB에 월 2.99달러, 25GB는 6.99달러 등이다.

동기화의 최강자 드롭박스

파일의 동기화로 주모 드라이브보다 조금 더 일찍 β판을 발매한 것은 드롭박스(Dropbox)이다.

이 회사의 설립은 주모 드라이브와 같은 2007년, 게다가 백업하는 벤처 캐피털도 같은 Y 콤비네이터('제14장. 미국의 클라우드에서 배운다 - 인큐베이션이 필요하다' 참조)라는 점이 재미있다. 드롭박스의 콘셉트는 복수의 PC 간 파일을 공유하는 것이다. 사용 방법은 공유하고 싶은 파일을 상자 안에 넣기만 하면 된다.

에이전트 프로그램을 다운로드하여 작성한 어카운트에 로그인하면 마이 도큐먼트 내에 '마이 드롭박스'가 나타난다. 여기에 필요한 파일을 드래그&드롭으로 넣으면 완료된다. 그 후에는 자동적으로 이 폴더 내의 모든 파일을 클라우드로 업로드해 준다. 자신이 보유한 PC의 마이 드롭박스 폴더는 동기화되어 같은 상태가 된다. 유저가 마이 드롭박스를 열면 어떤 파일이 있는지, 동기화가 다 되어 있는

지가 일목요연하다.

드롭박스는 오프라인에서도 폴더 내의 파일은 이용할 수 있고 온라인이 되면 자동적으로 동기화된다. 주모 드라이브는 스트리밍으로 심리스화되므로 온라인에서만 이용할 수 있지만 드롭박스에서는 그런 걱정은 하지 않아도 된다. 게다가 동기화는 전송 효율을 높이기 위해 변경된 부분만 갱신한다. 드롭박스도 백엔드의 클라우드는 아마존의 S3를 이용, 전송은 SSL이므로 안전하다. 폴더 내의 파일은 갱신할 때마다 개정판 관리가 되므로, 만일 오래전에 삭제했던 것이 필요해지더라도 괜찮다. 마이 드롭박스를 오른쪽 클릭하고, 메뉴에서 '삭제 파일 표시(Show Deleted Files)'를 선택하면 삭제한 파일의 일람이 쭉 나타나 어떤 판으로도 돌아갈 수 있다.

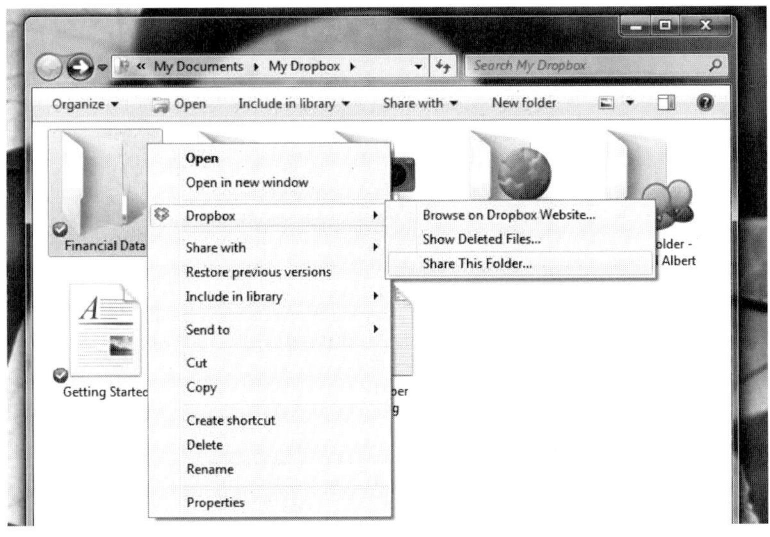

드롭박스의 삭제 파일 처리 (출처 : Dropbox)

또, 마이 드롭박스에는 몇 개의 전용 폴더가 있다.

'퍼블릭(Public)'과 '포토(Photos)'이다. 퍼블릭 폴더는 친구와 공유하기 위한 것으로 여기에 공유하고 싶은 파일을 넣어 두고, 그 파일을 오른쪽 클릭하여 '카피 퍼블릭 링크(Copy Public Link)'를 선택하면 URL이 생성된다. 이 URL을 e메일 등으로 상대에게 알리면 파일을 공유할 수 있다. 단지 이 방법은 불특정한 상대가 대상이다. 업무 관계 등 특정 동료가 있는 곳에서는 드롭박스가 있는 웹 인터페이스에서 '셰어(Sharing)'를 선택하고 공유할 셰어 폴더의 이름, 셰어하고 싶은 사람의 e메일 주소를 입력하면 된다. 이렇게 하면 상대에게 초대 메시지가 보내진다.

포토 폴더는 폴더 내에 사진 파일을 넣고 파일을 오른쪽 클릭하여 '카피 퍼블릭 갤러리 링크(Copy Public Gallery Link)'를 선택하면 퍼블릭에서와 마찬가지로 포토용 URL이 생성된다. 이 경우에도 파일이 퍼블릭 갤러리가 되므로 불특정한 사람에게 이 URL을 보내면 사진을 공유할 수 있다.

이렇게 드롭박스를 사용하면 기존처럼 USB나 CD에 담아 가져가는 쓸데없는 작업은 사라진다. 출장용 프레젠테이션 자료도 클라우드를 경유하면 아무것도 하지 않아도 된다. 그룹의 콜래보레이션이나 URL을 보내 공개할 수도 있다. 확실히 이 이상으로 더 편리한 것은 없다. 이용 요금은 2GB까지가 기본으로 무료, 유료는 50GB까지가 월 9.99달러, 100GB까지는 월 19.99달러이다.

주모 드라이브와 드롭박스는 같은 아마존 S3를 사용하고는 있지만 지향하는 바는 다르다.

주모 드라이브는 당초 네트워크에서 현재는 디스크 용량이 적은 모바일 전반이 타깃이다. 일반 유저는 자택에 PC를 가지고 있고, 게다가 스마트폰 등 각종 모바일을 갖고 다닌다. 각각의 모바일에 필요한 정보나 파일을 설치하여 스스로 관리하는 데는 한계가 있다.

한편 드롭박스는 기본적으로 PC 간 파일 공유를 얼마만큼 쉽게 사용할 수 있는지가 주된 목표이다.

드롭박스가 비즈니스맨에게 편리한 도구라면 주모 드라이브는 젊은 층에게 편리한 서비스이다. 이 두 가지는 경합하는 것이 아니라 공존한다.

그 주모 드라이브는 HP와 제휴, 그래서 나타난 것이 2010년 1월부터 시작된 HP제 넷북용 'HP 클라우드 드라이브(HP CloudDrive)'이다. 델의 경우에는 그보다 일찍 2008년 가을부터 박스넷(본장 뒤에 서술)과 제휴하여 '박스넷 델(Box.net Dell)'을 제공하고 있다.

같은 동기화라도 조금 다른 슈가싱크

드롭박스와 같은 동기화 서비스로서 인기있는 슈가싱크(SugarSync)가 있다.

실리콘밸리 산마테오에 있는 슈가싱크는 2004년 설립된 의외로 오래된 기업이다. 이러한 슈가싱크에 대해 다소 혼란스러운 것은 드롭박스를 따라 나중에 개발하기 시작한 것은 아닌가 하는 생각이 들기도 한다. 그것은 드롭박스 쪽이 기능적으로 심플하고 슈가싱크가 더 기능이 많은 것처럼 보이기 때문이다. 실제로 슈가싱크 설립 당시의 사명은 '샤프 캐스트'이고, 동영상을 복수의 디바이스로 동기화하는 소프트웨어를 만들고 있었다. 그들의 기술을 베이스로 사명을 바꾸어, 현재 의 서비스를 시작한 것은 2008년 3월 이다. 2007년 설립하여, 같은 2008년 에 서비스를 개시한 드롭박스보다 동 기화 기술은 더욱 더 오랜 경험을 가 지고 있다.

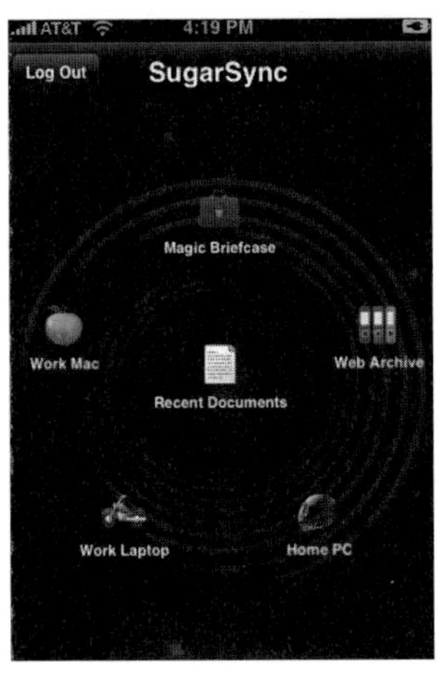

iPhone판 슈가싱크
(출처 : SugarSync)

차별화 요소 중 가장 크게 구분되 는 점은 동기화하는 폴더와 파일의 취 급이다. 드롭박스에서는 정해진 이름 의 폴더 속에 동기화한 파일을 두어야하지만 슈가싱크에서는 임의의 파일을 선택할 수 있다. 게다가 파일 공유에서도 URL을 생성하여 e 메일로 보내는 것은 마찬가지이지만 특정 동료와의 공유 파일에는 읽 기 전용이나 비밀 번호 설정도 가능하다. 또, 슈가싱크의 특정 주소 에 파일을 첨부하여 e메일을 보내면 업로드도 할 수 있다.

이 같은 세밀한 기능을 좋아할지, 조작이 번잡하다고 느낄지는 사람마다 다르기 때문에 비교하기는 어렵다. 이용은 30일간 시험판 외에는 유상으로 제공되며 30GB에 월 4.99달러부터 250GB에 월 24.99달러까지 있다. 최근에는 5GB 무료 버전도 나와 있다.

대용량 파일을 전송한다면 2라지 2E메일

다양한 인터넷 접속 디바이스 를 휴대하는 시대이다.

그것은 편리하긴 하지만 한편으로는 불편한 점도 있다. 클라우드는 그것들을 통합하여 다양한 사용 방법을 제공한다.

대용량 파일 송신이 곤란했던 사람은 많을 것이다. 그때 편리한 것이 '2라지 2E메일(2Large 2Email)'이다. 사용 방법은 자신의 e메일 주소와 패스워드로 로그인 한 후에 일반적인 e메일 작성 방법과 같다.

상대의 e메일 주소, 제목, 본문, 그리고 자신의 PC 내에 있는 파일을 지정하면 끝이다. 상대에게는 다운로드할 URL이 도착한다. 등록하면 최대 200MB까지는 무상, 게다가 7일간은 클라우드에 보관되고, 100회 다운로드할 수 있다. 보낸 파일이 100MB 이내, 송신처가 한 명이고 7회까지 다운로드할 수 있다면 등록하지 않아도 상관없다.

유상 등급은 기본(12달러/월), 비즈니스(26달러/월), 프리미엄이 있다. 프리미엄 송신 파일의 최대는 2GB까지이고, 클라우드 스토리지는 50GB까지 월 100달러이다.

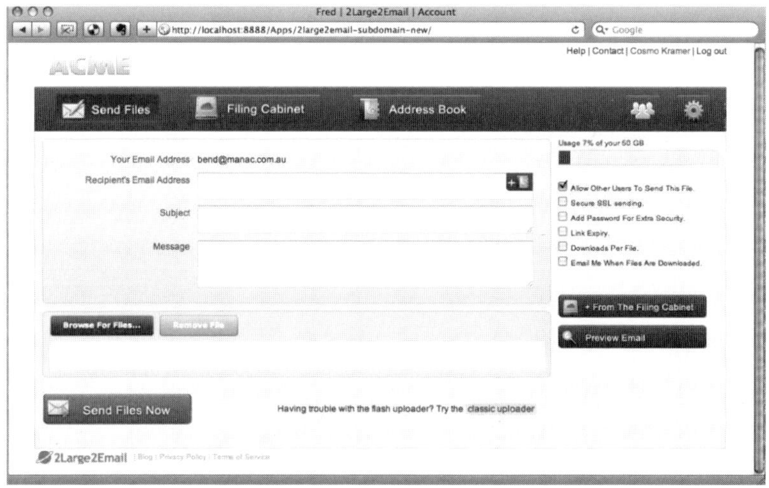

2Large2Email의 송신 화면 (출처 : 2Large2Email)

비슷한 서비스로는 '메일빅파일(MailBigFile)'과 '유센드잇(Yous-endit)' 등이 있다.

UI가 친숙한 박스넷

박스넷(Box.net)은 2005년에 설립하여 편리한 클라우드 스토리지로 많은 유저를 확보하고 있다. 박스넷의 최대의 특징은 유저 인터페이스(UI)가 이해하기 쉽고 금새 친숙해질 수 있다는 것이다.

폴더와 파일 관리, 파일 조작, 드래그&드롭 등 익숙한 메뉴로 구성되어 있다. 백업에도, 콜래보레이션에도 사용할 수 있다. 그러나 익숙해지면 복수 파일의 동시 업로드, 파일의 태그 포함, 아이구글(iGoogle) 가젯, 조호(Zoho)와의 연동 등 매우 편리하다. 그룹 친구와의 파일 공유도 간단하다. 그대로 링크를 e메일로 보내면 된다.

게다가 공개된 API를 사용하면 박스넷의 스토리지를 백엔드로 한 애플리케이션을 작성할 수도 있다. 설계 콘셉트는 '클라우드 콘텐츠 매니지먼트'이다. 비즈니스와 내문서의 자유로운 업&다운, 편집, 코멘트 작성, 모바일로부터의 액세스도 가능하다. 박스넷은 익숙해지기는 쉽지만, 알면 알수록 복잡하다. 어디까지 사용할지는 유저에게 달렸다.

이 분야에는 '정글디스크(JungleDisk)'('제6장. 호스팅 기업의 화려한 변신-개방성과 저비용으로 시장을 개척는 랙스페이스' 참조)와 'A드라이브(ADrive)' 등도 있다.

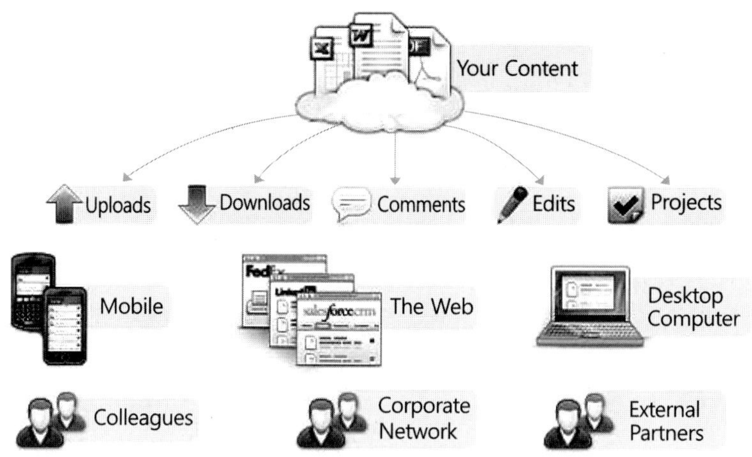

박스 클라우드 콘텐츠 관리 (출처 : Box.net)

실시간 콜래보레이션 드롭 io

드롭 io(drop.io)는 콜래보레이션용 파일 공유 서비스이다.

그래서 실시간이다. 이용 시 특별히 등록해야 할 것은 없고, 이 사이트에 액세스하여 유저에게 주어진 도메인을 개성 있게 꾸민다. 이것이 콜래보레이션용 클라우드 스토리지를 두는 곳이다. 친구에게 이 URL을 알려 상대도 이 URL에 액세스하면 콜래보레이션이 시작된다. 한 명이 테마 사진을 올리면 실시간으로 상대의 화면에도 나타나 코멘트도 달 수 있고, 채팅도 할 수 있다. 디그(Digg)나 슬라이드셰어, 유튜브 등의 삽입도 가능하다.

물론 워드와 파워포인트, PDF 등의 각종 문서와 음악, 비디오라도 상관없다. 문서의 경우에는 아이페이퍼(본장 뒤에 서술함)인 플래시 뷰어, 음악과 비디오는 플래시 플레이어가 대응한다.

또, PC뿐만 아니라 아이폰과 안드로이드에서도 문제없다.

요금은 100MB까지 무료, 유상 기본은 10GB로, 드롭하는 파일이 20개까지라면 월 19달러, 프로페셔널은 30GB로 50드롭까지 월 49달러이다. 콜래보레이션을 가능하게 하는 파일의 자동 동기화라면 그 밖에 '노마데스크(Nomadesk)' 와 '싱크플리시티(Syncplicity)' 등도 있다.

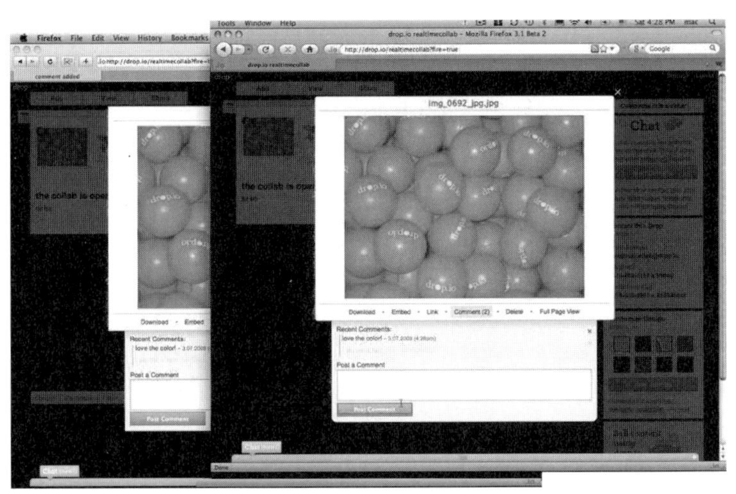

드롭.io의 콜래보레이션 화면 (출처 : drop.io)

메모를 정리해주는 에버노트

'웹 클리핑' 등 이른바 온라인 메모장 세계에서는 무상으로 제

공되는 '구글 노트북'이나 다소 광범위하긴 하지만 유상인 '마이크
로소프트 원노트' 등이 있었다.

그것들과 비교해도 실리콘밸리 발 에버노트(Evernote)는 탁월
하다.

이용하는 방법은 두 가지다. 에이전트 프로그램을 다운로드하여
사용하거나 웹을 통해 이용할 수 있으며 이 둘 모두 등록이 필요하
다. 웹에서라면 파이어폭스나 IE의 애드온이 필요하다. 모든 것을 기
록하고 정리하며 검색도 빠르다. 웹 화면이나 PDF, 좋아하는 음악과
동영상, 유상이라면 워드와 엑셀 등, 무엇이든 클라우드상에 메모할
수 있다.

메모 정리와 관리는 노트와 태그로 한다. 새로운 노트에 제목을
달고, 그 속에 메모할 정보를 넣고 정리한다. 태그를 첨가해두면 더욱
편리하다. 노트에 올라간 정보는 썸네일(Thumbnail)로도 볼 수 있
으므로 동영상이라면 웹 앨범 대신도 된다. 필요한 도큐먼트를 썸네

Evernote 실행 화면(출처 : Evernote)

일이나 검색으로 찾고, 그것은 오른쪽 아래 페인(Pane, 창)에 표시된
다. 웹 클립의 표시라면 원래의 URL도 붙어 있기 때문에 이 페인은
간단한 워드 프로세서로도 OK이다.

모바일판은 아이폰, 그리고 안드로이드판도 나와 있다.

모바일판은 간단하고 편리하며 4가지 메뉴로 구성되어 있다. 스마
트폰 카메라로 사진을 찍는 스냅숏, 파일 업로드, 텍스트 노트, 오디
오 메모도 있다. 오디오 메모는 터치하면 녹음 화면으로 바뀌어 자기
의 목소리를 녹음할 수 있다. 녹음 시간도 표시되며, 취소할 수도 있
다. 이들 전부가 클라우드상의 메모가 된다.

또, 에버노트와 프린터 메이커 각사의 제휴가 시작된 것도 놀랄만
한 일이다. 일체형 올인원과 단일 스캐너로부터 스캔 이미지를 그대
로 클라우드로 옮겨 메모로 하기 위해서이다. 지금까지는 스캔 후 파
일링 또는 PDF로 변환하거나 e메일로 첨부하여 보낼 수 있었다. 이

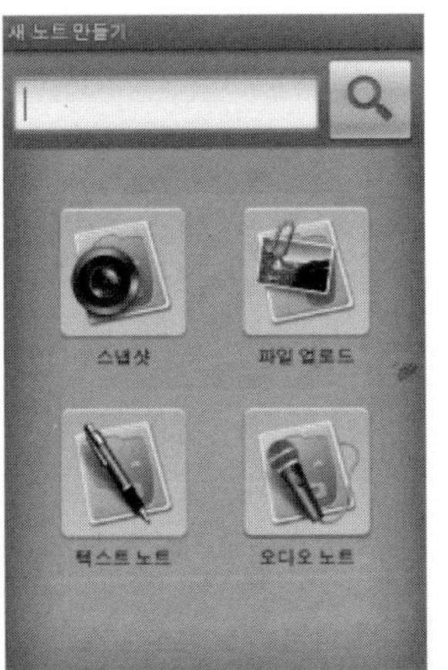

Evernote Android
(출처 : Evernote)

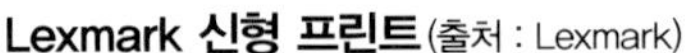

Lexmark 신형 프린트 (출처 : Lexmark)

218

제는 스캐너와 에버노트가 직접 연동한다.

에버노트의 비즈니스 모델은 두 가지이다.

무상 서비스는 광고를 첨부하여 25MB/노트, 업로드는 월 40MB 까지, 그밖에 약간의 제한이 있다. 유상은 광고 없이 50MB/노트, 업로드는 월 500MB에 단 5달러(또는 연 45달러)이다. 대응하는 PC의 플랫폼은 윈도, 맥 OS, 아이폰, 안드로이드, 블랙베리 등이다. 웹 이용에서는 한글판도 나오기 시작했다. 데이터량이 많은 비즈니스맨, PC로 공부하는 학생, 모바일을 즐기는 젊은이들, 이제 에버노트 없이는 살 수 없다.

문서 업로드 사이트 스크리브드가 HTML5로

스크리브드(Scribd)는 안심할 수 있는 문서 업로드 사이트이다.

스크리브드에 업로드하는 유저는 어도비의 'PDF(.pdf)'나 '포스트 스크립트(.ps)', 마이크로소프트 오피스의 '워드(.doc)', '파워포인트(.ppt)', '엑셀(.xls)', 오픈 오피스의 '텍스트(.odt)', '프레젠테이션(.odp)', '스프레드시트(.ods)', 또 '플레인 텍스트(.txt)', '리치 텍스트 포맷(.rtf)' 등 대부분 모든 포맷을 자유롭게 클라우드로 올릴 수 있다.

이들 문서는 PDF와 유사한 디지털 리치 포맷인 '아이페이퍼(iPaper)'로 변환되어 플래시 플레이어로 보여진다. 이 플래시 대응 아이페이퍼에 의해 윈도와 리눅스라면 유저는 별도의 소프트웨어 없이도 문서를 읽을 수 있다는 것이다.

물론, 스크리브드를 사용하면 검색도 할 수 있고, 필요로 하는 문서들을 마이 드롭박스에서 관리하거나 올라와 있는 문서를 투표, 다운로드, 블로그 등에 저장할 수도 있다. 마치 유튜브 방식과 같다.

단지 이러한 종류의 사이트에는 저작권 문제가 따라다닌다. 문서를 업로드하는 사람은 법을 따라야 하는 것이 원칙이지만 권고만으로는 끝나지 않는다. 사이트의 신뢰성 향상을 위해 문제가 되는 부분을 데이터베이스화한 저작권 관리 시스템을 도입해 업로드할 때마다 체크한다. 완전한 것은 아니지만 일단 안심할 수 있다. 이로써 일반인들의 업로드뿐만 아니라 연구자와 기업, 게다가 출판사의 업로드량도 대폭 증가했다. 이러한 환경이 정리되고, 문서를 판매하는 '스크리브드 스토어'도 개설되어, 현재 큰 수익원이 되고 있다. 스크리브드는 등록만 하면 기본적으로 무료로 이용할 수 있다.

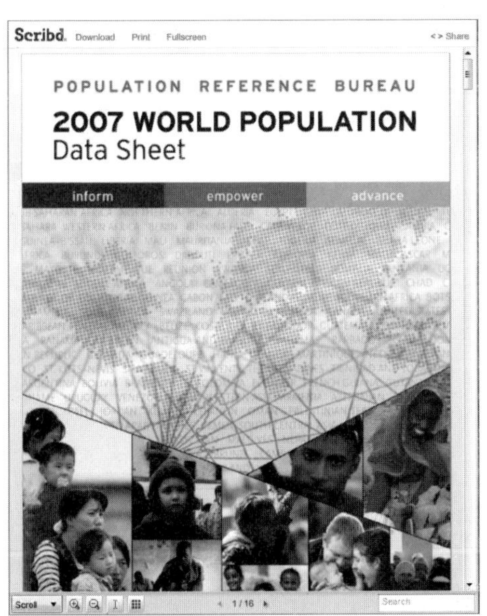

iPaper에 의한 플래시 표시 (출처 : Scribd)

또한, 스크리브드는 2010년 5월 웹 2.0 엑스포에서 치러진 'HTML5 와 출판의 미래'라는 프레젠테이션을 통해 기술적으로 큰 도전을 시작했다. 그것은 이 회사가 HTML5로 전환한다는 선언이었다. 스크리브드의 CTO이자 창업자이기도 한 자레드 프리드먼(Jared Friedman)은 HTML5는 향후 웹의 방향이라고 강조하고, 그러므로 플래시를 지원하지 않는 애플의 디바이스와 앞으로 등장할 다양한 디바이스에서도 HTML5를 대응하는 브라우저를 사용하여 스크리브드를 이용할 수 있게 될 것이라고 설명했다. 이렇게 해서 기존에 업로드된 방대한 문서들을 HTML5로 전환하는 대작전이 시작되었다.

문서 업로드 사이트는 이 밖에도 '슬라이드셰어(SlideShare)'와 '오서스트림(Author Stream)'이 있다.

스크리브드가 모든 문서에 대응하는 데 비해, 슬라이드셰어(Slide Share)와 오서스트림(Authorstream)은 기본적으로 프레젠테이션에 주력하고 있다.

슬라이드셰어에서는 마이크로소프트의 파워포인트, 오픈 오피스의 프레젠테이션, 애플의 키노트에 대응하고, 그 PDF 버전의 업·다운로드와 열람, 웹 저장 기능을 제공한다.

오서스트림은 대상을 파워포인트만으로 제한하며, 파워포인트의 음성 오토플레이에 의한 프레젠테이션은 물론, 비디오와 유튜브, 아

이팟으로의 변환 기능을 제공하고 있다. 그렇게 변환하면 파워포인트의 프레젠테이션을 아이팟으로 보거나 유튜브에 올릴 수도 있다. 또한, 블로그와 일반 웹에 저장하여 볼 수도 있다. 이렇게 자신의 아이디어와 제품을 설명하고자 하는 사람들이 모여들었다.

이상과 같이 클라우드 스토리지는 다방면에서 활용이 가능하다. 스토리지의 백업부터 메모장 대용으로까지, 스트리밍부터 콜래보레이션 이용, 게다가 일반 비디오 업로드에서 프레젠테이션까지, 이만큼 다양한 서비스가 있다는 것은 시장의 장래성이 있다는 것이다. 하지만 한편으로 생존 경쟁도 심하다. 박스넷과 주모 드라이브, 에버노트 등은 대기업 벤더와의 제휴를 서두르고, 정글디스크와 모지는 매각되어 대기업 산하로 들어갔다. 이제는 확실한 차별화 시도만이 경쟁 우위를 차지할 수 있다.

하드웨어를 포함한 클라우드 스토리지

클라우드 스토리지의 백 엔진을 구축하는 데는 막대한 투자가 필요하지만 일반적으로 이익률은 적은 편이다. 또, 서비스 정지와 스토리지 파괴, 정보 유출 등이 발생하면 사회적 책임도 크다. 이 때문에 많은 서비스 프로바이더는 프런트 개발에 주력하고, 벡 엔진은 아마존 등 서버스 프로바이더를 이용하게 된다. 그러나 경쟁이 격화됨에 따라 프런트의 독자성 확보도 어려워졌다. 그래서 시선을 조금 돌려서 하드웨어를 잘 활용한 차별화의 예를 알아보도록 하자.

백블레이즈가 생각해낸 저가 스토리지팟

실리콘밸리의 신흥 기업인 백블레이즈(BackBlaze)가 놀라운 아이디어를 내놓았다.

이 회사의 비즈니스는 많은 스타트업 기업들이 북적거리고 있는 백업 서비스이다. 이제까지의 경쟁은 기능과 가격이었다. 하지만 프런트 엔진의 업그레이드로 각사의 기능차는 좁혀졌다. 최후의 전쟁은 결국 가격 경쟁이다. 가격에서 절대 승리하기 위해서는 어떻게 하면 좋을지 철저한 시장 조사가 이루어졌다.

조사를 통해 백블레이즈는 몇 가지 사실을 알 수 있었다. 벤더 평가는 기능 차도 있으므로 한 마디로는 말할 수는 없지만 PB(10^{15}) 환산 비용은 EMC가 가장 높고, 넷앱을 채용한다면 EMC의 절반 정도, 썬과 델이라면 더욱 싸진다. 아마존 S3를 이용하는 경우에는 하드웨어를 보유하는 것은 아니므로 3년 간 사용한다고 가정하고, 여러 비용(전기·장소·관리비)을 빼면 결과는 거의 EMC와 같아졌다. 즉, S3는 결코 저렴한 것이 아니라는 것이다. 백블레이즈가 내걸은 이기기 위한 조건은 '월 5달러로 용량 무제한'이라는 것이다. 살아남기 위해서는 이것밖에 없다. 하지만 이 목표는 썬과 델을 채용하더라도 달성할 수 없다. 그래서 결국 이제 자체 스토리지를 만들 수밖에 없다고 판단했다. 그래서 완성된 스토리지가 '백블레이즈 스토리지팟'이다.

그들은 모든 부품을 시판 제품으로 조달하고 4U 섀시에 마운트로 올렸다.

디스크 드라이브는 SATA 사양의 씨게이트 제품 1.5TB를 45개 탑재하고, 엔진은 리눅스에서 가동하는 머더보드(Core 2 Duo 3.33 GHz)에 메모리 4GB, 또 I/O 카드와 파워 서플라이 등이다. 소프트웨어는 '데비안 4(Debian 4)'에 '저널 파일 시스템(Journaled File System)'을 설치하고, HTTPS에서 액세스한다. 이것으로 용량은 67TB(10^{12}), 실비 비용은 8,000달러가 조금 안 된다. 썬과 델 제품과 비교해도 약 1/8 정도다. EMC나 아마존 S3에 비교하면 1/24이다. 이것이라면 이길 수 있다.

이렇게 해서 시작된 백블레이즈의 백업은 컴퓨터 통째로도 상관없다. 조작은 클릭 3번이면 끝난다. OS와 애플리케이션 등은 포함하지 않지만 컴퓨터와 접속하는 USB 경유의 외장 디스크 등도 대상이 된다. 1개 파일의 최대 사이즈는 4GB까지이다.

만약 PC가 통째로 망가진 최악의 경우에는 유상이지만 모든 백업을 USB 디스크나 DVD로 하여 택배로 보내준다. 목표는 개인 유저로부터 스몰 비즈니스, 게다가 IT 부문의 보이지 않는 기업 내 부문이다. 다른 어느 기업보다도 저렴한 비용으로 백업을 제공한다. 그렇기 때문

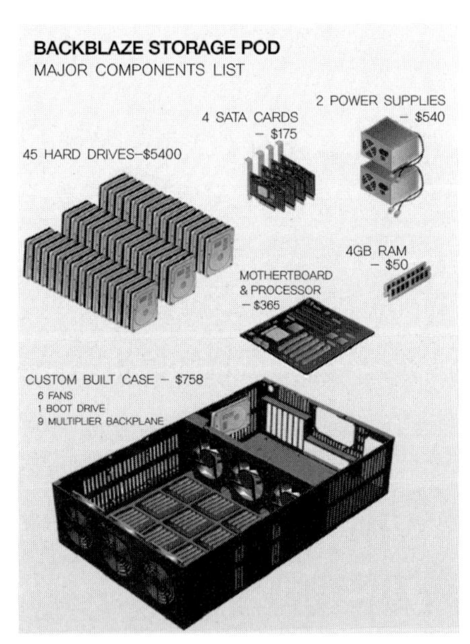

백블레이즈 스토리지팟 개요
(출처 : Backblaze)

에 개발된 스토리지팟은 그 사양도 공개했다. 백블레이즈는 이로써 보다 저렴하고 고성능인 스토리지 개발로 이어질 수 있을 것으로 기대하고 있다.

퍼스널 클라우드 스토리지, 포고플러그

누구나 간단하게 만들 수 있는 클라우드 스토리지 디바이스가 있다.

2007년 설립한 클라우드 엔진스가 내놓은 포고플러그(Pogoplug)이다. 여기에 USB 스토리지 드라이브와 인터넷을 연결하면 끝난다. 그 다음은 외부에서 아이폰으로 액세스하여, 그 안에 저장된 음악을 들을 수 있다. 확실하게 퍼스널 콘텐츠를 보존하고 인터넷으로 액세스할 수 있는 퍼스널 클라우드 스토리지가 등장한 것이다.

현재의 제품은 2세대이다. 제품의 범주는 벽의 전기 콘센트에 꽂아 사용하는 '월 플러그 PC(Wall Plug PC)'이다. 그래서 전원 스위치는 없다. 표면에는 전원 램프와 USB 포트가 1개, 뒷면에는 USB 3개와 이더넷과 전원 코드 플러그뿐이다. 이게 전부이다. 포고플러그 속에는 마벨의 ARM 프로세서, 또 256MB의 RAM과 512MB 플래시 메모리이다. 내장형 소형 서버라고 할 정도이다.

접속이 끝나면 지정 사이트에서 어카운트를 작성, e메일 주소와 패스워드만 입력하면 된다.

포고플러그 v2(출처 : Cloud Engines)

그 다음은 어떤 PC에서든지 브라우저에서 로그인하여 마이 포고 플러그를 클릭하면 영화, 사진, 음악 등의 라이브러리가 보인다. 음악 폴더에서 음악을 선택하여 재생할 수도 있고, 아이폰, 안드로이드, 블랙베리, 팜에도 대응한다.

이 밖에도 이 사이트에서 다운로드할 수 있는 소프트웨어를 사용하면 USB 디스크가 '드라이브 P(Drive P:)'로 나타난다. 이렇게 되면 완전한 로컬 디스크라 할 수 있다. 포고플러그의 가격은 129달러이다.

NAS 게이트웨이의 제타바이트 스토리지

제타바이트 스토리지(ZettaByte 
Storage)는 NAS를 사용한 백업 서비스를 제공한다. 클라이언트 PC에는 별도의 소프트웨어는 필요 없고, 그 대신 'z박스(zBox)'라고 하는 리눅스 베이스의 NAS가 필요해진다. 도입은 간단하다. 유저는 이 회사가 제공하는 z박스를 네트워크의 라우터나 스위치에 연결하기만 하면 된다.

이것으로 가정용 PC와 소규모 오피스의 모든 컴퓨터를 백업할 수 있게 된다. z박스에 프리 인스톨된 소프트웨어가 일정 시간마다 네트워크로 접속된 컴퓨터를 스캔하여, 새롭게 추가되거나 변경된 파일을 자동으로 백업한다. 그 후, NAS 내의 에이전트가 변경된 내용만 데이터센터로 보낸다. 이 경우에도 아마존 S3을 이용한다. 즉, 이 회사의 백업 구조는 NAS까지의 온사이트 백업이 제1단계, 그리고 제2단계는 S3의 오프사이트 백업이다. 이렇게 함으로써 일반적인 백업이라면 온사이트의 NAS에서 간단하게, 게다가 풀 스피드로 실행할 수 있고, 재해 복구는 S3에서 실행할 수 있다.

요금은 월액으로 기본이 3종류, ① 프로페셔널(NAS 용량 100~400GB)이 138~249달러/년, ② 비즈니스(NAS 용량 400~1,350GB)는 349~699달러, ③ 데이터센터(NAS 용량 1,000~8,000GB)가 899~3,699달러, 계약은 1년으로 NAS의 임대료는 월액 요금에 포함되어 있다.

가상 NAS 어플라이언스, 나스니

나스니(Nasuni)는 NAS의 소프트웨어 어플라이언스이다.

이 '나스니 파일러(Nasuni Filer)'라고 하는 어플라이언스는 로컬 디스크를 가상의 NAS로 보여지게 한다. 본래 NAS는 외장 공용 디스크이므로 로컬 디스크보다 훨씬 백업 성능이 뛰어나다. 나스니의 어프로치는 파일러가 일반적인 로컬 디스크를 가상 NAS 스토리지로 변신시켜, 윈도의 파일 공용 서비스 CIFS로 액세스한다. 나스니는 이 가상 NAS 파일의 완전한 백업을 클라우드상에 자동 취합한다. 그리하여 로컬의 가상 NAS는 클라우드와 연계된 무한 용량 스토리지로 변신한다. 이 때문에 파일러에는 가상 NAS와 클라우드 연계된 캐시가 있고, 이로 인해 NAS 기능과 클라우드 백업 처리 능력이 향상된다.

이용 시 우선 중심이 되는 파일러를 오피스의 서버에 다운로드한다. 이 파일러는 어플라이언스이므로 브이엠웨어의 VHD 포맷으로 배포되고, 실행은 무상판인 ESXi에서도 상관없다. 다음으로 ESXi의 부속인 브이엠웨어 플레이어를 시작하고, 다운로드한 폴더를 열고 파일러를 선택하여 플레이 버추얼머신을 클릭하기만 하면 된다. 이것으로 어플라이언스가 작동한다.

나스니 파일러를 구조적으로 보면 그 핵심이 되는 것은 '통합 파일 시스템(Unity File System)'이다. 여기에는 ① 클라이언트의 리드/ 라이트 요구를 처리하는 파일 매니저, ② 클라우드와의 처리 효율을 향상시켜 정기적으로 스냅숏을 생성하는 캐시매니저, 그리고 ③ 클라우드 접속의 볼륨 매니저가 있다. 또, '오픈 PGP(OpenPGP)'에 AES 256을 사용한 암호화 레이어, 로컬 디스크 액세스 인터페이스가 있다. 또, 통합 파일 시스템과 연계되는 관리 서비스로는 가상화된 로컬 NAS와 클라우드의 제어, 또 커넥터를 경유한 어카운트 관리 시스템이 있다. 한편, 클라우드의 백 엔드 스토리지이지만 이 경우도 자체 운영하는 것이 아니라 아마존 S3와 아이언 마운틴, 너바닉스, 랙스페이스 등 제휴사 중에서 선택한다.

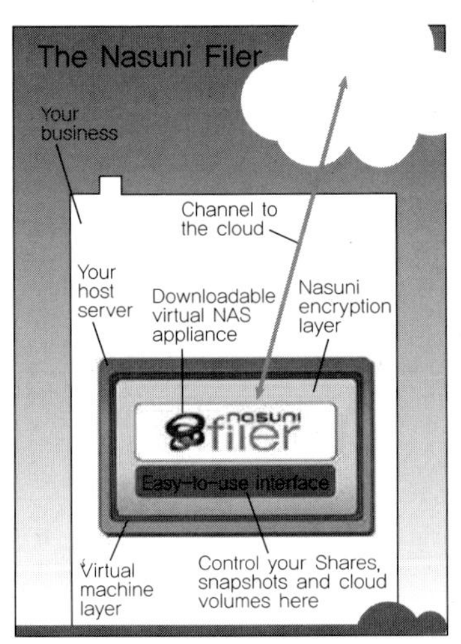

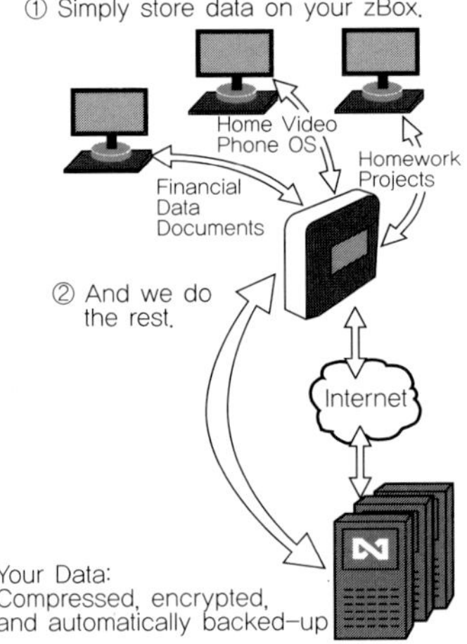

나스니 파일러 개요 I (출처 : Nasuni)

나스니의 비즈니스는 파일러의 월액 이용료뿐이다. 1개월에 300달러, 1년 계약이라면 3,000달러, 2년은 4,800달러가 된다. 서드파티의 클라우드 스토리지는 실비만 지불하면 된다.

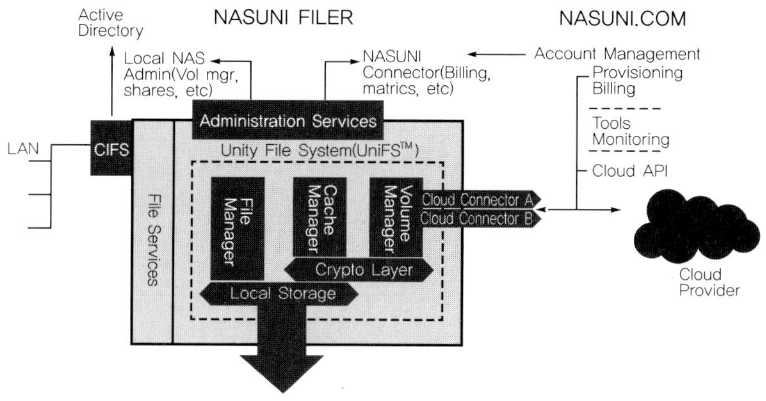

나스니 파일러 개요 II (출처 : Nasuni)

클라우드
스토리지를
만들자

지금까지 컨슈머와 홈 오피스용 클라우드 스토리지를 소개했다.

물론, 기업 유저용으로 보다 엄격한 백업 서비스를 전개하고 있는 곳도 많다. 예를 들면, IBM은 2007년 말, 아세날 디지털 솔루션즈를 인수하여 토털 엔터프라이즈 백업 서비스인 '인포메이션 프로텍션 서비스'를 제공하고 있고, EMC와 경쟁하고 있는 것은 아니겠지만, HDD 업체 씨게이트 테크놀로지도 2006년 말에 E볼트(Evault)를 인수하여, 백업 사업을 시작했다. 또한, 구 AT&T의 벨 연구소에서 독립한 컴볼트(CommVault)도 바짝 뒤를 쫓고 있다.

이하에 보다 고도의 기술을 무기로, 실제 서비스 프로바이더와 기업 내에서 사용하는 클라우드 스토리지의 구축을 지원하는 벤더들을 소개한다.

파라스케일의 클라우드 스토리지 소프트웨어

파라스케일(PraScale)이 개발한 소프트웨어를 사용하면 가볍고 고효율의 클라우드 스토리지를 만들 수 있다.

실리콘밸리, 쿠퍼티노에 있는 이 회사의 '파라스케일 클라우드 스토리지'는 중견 서비스 프로바이더와 자사 데이터센터 내에 클라우드 스토리지를 구축하기 위한 것이다. 제공되는 것은 소프트웨어뿐. 통상의 x86서버라면 어느 것에든 인스톨할 수 있다. 이용하는 OS는 레드햇 엔터프라이즈 리눅스나 그 오픈 소스판 센트 OS이다. 유저는 파라스케일 홈페이지에서 RPM 형식의 파일을 다운로드하여 인스톨하면 된다.

시스템 구성 요소는 두 가지이다. 하나는 전체를 관리하는 컨트롤 노드, 또 하나는 클라우드 스토리지가 되는 스토리지 노드이다. 함께 다운로드한 각각의 소프트웨어를 인스톨한다. 실제 구성은 1대의 컨트롤 노드와 필요 용량에 따른 여러 대의 스토리지 노드로 구성된다.

시스템이 완성되면 애플리케이션에서 NFS와 FTP, 웹 DAV (Web-DAV), HTTP로 액세스할 수 있다. 이들을 사용한 애플리케이션이라면 수정도 리컴파일도 필요 없다.

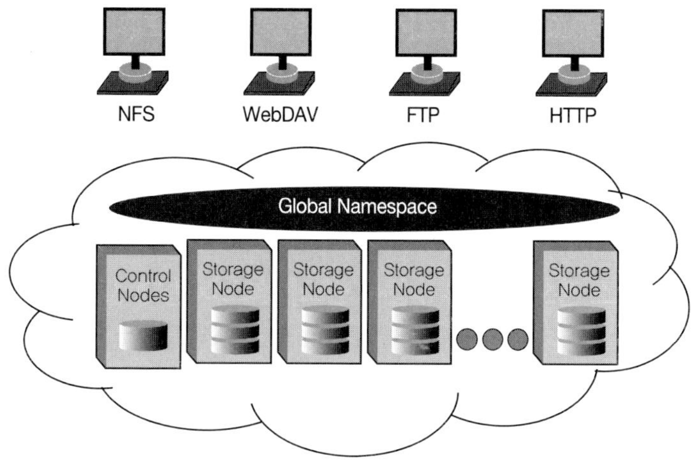

파라스케일 클라우드 스토리지 개요(출처:Parascale)

서비스 프로바이더나 기업 유저는 프런트 엔진만을 개발하고 백엔진은 파라스케일을 이용하면 된다.

2009년 6월, 파라스케일은 엔터프라이즈 콘텐츠 매니지먼트 기업과 제휴, 같은 해 10월에도 백업 소프트웨어 전문 기업 지만다와 제휴했다. 이들 모두 오픈 소스 기업으로, 파라스케일 제품과 같은 서버에 인스톨할 수 있다. 같은 해 9월에는 카패시아 호스팅, 10월에는 OC 3 네트웍스, 2010년 3월에는 기가넷에 채택되었다. 이들은 중견 호스팅 사업자이다. 파라스케일의 가격은 실제 클라우드 스토리지 용량에 대해 1GB 당 95센트이다.

의료용으로 시작된 스토리지 그리드

2010년 4월 스토리지 벤더 대기업인 넷앱(NetApp)은 '스토리지 그리드 8' 전문 기업 바이캐스트(Bycast)를 인수하여 자회사화했다. 분석가들 대부분은 이를 EMC가 개발한 '인텔리전트 분산 스토리지 아트모스'에 대한 대응은 아닐까하고 분석했다.

이 스토리지 그리드는 아마존 S3 등 실시간으로 갱신하는 클라우드 스토리지와는 약간 다르고, 지역 분산된 스토리지(그리드)를 온라인에서도 백업하여 보존용으로도 사용할 수 있다.

보존 데이터는 동영상 이미지나 문서/음성/비디오 등이며 오브젝트로써 취급된다. 또, 스토리지 그리드는 멀티 벤더 디바이스는 물론이고, 재해 복구 등의 보관 목적으로 테이프 장치도 취급한다.

애플리케이션에서의 액세스는 온라인이든, 백업이든, CIFS나 NFS, HTTP부터이다. 보관 데이터는 규정에 따라 복제나 지역 분산의 정도, 보관 디바이스 등의 설정을 할 수 있다. 시스템 구성을 개관적으로 보면 실제 스토리지가 어느 데이터센터의 메인 설비와 보존 등의 재해 복구 사이트로 구성되고 이 스토리지군과 각종 애플리케이션 사이에 '바이캐스트 스토리지 그리드'의 가상 레이어가 있다.

최신 버전 8에서는 NAS뿐만 아니라 n웨이의 클러스터에도 대응할 수 있도록 업그레이드되었다. 이로써 스토리지 용량의 확장성, 처리 속도의 향상을 도모하고 있다. 게다가 브이엠웨어의 ESX 서버에도 대응할 수 있게 되었고, 클라우드상에서도 가동할 수 있게 되었다.

바이캐스트는 지금까지 이 오브젝트 베이스의 스토리지 그리드 개발에 많은 투자를 해왔고, 시장에서의 테스트에도 3년을 소비했다. 원래 개발 당시 의료 기관의 뢴트겐이나 CT 스캔, 카르테 등의 관리를 염두에 두고 있었기 때문에 헬스 케어 분야와 방송국, 출판 등 미디어 기업들의 선택에 주시하고 있다.

넷앱의 바이캐스트 인수는 지금까지의 스토리지 판매에서 시스템 판매로 새로운 길을 찾은 것이다.

한편, EMC가 2008년 11월에 발표한 아트모스는 소프트웨어로서 개발되어, 저렴한 고성능의 시리얼 ATA 드라이브를 탑재한 x86서버와 세트로 판매해 가동되고 있으며 x86기에도 단독으로 인스톨할 수 있다. 그리고 두 제품 모두 브이엠웨어의 가상 환경에서도 움직일 수 있게 되었다.

이 양사의 전략은 대조적이다. 넷앱은 실적이 있는 소프트웨어를 외부로부터 손에 넣었고, 이를 자사제 스토리지 장비와 세트로 판매한다. EMC는 새로운 기능을 가진 소프트웨어를 자체 개발했다. 추구하는 바는 두 회사 모두 광역 분산 보존이지만 타깃은 EMC가 서비스 프로바이더를 중심으로 한 것에 비해 넷앱은 특정 산업에서부터 일반 기업을 겨냥하고 있다. 앞선 EMC와 쫓는 넷앱, 여기에도 치열한 전투가 시작되고 있다.

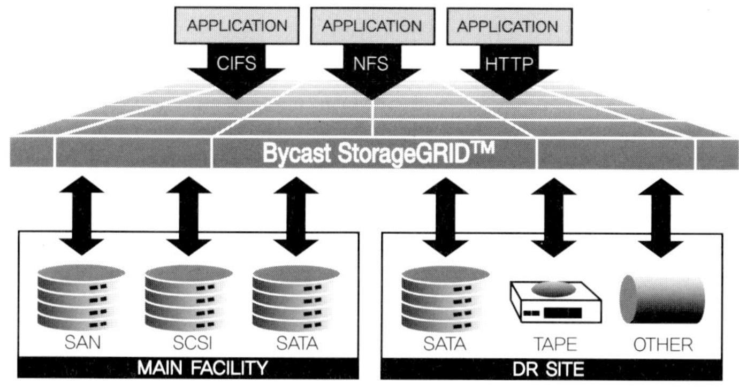

바이캐스트 스토리지 그리드 개요 (출처: Bycast)

확산형 그리드 스토리지 클레버세이프

그 밖에도 혁신적인 그리드 기술에 몰두하고 있는 회사가 있다.

P2P 뮤직 사이트인 '뮤직 나우'를 성공시킨 크리스토퍼 글래드윈(Christopher Gladwin)이 2005년에 설립한 클레버세이프(Cleversafe)이다. 그는 뮤직 나우 때부터 소중한 오리지널 곡을 안전하게 관리하는 기술을 찾고 있었다. 그러다 생각해낸 것이 확산형 스토리지였다.

이 회사의 '분산 스토리지(Dispersed Storge)'는 폴란드의 컴퓨터 과학자 마이클 로빈이 개발한 정보 전파 알고리즘인 'IDA (Information Dispersal Algorithm)'를 기반으로 하고 있다. 이 IDA에 의해 다른 지역에 분산 배치된 그리드 스토리지에 백업 데이터를 슬라이스하여 알고리즘에 따라 중복시키면서 확산 보존한다. 이로써 몇몇 그리드에 장해가 발생하더라도 완전한 형태로 복원할 수 있다.

IDA를 쉽게 이해하기 위해 캐나다의 컬툰 대학이 P2P 파일 셰어링 설계에 이용한 간이형 SIDA를 이용해 보자. SIDA에서는 변수 n이 확산시키는 그리드 수를 나타내고, 또 하나의 변수 k는 복원을 위해 필요한 그리드 수를 나타낸다. 예를 들면 {n=4, k=2}라고 하면 4개의 그리드 스토리지에 입력하고 그 중 2개가 고장나더라도 남은 2개가 정상이라면 완전하게 복원할 수 있다.

우측 그림에서는 좌측에 있는 오리지널(File)을 4개로 슬라이스(Piece 1~Piece 4)하고, 4개의 그리드(Peer 1~Peer 4)로 확산시키면서 입력한다. 이 슬라이스된 4개는 SIDA의 이론 {n−k+1}에 따라 답은 {3}이므로 각 그리드에 3개씩 포함되도록 행렬 연산(예시)에 따라 입력된다. 이 경우 {k=2}이므로 그림의 임의 그리드에서 2개를 고르면 오리지널 4개의 슬라이스가 반드시 포함되어 있고, 원래의 데이터 전체를 재현할 수 있다.

이 기술을 무기로 ISP와 엔터프라이즈용으로 보다 견고한 클라우드 스토리지 구축을 지향하는 제품이 개발되었다. 목표는 기업 내 IP 네트워크상에 'ds넷(dsNet–Dispersed Storage Network)'을 구축하는 것이다. 제공하는 것은 3종류의 랙마운트 가상 어플라이언스 제품 '액세서(Accesser)', '슬라이스터(Slicestor)' 그리고 '매니저(Manager)'이다.

액세서가 소스 컴퓨터로부터 데이터를 슬라이스하여 네트워크로 흘려보낸다. 이때, 슬라이스터가 그리드 스토리지의 필러에 대응한다. 즉, 필러가 n=8이라면 8대의 슬라이스터가 접속된다. 매니저는 오픈 소스의 네트워크 매니지먼트인 '제노스'를 개조하여 SMNP 프로토콜로 ds넷상의 어플라이언스를 모니터하거나 각종 설정 등으로 사용된다.

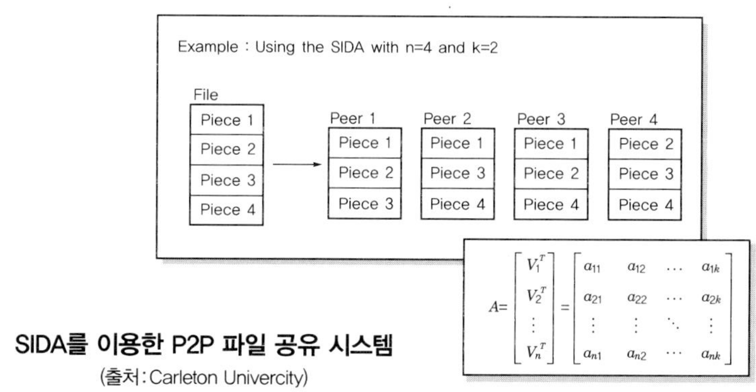

$$A = \begin{bmatrix} V_1^T \\ V_2^T \\ \vdots \\ V_n^T \end{bmatrix} = \begin{bmatrix} a_{11} & a_{12} & \cdots & a_{1k} \\ a_{21} & a_{22} & \cdots & a_{2k} \\ \vdots & \vdots & \ddots & \vdots \\ a_{n1} & a_{n2} & \cdots & a_{nk} \end{bmatrix}$$

SIDA를 이용한 P2P 파일 공유 시스템
(출처 : Carleton Univercity)

실제 스토리지가 되는 슬라이스터에는 1U의 4TB나 8TB, 2U에는 24TB의 것이 있고, 그것들을 쉽게 마운트하는 'ds넷 캐비닛'도 나왔다. 이 캐비닛에는 매니저가 1개, 액세서가 2개, 그리고 24TB의 스토리지를 18기 탑재할 수 있다. 단, 가능한 한 기업 내 네트워크라고 하더라도 재해 대책을 고려한다면 필러는 거리적인 분산이 바람직하다. 그렇게 되면 IDA를 채용한 분산 스토리지의 진면목을 발휘할 수 있다.

클라우드 스토리지의 경쟁은 치열하다.

대기업 유저의 움직임은 아직 둔하지만 일반 유저 시장에는 큰 요구가 있다. 사람들은 다양한 디바이스에 둘러싸여 그들의 동기화나 파일 보관에 어려워하고 있기 때문이다. 마찬가지의 현상이 소규모 비즈니스에서도 나타나기 시작했다. 클라우드 스토리지에 익숙해지고 비용이 절감되면 큰 장점이 된다. 그러기 위해서는 프로바이더에 의한 프런트 엔진의 연구뿐만 아니라 여기에서 소개한 것과 같은 하드웨어를 포함한 백 엔진의 개발 어프로치도 놓칠 수 없다. 생각해보면 다른 IT 기기가 이만큼 싸지고 있는데 스토리지 가격은 이상하게도 높다. 구성상의 비호환성, 라이선스 비용 등 예전의 메인 프레임과 같다. 클라우드 컴퓨팅에서는 이제까지 메인 스트림에는 없었던 아마존 등의 플레이어가 주역이 되었다. 마찬가지로 스토리지 클라우드에서도 프로프라이어터리한 대기업 벤더를 능가하는 프로바이더가 나올 것이 기대된다.

dsNet 캐비닛
(출처 : Cleversfe)

제11장

그리드는 클라우드 융합을 지향한다

- 그리드와 클라우드의 보완 관계
- 선진 클라우드를 서포트하는 벤더들

그리드 컴퓨팅 시대에는 없었던 오늘날의 가상화 기술이 본격적인 그리드 시대를 열었다.

1980년대부터 세계적인 논의가 진행된 그리드 기술은 과학 기술 계산에만 치우친 점도 있어 상용화되지는 못했다. 그리고 가상화 기술과 함께 클라우드가 등장하고, 그리드는 그 클라우드 컴퓨팅상에서 움직이는 시대가 되었다. 왠지 아이러니하다.

본 장에서는 그리드 컴퓨팅의 역사를 되짚어 보기로 한다.

오픈 그리드 포럼[OGF, 구 글로벌 그리드 포럼(GGF)]이 그리드 컴퓨팅에 웹서비스나 SOA 기술을 적용한 'OGSA(Open Grid Service Architecture)'를 규정하고, 그에 따른 전체 리소스 관리를 '웹서비스 리소스 프레임워크(WSRF)'로서 발표한 것은 2004년의 일이다. 그리고 2005년에 그리드 툴로 유명한 글로버스(Globus)가 이 WSRF를 토대로 그리드에 의한 대규모 가상 공간 '워크스페이스 서비스'를 릴리스했다. 그 후 그리드뿐만 아니라 가상화 기술인 Xen도 적용, 2009년에는 아마존 EC2의 가상 머신을 이용한 서비스도 시작되었다. 이로써 분산 컴퓨팅 리소스를 이용한 그리드는 클라우드와 기술적으로 서로 보완 관계가 되었다.

그리드에서 진화한 클라우드, 님버스

글로버스가 시작한 워크스페이스 서비스는 WSRF를 기반으로 하면서 서서히 클라우드로 융합되었다. 이 프로젝트를 '님버스(Nimbus)'라 한다. 님버스도 글로버스 툴킷과 마찬가지로 시카고 대학과 아르곤 연구소가 중심이 되어 개발한 오픈 소스 소프트웨어 세트이다. 이것을 사용하면 HPC는 물론이고 복수의 클러스터에 IaaS를 구현할 수 있다.

님버스가 제공하는 기능은 '컴퓨트'와 '스토리지' 이 두 가지이다. 컴퓨트는 작업 공간이 되는 워크스페이스, 스토리지는 FTP 등의 데이터 액세스 서비스이다. 님버스에서는 작업 공간을 자유롭게 설정할 수 있다. 그렇기 때문에 다음 그림과 같이 클라이언트의 요구에 따른 사이즈를 제공해야 하고, 님버스의 IaaS 기능은 리소스 풀과 연계하여 그 결과를 클라이언트에게 돌려보낸다.

이 리소스 풀의 관리는 그리드는 WSRF, 가상 머신은 2010년 7월 말에 릴리스된 님버스 2.5부터 Xen과 KVM에 대응하고 있다.

유저의 이용 형태는 몇 가지가 있다. 기본이 되는 '레퍼런스 클라이언트'에서는 WSRF 기반의 그리드 공간과 가상 머신을 커맨드

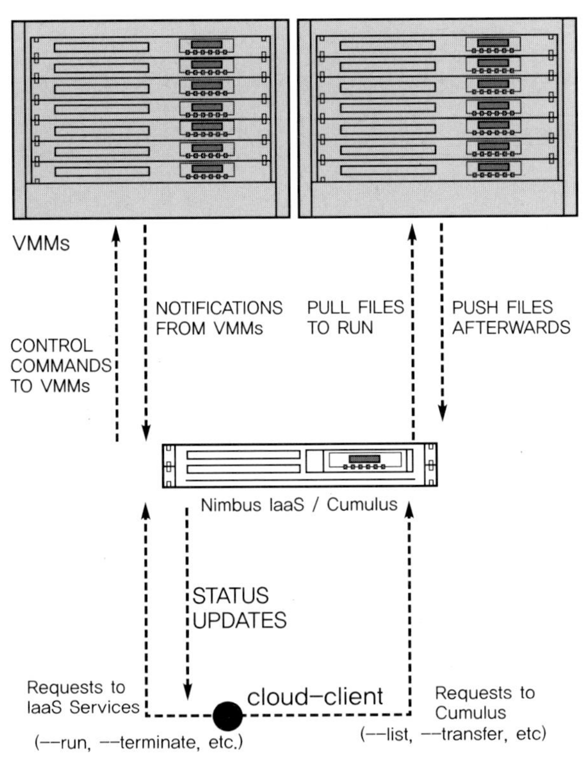

님버스 아키텍처 (출처 : Nimbus Project)

라인에서 이용할 수 있다. 대형 작업 공간을 이용하고자 하는 유저를 '콘텍스트 클라이언트'라 하고, 콘텍스트 브로커에 의해 가상 클러스터를 준비한다. 또한 님버스상에서 EC2를 이용하는 'EC2 클라이언트'가 있다. 이 EC2 클라이언트에게는 S3 액세스용 큐물러스(Cumulus)가 갖추어져 있다.

돌이켜 생각해보면 Xen이 발매된 것은 2003년, WSRF가 2004년, 이 2004년에는 워크스페이스의 초기판이 나오고 아마존 EC2는 2006년에 등장했다. 다음해 2007년부터 EC2로의 게이트웨이가 검토되고 2008년에는 최초의 님버스가 시카고 대학에 도입, 미정부가 추진하는 에너지 절약 정책인 스타 프로그램과 유럽공동원자핵연구소(CERN)에서의 실험도 시작되었다. 그 후 2009년에 들어서자 Xen과 더불어 KVM의 적용과 EC2 인터페이스, 가상 클러스터 대응 콘텍스트 브로커도 발매되어 님버스는 전체 형태를 갖췄다.

유럽의 클라우드, 오픈네뷸러

님버스가 미국을 중심으로 하고 있는 데 대해 '오픈네뷸러(OpenNebula)'는 유럽이 기반이다. 이 툴의 초기판은 2002년 스페인 최대의 마드리드 컴프루텐세 대학, 분산 시스템 아키텍처 리서치 그룹이 개발한 것이다. 오픈네뷸러를 적용하면 연구소의 HPC나 기업 내 데이터센터의 클러스터 시스템을 쉽게 클라우드화할 수 있다.

오픈네뷸러가 제공하는 IaaS의 코어 기술은 가상 인프라 매니저

(Virtual Infrastructure Manager)이다. 이 가상 인프라 매니저는 가상 머신이나 스토리지, 네트워크 관리, 게다가 자체 리소스뿐만 아니라 아마존 EC2, 영국 일래스틱 호스트의 리소스를 사용할 수도 있다. 2010년 7월 말에 나온 최신 2.0 β1판에서는 가상화는 Xen, KVM, 브이엠웨어에 대응하고 있다.

가상 인프라 매니저에는 그 밖에도 몇 가지 중요한 기능이 있다. 새롭게 물리 호스트를 추가하면, 순식간에 시스템 사이즈의 확장을 실행하는 '다이내믹 리사이즈', 클러스터 사이즈를 동적으로 변경하는 '다이내믹 클러스터 파티셔닝', 게다가 네트워크상의 다른 조직

오픈네뷸러 아키텍처 (출처 : OpenNebula)

이 관리하는 서버 등을 포함할 수도 있다. 또, 가상 인프라 매니저의 API가 공개되어 있기 때문에 도입 유저 조직은 자신들에게 적합하도록 커스터마이징이 가능하다.

이 오픈네뷸러는 유럽을 기반으로 한 툴로서 몇 가지 중요한 역할이 있다.

우선, 유럽연합(EU)이 예산화하고 가상화 기술을 이용하여 IT 리소스와 서비스의 장벽을 없애는 '리저버(Reservior) 프로젝트'가 있다. 이 프로젝트는 EU의 플래그십 프로젝트로서 IBM이나 썬, SAP, OGF 등이 오픈네뷸러의 스폰서이기도 하다. 다음으로 스페인 공업관광통상성이 후원하고, 스페인 최대의 전화회사 텔레포니카가 민간 8개사의 코디네이터가 되어 진행하는 비즈니스판 SOA '누바(NUBA:Normalized Usage of Business-oriented Architecture) 프로젝트', 그리고 스페인 과학혁신성이 후원하는 'HPC 적용 클라우드 프로젝트' 등이 있다.

오픈네뷸러는 이들 프로젝트의 기반 소프트웨어가 되고, 한편으로 그 성과를 민간에게 오픈 소스로써 제공하는 역할을 담당하고 있다. 상용 서포트는 개발 멤버가 설립한 C12G랩(C12G Labs)이 제공, 라이선스는 아파치 라이선스 2이다.

세계 최대의 그리드 컴퓨팅, CERN의 LHC

세계 최대의 그리드 컴퓨팅, 그것은 2009년 7월부터 운용되기 시작한 '월드와이드 LHC 컴퓨팅 그리드(Worldwide LHC Computing Grid)'이다. CERN(유럽원자핵기구)이 제네바 서쪽의 레먼 호반에 프랑스를 걸친 둘레 27km의 원형 가속기 LHC(Large Hadron Collider)를 설치하고, 2008년부터 실험이 개시되었다. LHC 컴퓨팅 그리드는 이 가속기로 계측한 연간 15PB의 데이터를 거의 실시간으로 분석하기 위해 만들어진 것이다.

세계 34개국, 130군데 컴퓨팅 센터의 10만 CPU를 그리드 결합하는 이 시스템은 각국의 연구소와 대학에서 직접 이용할 수 있다.

이 거대한 분산 네트워크는 티어라고 하는 3개의 레이어로 구성된다. '티어 0'은 CERN 자체 네트워크로 모든 LHC 데이터는 이 허브를 통해 공급되고, 주요 다른 레이어와는 10GB로 접속되어 있다. 다음 '티어 1'은 LHC 데이터 보존을 위해 비교적 큰 스토리지 용량을 가진 11군데의 컴퓨터 센터를 연결하는 것이다. LHC 데이터는 또 이 '티어 1'으로부터 160곳의 '티어 2'가 되는 데이터센터로 보내져 사용된다.

미들웨어로써 이용되고 있는 것은 '글로버스 툴킷', 위스콘신 대학이 개발한 분산 스케줄링 '콘도르(Condor)', 분산 데이터의 소프트웨어 디스트리뷰션인 '버추얼 데이터 툴킷', 유럽그리드연구기구(EGEE)가 개발한 경량 그리드 툴인 'g라이트 툴킷' 등이다. 월드와이드 LHC 컴퓨팅 그리드의 시험 가동은 2008년 7월, 본격적인 운용은 10월부터 시작됐다. 향후에는 클라우드와의 융합 기술을 검토할 예정이다.

지금까지 미국과 유럽의 오픈 소스 클라우드 구축 프로젝트와 세계 최대의 그리드 시스템을 소개했다.

이들 선진 시스템을 살펴보면 현재의 상용 클라우드 컴퓨팅의 미래가 보인다. 서버는 랙마운트나 블레이드뿐만 아니라 클러스터와 HPC에도 대응하며, 그 다음은 현재로서는 대처하기 어려운 대형 애플리케이션의 실행 환경이 있다. 그것을 위해서는 가상화된 무수한 노드가 마치 한 대의 컴퓨터처럼 움직여야 한다. 이 분야의 기술이 보급되면 보다 효율적이고, 거대한 클라우드가 출현한다.

다음으로 이들 선진 클라우드를 서포트하는 벤더를 소개한다.

하둡을 서포트하는 클라우데라

그리드 컴퓨팅에 있어서 병렬 처리는 빼놓을 수 없다.

구글에서 가동되는 거대한 검색 엔진은 병렬 처리의 결정체이다. 그것을 지탱하는 것은 고신뢰 분산 디스크 시스템 GFS이고, 효과적인 병렬 처리를 실행하는 것은 '맵리듀스(MapReduce)'이다.

야후랩이 개발한 '하둡(Hadoop)'은 그 오픈 소스 클론으로서 등장했다. 하둡은 그 후 아파치 소프트웨어 파운데이션에 기증되어 프로젝트가 되었고, 2008년 10월에는 하둡을 상용으로 서포트하는 '클라우데라(Cloudera)'가 움직이기 시작했다.

클라우데라를 설립한 것은 구글의 수석 엔지니어였던 크리스토퍼 비시글리아(Christopher Bisciglia), 야후의 부사장으로서 엔지니어링 부문을 인솔했던 아므르 아와달라(Amr Awadallah), 페이스북의 엔지니어링 매니저였던 제프 하머버처(Jeff Hammerbacher) 이 3명으로, 실리콘밸리 브레인 3인방이다. 이 3인을 통솔하여 CEO가 된 것은 마이클 올슨(Michal Olson)으로, 버클리 DB의 내장판, 슬리피캣의 CEO였던 인물이다. 현재는 아므르 아와달라가 CTO 겸 엔지니어링 부사장, 제프 하머버처가 프로덕트 부문 부사장이 되었다. 비시글리아는 비즈니스 위크지의 '베스트 영 테크 안트러프러너 2009(Best Young Tech Entrepreneur 2009)'로 선정될 정도의 인재였지만 유감스럽게도 2010년 6월에 퇴사했다.

한편, 하둡에는 구글의 GFS가 '하둡 분산 파일 시스템'이 되고, 그 위에 '하둡 맵리듀스'와 구글의 데이터 처리 빅테이블에 해당하는 'h베이스(h.Base)'가 있다. 또, 대규모 데이터 세트의 병렬 처리 언어에는 역시 야후랩이 개발한 '피그(Pig)'와 '하이브(Hive)'가 있다.

어떻게 야후가 하둡을 개발했는지에 대해 아와달라는 다음과 같이 설명했다. 기존의 데이터 처리에서는 방대하고 다양한 처리 체계를 가진 백엔드의 데이터를 순차적으로 처리한다. 이 방식의 효율을 높이기 위해 처리계를 병렬화한 컴퓨트 그리드를 생각해냈다. 그 시기, '너치(Nutch)'라 불리는 웹 검색 엔진을 개발하고 있었던 엔지니어 더그 커팅(Dug Cutting)과 마이크 카페렐라(Mike Cafarella)는 구글이 발표한 GFS와 맵리듀스의 논문을 보고, 즉시 개발에 몰두하였다. 한편 야후에서도 검색 엔진의 효율화를 위한 프로젝트가 있었고, 그 멤버들도 구글의 논문을 읽었다. 야후는 자력으로 개발할지,

246

외부에서 찾을지 고민했다. 그리하여 더그 커팅(현 클라우데라 설계자)이 야후에 스카웃되어 하둡 프로젝트가 본격화된 것이다.

클라우데라의 비즈니스 모델은 하둡을 보급시키는 컨설테이션이다.

핵심이 되는 분산 처리인 '하둡 맵리듀스'에서는 입력된 데이터로부터 필요한 정보를 추출하는 '맵', 추출된 데이터를 결합하여 재배열하는 '서플', 그들을 정리하여 결과를 출력하는 '리듀스'의 단계가 있다. 이것은 그 처리 방법에 따라 처리 효율은 크게 달라진다. 모든 것은 엔지니어의 능력에 달렸다. 그것을 위해 이 회사가 제공하는 것은 '소프트웨어 세트'와 '서포트&프로페셔널 서비스', 그리고 '트레이닝&인증 프로그램'이다. 이 소프트웨어 세트는 '클라우데라 디스트리뷰션'이라 하며, 하둡에 코디네이션 서비스인 '주키퍼(Zookeeper)'와 데이터 인터그레이션 '스쿱(Sqoop)', 데이터 플로 언어 '피그(Pig)', SQL식 쿼리인 '하이브(Hive)', 고속 리드 라이트 'h베이스', 워크플로 '오지(Oozie)', 게다가 관련 SDK와 유저 인터페이스를 제공하는 휴(Hue) 등이 추가되었다.

이 디스트리뷰션은 리눅스에서 보급하고 있는 RPM으로 배포되어, 쉽게 리눅스상으로 인스톨할 수 있다. 또, 이보다 상위 버전으로서 유상으로 제공되는 실행 시의 프로비저닝(Provisioning)과 환경 설정(Configuration) 등의 매니지먼트 툴을 추가한 '클라우데라 엔터프라이즈'가 있다.

다음으로 프로페셔널 서비스에서는 이들 툴을 사용하여 기업 유저의 데이터센터와 아마존, 랙스페이스, 브이엠웨어의 v클라우드상에서의 적용을 지원한다. 트레이닝 프로그램에는 개발자와 관리자용이 있고, 자격 인증 제도도 있다.

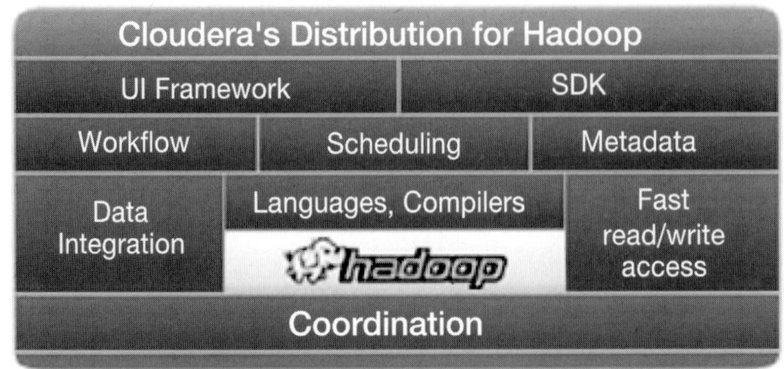

클라우데라 하둡 디스트리뷰션 (출처 : Cloudera)

하둡을 자유자재로 다루기 위해서는 상당한 스킬이 필요하다.

이 난관을 해결해주는 것이 클라우데라의 비즈니스이다. 하지만 이들 컨설테이션 서비스를 처리하는 데는 그들 자체 능력만으로는 부족하다. 그래서 파트너 프로그램도 시작했다. 여기에는 펜타호와 마이크로 스트래터지, 재스퍼소프트, 그린플럼 등 주로 비즈니스 인텔리전스와 데이터 하우징을 전문으로 하고 있는 벤더들이 많다. 또한, 데이터 인터그레이션에서는 탈렌드, 버티카 등도 참여하고 있다.

HPC 클라우드, 펭귄 온 디맨드

펭귄 컴퓨팅(Penguin Computing)의 서비스는 독특하다.

1998년 설립 이래, 이 회사는 그 이름대로 펭귄을 마스코트로 하는 리눅스에 주력하며 노력한 끝에 클러스터와 HPC에 이르렀다. 이 회사의 '펭귄 온 디맨드(PoD : Penguin on Demand)'는 HPC를 사용한 클라우드 서비스로서 2009년 8월에 등

장했다. 이 PoD에서는 아마존으로 대표되는 일반적인 클라우드 서비스에는 없는 고성능의 병렬 컴퓨터 서비스를 제공한다.

이 시스템을 이용하는 것은 시간적인 제약 속에서 분석 처리 등을 해야 하는 연구원이나 과학자, 엔지니어들이다. 그들은 번거로운 준비 없이 바로 사용할 수 있는 HPC 서비스를 원하고 있었다. 그러기 위해 이 회사에 설치된 고성능 멀티 클러스터에 고속 스토리지를 접속하여 그것을 인피니밴드나 기가비트 이더넷으로 접속하는 대형 HPC가 이용되었다. 또, 초고속 그래픽 처리에는 같은 네트워크에 접속된 슈퍼 GPU(Graphic Processing Unit)의 NVIDIA 제품을 이용

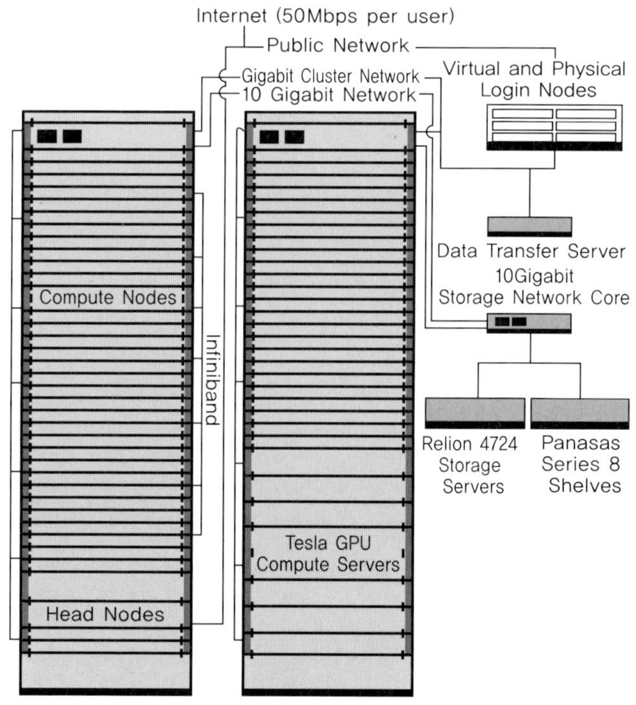

펭귄 온 디맨드 개요(출처:Penguin Computing)

할 수 있다.

한편, 클라우드라고 하면 바로 가상화 기술과의 관계가 신경쓰이지만 PoD에는 이른바 통상적인 가상화 기술은 사용하지 않았다. 이 회사 관계자는 클라우드란 인터넷 너머로 동적 또는 확장적으로 리소스를 제공하는 이용 형태를 말하며 세분화된 가상 머신 제공은 그 중 하나이고, PoD는 고성능의 병렬 처리 공간을 제공하는 것이라고 설명한다.

이용자는 최초로 웹에서 필요한 정보를 기입하고 신청한다. 여기에는 주소, 성명, 전화 번호나 e메일 주소, 지불 방법 등의 기본 정보 이외에 '로그인 노드'의 타입과 초기 데이터 스토리지 용량, 인터커넥트의 타입, 실행하는 애플리케이션이나 관련 툴의 종류 등이 있다. 실행하는 애플리케이션이나 툴의 선택은 그들의 서포트 팀에게 사전에 이용 내용을 알리는 것이므로 크게 신경 쓸 필요는 없다. 그러나 로그인 노드의 타입을 지정하는 것은 중요하다. 여기에는 가상 머신과 물리 머신을 이용하는 두 가지 방법이 있다. 가상 머신은 1코어, 물리 머신은 4코어다. 이 로그인 노드는 단지 PoD에 들어가기 위한 인증뿐만 아니라 그 이후 유저 전용기가 되어, 여기에서부터 HPC로 작업(Job)을 투입한다. 그러기 위해 로그인 노드의 셋업이 있다. OS는 레드햇이나 센트 OS, 작업을 투입하는 스케줄러는 '토크(TORQUE)나 썬이 개발한 '그리드 엔진'이다. 완성된 로그인 노드는 지정된 인터커넥트의 타입에 따라 HPC에 접속된다.

로그인 노드에 있는 포털에서는 HPC를 볼 수 있다. 여기에서 투입한 작업은 PoD의 처리 대기 큐로 들어가, 공평 처리의 원칙을 토대로 실행된다. 투입한 작업이 필요로 하는 데이터는 사전에 로그인 노드에 업로드하여 보존하고, 실행 시에 PoD로 보낸다. PoD에서는 그때마다 이용할 수 있는 온 디맨드 디스크와 연산 유닛에 접속되어 있는 디스크가 있어 둘 중 하나를 지정한다.

이렇게 해서 유저는 마치 자기 것처럼 대형 HPC를 원격으로 사용할 수 있다.

이용료 계산의 기본이 되는 것은 '코어 시간(Core Hours)'이다. HPC에 투입된 작업은 파라미터에 따라 몇 개의 프로세스가 되어 병행하여 작동한다. 1코어 시간이란 그 프로세스 중 하나가 1프로세서 코어를 사용하여 1시간 작동한 것을 말한다. PoD에서는 4코어/프로세서가 탑재되어 있지만 4코어의 모든 것이 사용될지 아닐지는 애플리케이션에 달렸다. 그러므로 1코어만 사용하더라도 코어 시간의 과금 대상이 된다.

다음으로 GPU의 이용료가 있다. GPU는 전용 컴퓨트 노드에서 2개의 인텔 4코어, 제온(Xeon X5540 2.53GHz)과 24GB 메모리, 게다가 NVIDIA제 테슬라(Tesla C1060)가 3개 탑재되어 있다.

이 GPU의 요금은 '서버-시(時)'로 과금된다. 데이터 스토리지에 대해서는 3개 옵션이 있다. 첫 번째는 앞에 서술한 컴퓨트 노드에 딸려 있는 2TB 디스크, 이것은 스크래치로서 사용할 수 있다. 두 번째는 PoD 시스템에 딸려 있는 'RAID-10' 디스크이다. RAID-10은 분산 병행 읽고 쓰기의 'RAID-0'과 미러링 'RAID-1'을 조합한 고신뢰성 디스크이므로 중요한 보존용으로 적합하다. 마지막으로는 블록 단위로 패리티 체크를 포함해 분산 처리하는 'RAID-5' 디스크이다. 이것은 파나서스가 개발한 분산 스토리지 클러스터로서 구성되어 고속 액세스에 적합하다.

PoD는 배후에서 막중한 업무를 수행한다.

PoD의 신청을 받아 로그인 노드를 준비하고, 지정된 방법으로 HPC와 접속한다. PoD는 1,280기 정도의 4코어 제온에서 작성하여 세트로 되어 있지만 수요에 따라 다른 세트를 추가한다. 유저에 따라서는 풀화된 노드가 아닌 전용이 되는 디디케이티드 노드가 요구될 수도 있다. 그들의 임무는 HPC 시스템 전체가 정상으로 작동하고 있는지, 유저의 작업 처리는 균일하게 되고 있는지, 또 RAID 디스크 관리 등 다방면에 걸쳐 있다. 이것은 오랜 세월 경험에서 축적된 것으로 PoD만이 가능한 일이다.

펭귄 컴퓨팅은 설립 이래, 대형 리눅스 서버의 하드웨어와 소프트웨어를 제공해 왔다. 현재도 인텔 탑재기인 릴리온 랙마운트(Relion Rackmount) 시리즈와 AMD의 프로세서를 탑재한 알투스 랙마운트(Altus Rackmount)를 판매하고 있고, 각종 블레이드와 스토리지 등도 취급하고 있다. 모두 리눅스용이다.

이 회사가 클러스터나 HPC로 눈을 돌린 이유는 1990년대 말로 거슬러 올라간다.

그 시기에 NASA에서는 고가의 슈퍼컴퓨터를 대체하기 위해 범용 기기를 이용한 대형 기관 발 '베어울프 프로젝트'가 진행 중이었다. 2003년 이 프로젝트에 참가하고 있던 클러스터링 기술 업체 실드 컴

252

퓨팅(Scyld Computing)을 이 회사가 매수한 것이 계기가 되었다. 이것이 현재의 펭균 컴퓨팅 클러스터링 기술의 핵심인 '실드 클러스터웨어(Scyld Clusterware)'이다. HPC를 사용한 PoD 서비스는 이 클러스터링 솔루션을 여러 대의 리눅스 서버에 적용, 그 위에 병렬 처리 프로그래밍 표준 규격인 MPI 라이브러리, 병렬로 파일을 처리하는 래스터와 앞에서 서술한 스토리지 클러스터인 파나서스, 리소스 관리, 스케줄러 등을 작성하여 완성한 것이다.

HPC부터 아마존까지 커버하는 유니바 UD

클러스터 시스템의 정의에는 절대적인 것은 없지만 대략 3가지 타입이 있다.

가장 보편적인 것은 ① 페일오버형이다. 이 타입은 처리계와 백업계가 디스크 셰어나 미러링에 의해 데이터를 공유하고, 만일의 경우에 시스템을 바꾸어 업무를 지속한다. 다음으로 ② 분산 클러스터가 있다. 이 경우에는 트랜잭션이 많은 웹과 데이터베이스 관련 처리를, 로드 밸런서로 나누어 부하 분산을 실행한다. 이것은 고가용성 유지 보수 HA(High Availability) 클러스터라 부르기도 한다. 그리고 ③ HPC 클러스터이다. 이는 그리드 등의 기술을 이용하여 복수의 계산 노드를 사용한 병행 처리에 의해 보다 높은 계산 능력을 제공한다.

이처럼 페일오버에서는 '시스템 스위칭', 분산에서는 '로드 밸런서', HPC에서는 '패럴렐 프로세싱' 등 목적으로 하는 클러스터에 의해 핵심이 되는 컴포넌트가 다르다. 그리고 이들 클러스터의 소프트웨어 스택에는 중심 컴포넌트에 덧붙여 각각에 맞는 관련 라이브러리나 툴, 실행 환경이나 운용 관련 소프트웨어가 포함되어 패키지로 제공되는 경우가 많다.

2004년 설립된 유니바 UD(Univa UD)는 글로버스 툴킷 관련 서포트 비즈니스를 위주로 비즈니스를 시작하여 시카고에 자리잡은 회사였다. 설립 당시 사명은 유니바로 시작하였으나 2007년 텍사스 주 오스틴의 유나이티드 디바이스(United Devices)와 합병하여 현재의 사명이 되었다. 그 후 썬이 개발한 상용 N1 그리드 엔진(N1 Grid Engine)을 HPC 클러스터상에 적용하는 튜닝 비즈니스로 범위를 넓혔다.

이러한 과정 중에서 탄생한 것이 클러스터 구축 관리 툴인 '유니클러스터(UniCluster)'이다.

유니클러스터에는 시스템 구축부터 그 관리와 운용에 이르는 일련의 컴포넌트와 툴류가 포함되고, 구축 지원 프로페셔널 서포트, 트

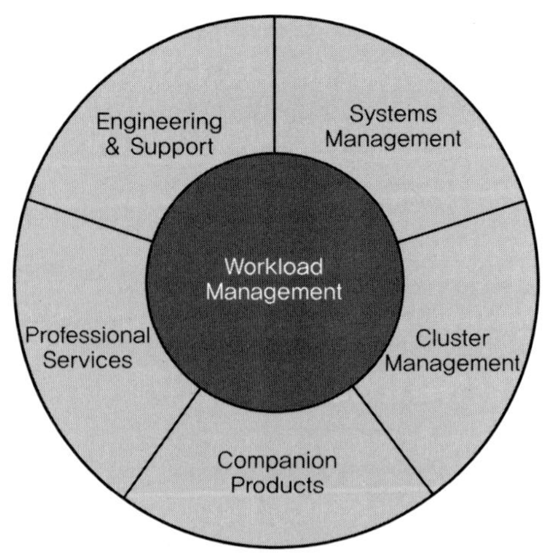

유니클러스터 다이어그램 (출처: Univa UD)

러블 발생 시의 엔지니어링 서포트가 갖추어져 있다.

유니클러스터의 소프트웨어 스택에는 실행 노드를 만들어내는 가상화 Xen과 글로버스 그리드가 있어 그리드에도, 가상 머신에도 대응할 수 있다. 그리고 그들의 분산 리소스 매니저, 병행 처리용 MPI 라이브러리와 툴, 운용에서는 클러스터 모니터링 '강글리아(Ganglia)'와 네트워크 모니터링 '나기오스(Nagios)', 클러스터 파일의 동기화, 또 소프트웨어의 자동 갱신 등이 있다.

2009년 7월, 드디어 '유니클라우드(UniCloud)'가 탄생했다.

이 유니클라우드는 프라이빗 클라우드의 구축과 관리를 종합적으로 취급하는 것이지만 엄밀하게 말하자면 클라우드의 운용 관리 부분을 담당하며, 구축에는 유니클러스터의 소프트웨어 스택을 이용한다. 또, 관련하여 유저 관리용 '유니포털(UniPortal)', 시스템 전환과 구성 변경 등의 워크로드를 예측하는 '유니플랜(UniPlan)', 클러스터의 다면적인 처리 분석을 실행하는 '유니사이트(UniSight)' 도 정비되었다. 현재는 대응 범위도 확장되어, 아마존 EC2에도 적용할 수 있게 되었다.

모압 어댑티브 플랫폼

유타주 프로보에 있는 어댑티브 컴퓨팅(Adaptive Computing)의 역사는 길다.

현 CEO 겸 CTO인 데이빗 잭슨(David Jackson)은 1996년부터 시작된 대규모 클러스터를 연구하는 슈퍼클러스터 발전 그룹에 참여

하고 있었다. 그 후, 그곳에서의 기
술을 기반으로 하는 클러스터 관

리 소프트웨어 개발을 목표로 최초로 시작한 것이 오픈 소스 '마우
이 스케줄러'이다. 이 스케줄러는 투입된 대부분의 작업에 어떻게 우
선 순위를 매기고, 효과적인 리소스 배분은 어떻게 하면 좋을지의 기
본 기능을 제공했다.

그리고 2001년 이 회사의 전신이 되는 클러스터 리소스를 일으켜
현재의 코어 기술 '모압(Moab)' 개발에 착수했다. 모압은 대규모 컴
퓨터 리소스의 마스터 스케줄러로서 폴리시 베이스의 엔진과 스케
줄러로 구성되며, 대형 클러스터에 적용하는 것을 목표로 했다.

여기에서 잠깐 클러스터 운영에 관한 폴리시에 대해 생각해보자.

HPC 등의 대형 클러스터는 고가이기 때문에 설치 사이트는 한정
되어 있고, 많은 연구자와 엔지니어들은 외부로부터 원격 액세스하
는 경우가 많다. 이해하기 쉽게 중앙에는 대형 그리드계 클러스터가
있고, 로컬에도 소형 클러스터가 있다고 하자. 로컬에는 로컬 관리자
(운용 관리자)가 있다. 일반적으로 로컬 유저는 요구하는 그리드 수
를 우선 자신들의 로컬 리소스에서 찾고, 없으면 다음으로 중앙 클
러스터 리소스로 찾으러 간다. 로컬 클러스터를 가지지 않은 리모트
유저는 그 다음의 우선 순위에서 중앙 클러스터를 이용할 수 있다.
이 같은 결정을 폴리시라 하고, 폴리시 엔진은 그 설정과 실행을 담
당한다.

모압에서는 그 후, 마우이에 추가된 리소스의 동적 관리와 소프트
웨어 라이선스 관리, 파일 스페이스 관리 등에 버추얼 클러스터나 비

주얼 운용 관리 콘솔, 유저 포털 등도 추가로 개발했다.

이들을 이용하여 리모트에도 관리자 권한을 정하여 중앙 리소스 상에 버추얼 클러스터를 확보하면 리모트 유저는 마치 로컬 클러스터가 있는 것과 같이 취급할 수 있다. 중앙 관리자는 전체의 운용 룰로써 리소스 공용의 정도와 우선 순위, 제한 등의 방침을 정하여 시스템을 운용한다. 모압의 적용은 HPC/클러스터뿐만 아니라 데이터센터, 그리고 클라우드에도 미친다. 바로 그리드와 클라우드가 융합한 형태이다.

그래서 2009년 사명을 현재의 어댑티브 컴퓨팅으로 변경했다. 오늘날 큰 시장은 기업 데이터센터와 클라우드이다. 현재의 모압은 가상 머신을 노드로 하고 리눅스와 윈도의 혼재 환경을 서포트한다. 이때, 유저가 요구하는 OS의 리소스가 없으면, 아이들 노드를 재설정하여 배분하는 것도 가능해졌다.

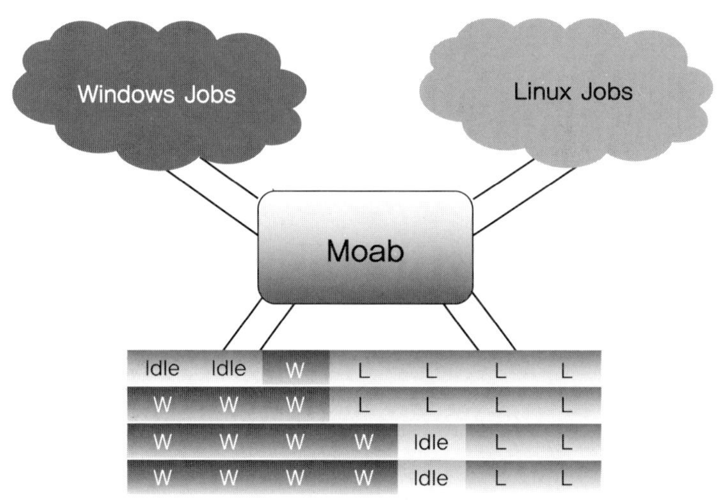

윈도-리눅스 혼재 환경을 서포트하는 모압(출처 : Adaptive Computing)

또, 우선 순위가 높은 작업이 투입되면 다른 작업의 스왑 아웃 등을 실시하여, 그것에 맞는 리소스를 만들어 내거나 시간적으로 시급한 작업은 스케줄 큐의 순위를 바꿀 수도 있다.

소프트웨어에서 가상 SMP를 만드는 스케일 MP

앞에서 설명한 것과 같이 가상화에는 두 가지의 영역이 있다.

하나는 일반적인 가상화로 볼 수 있는 것으로, 대형 서버를 분할하여 논리적으로 여러 대로 보이게 하는 방식이다.

이것은 아마존 등, 오늘날 클라우드의 기본이 되었다. 한편, 복수의 컴퓨터를 통합하여 논리적으로 1대로 이용하는 방법도 있다. 그리드 컴퓨팅의 세계이다. 그리드 컴퓨팅을 실현하는 가장 손쉬운 방법은 완전히 분산 배치된 그리드보다 HPC나 '대칭형 멀티프로세서 SMP(Symmetric Multiple Processor)'를 이용하는 것이다. 분산된 컴퓨터를 사용하는 것보다 타이트하게 결합하는 HPC나 SMP가 처리 효율이 높기 때문이다. 하지만 그 특수성으로 비용은 비교적 비싸진다.

그래서 일반 서버를 사용하여 SMP로 보이게 하는 스타트업 기업, 스케일 MP(Scale MP)가 출현하게 됐다.

이 회사가 고안한 '버서타일 아키텍처(Versatile Architecture)'를 사용한 것이 'vSMP(versatile SMP)'이다. 랙마운트나 블레이드에 이 가상 소프트웨어를 실장하면 대형 SMP로 보이게 할 수 있다. 이들 서버의 결합에는 고속화를 위한 인피니밴드가 필수이다. 다시 말하면 시판 x86 보드를 인피니밴드로 결합하기만 하면 된다. 이렇게 함으로써 여러 대의 서버를 하나의 OS로 제어하고, 또 대형 애플리케이션을 작동시킬 수 있게 된다.

일반적으로 클러스터 시스템에서는 탑재하는 보드상에 프로세서와 메모리가 있고, 디스크가 직접 접속되어 있다. 당연한 것이지만 이들은 한 대의 컴퓨터가 되어, 다른 것과 공유하기는 어렵다. 그렇기 때문에 클러스터에서 큰 애플리케이션을 실행시켜 보면 메모리 용량 제한과 데이터베이스 분할 문제에 부딪친다.

그러나 SMP라면 메모리는 공용이 되어 큰 공간을 만들 수 있다.

등장한 가상 SMP의 구조를 'vSMP 파운데이션'이라 한다. 이 특허 출원 중인 파운데이션은 BIOS와 ACPI를 이용하여 하드웨어에 가까운 영역을 조작하여 가상 SMP를 실현한다. BIOS는 일반적으로 보드상의 ROM에 입력되어 레지스터를 이용한 조작을 실행한다. 전원을 켰을 때 하드웨어의 초기화나 OS를 읽어들이는 부트로더 등이다. 또, ACPI는 PC/AT 호환기의 전원과 구성 요소에 관한 통일 규격이다. 즉, ACPI에서 SMP가 되는 구성을 정하고, 그것들을 BIOS에서 1대의 SMP로써 시작한다.

그렇기 때문에 인증받은 하드웨어만을 이용할 수 있으며 인텔 제온 시리즈를 탑재한 보드류, 시스템 제품에서는 같은 인텔 프로세서를 탑재한 델, HP, IBM, 썬 등을 이용할 수 있지만 특정 제품과 기종을 규정하는 것도 있다. 또, 백플레인이나 I/O 접속 인터페이스에도 규정이 있기 때문에 채용하는 데는 인증이 필요하다.

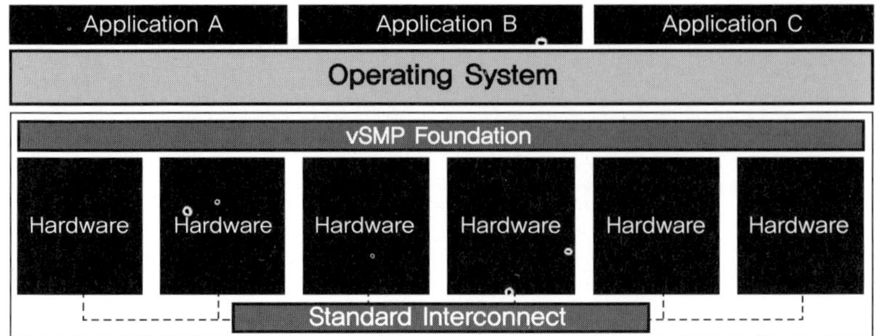

vSMP 파운데이션 아키텍처(출처:ScaleMP)

같은 파운데이션에는 몇 가지의 적용형이 있지만 기본은 랙마운트나 블레이드 머신에 적용하는 것으로 그 최대 구성은 4코어 CPU를 128기 탑재한 16대를 통합하는 것이고, 합계로는 8,192코어, 그리고 64TB의 메모리를 가진 거대한 가상 SMP가 된다. 대응 OS는 레드햇 엔터프라이즈 리눅스와 SUSE 리눅스 엔터프라이즈 서버이다.

3테라의 그리드 OS, 앱로직

2010년 2월, 그리드계 클라우드 툴의 오랜 제공자인 3테라(3Tera)가 CA에 매수되었다.

그 즈음 CA의 클라우드 대응은 적극적이었다. 2009년 11월에 네트워크 퍼포먼스를 감시 전문 기업 넷QoS, 2010년 1월에는 프로바이더용 서비스 레벨 매니지먼트 기업 오블리코어를 매수했다. 이것은 모두 클라우드 사업을 강화하기 위한 밑받침이었다. 매수한 3사의 공통점은 AT&T, 브리티시 텔레콤, 프랑스 텔레콤 등 대형 캐리어 유저를 갖고 있다는 것이다.

CA는 이제까지 IT 매니지먼트 솔루션(시스템 운용 관리-구 유니센터)을 중심으로 클라우드 비즈니스를 지탱해왔다. 이제 이 3사가 무기가 될 차례이다.

2004년 설립한 3테라의 코어 기술은 그리드 OS인 '앱로직(App-Logic)'이다.

앱로직은 그리드와 가상화를 중첩한 아키텍처라고 보면 된다. 여러 대의 서버를 그리드 컴퓨팅과 같이 기가 이더넷으로 접속한다. 각각의 서버에는 그 머신을 관리하고 전체와 조화시킨 앱로직의 분산 커널이 있어, 하드웨어와 Xen에서 가상화된 가상 머신을 관리한다.

이를 위한 제어부가 앱로직의 컨트롤러이다. 컨트롤러 자체도 Xen에서 만들어진 가상 머신상에서 움직이기 시작한다. 실제 시스템 구축에는 부속된 '애플리케이션 에디터'를 사용하여, 좌측에 늘어선 소프트웨어 어플라이언스의 아이콘을 드래그&드롭하면서 시스템 구조를 정해 간다. 우선 방화벽, 다음으로 스위치나 허브, 웹 서버, 데이터베이스 등이다. 이들의 구성 요소가 되는 각 아이콘에는 인터페이스 포트가 몇 개 나와 있고, 마우스로 연결할 수도 있다.

마지막으로 로그 등의 모니터를 모두 연결하면 끝이다. 아파치 웹 서버와 MySQL, 슈가 CRM 등의 오픈 소스는 OS도 포함한 형태로 어플라이언스화되어, 분야별로 카탈로그에 등록되어 있다.

이렇게 앱로직을 이용하면 가상 머신의 소프트웨어 구조와 가상 머신 연계 등을 쉽게 설계할 수 있다. 앱로직의 대시 보드를 열면 현재 가동하고 있는 서버의 상태, CPU나 메모리, 스토리지, 밴드 폭 등의 부하 상황도 파악할 수 있다. 애플리케이션 탭에서는 어떤 애플리케이션이 어느 서버에 들어가 있는지도 일목요연하다.

앱로직을 사용하면 자영 클라우드뿐만 아니라 SaaS 클라우드 서비스도 가능하다. 실제로 e커머스와 뉴스 배신 사이트 등이 사용하고 있고, 중견 클라우드 프로바이더도 이용하기 시작했다.

2010년 5월, CA는 'CA월드(CA World 2010)'에 앞서, 사명을 CA 테크놀로지로 바꾸고, 컨퍼런스에서는 사내·외의 IT 리소스를 동적 관리하는 '클라우드 접속형 관리 스위트(CA Cloud-Connected Management Suite)'를 발표했다. 그 핵심 기술이 바로 앱로직이다.

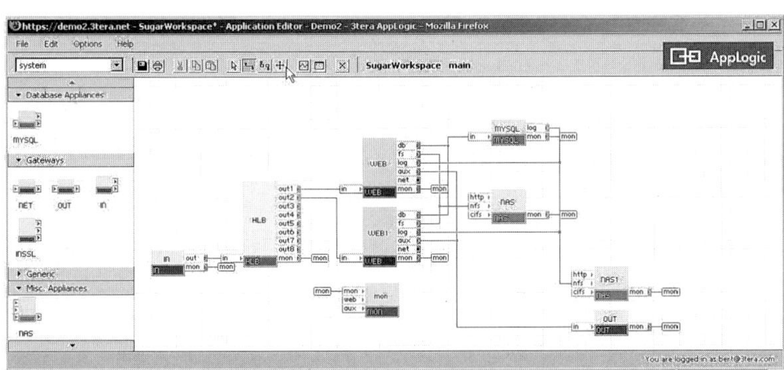

앱로직 애플리케이션 에디터 (출처 : 3Tera)

제12장

움직이기 시작한 미국 연방정부의 클라우드

- 페더럴 클라우드 컴퓨팅 계획
- 모든 것이 오픈 소스인
  NASA의 클라우드, 네뷸러
- 국방총성의 클라우드와 콜래보레이션
- 에너지성의 HPC 클라우드 계획

연방정부의 클라우드 계획은 행정, 군사, 과학 분야에서 움직이기 시작하고 있다.

2009년 9월 15일 실리콘밸리의 NASA 에임즈 연구소(NASA Ames Research Center)에서는 미 연방정부의 CIO 비벡 쿤드라(Vivek Kundra)의 행정 분야 클라우드 도입 계획에 대한 발표가 있었다.

그는 2010년도부터 약속된 예산화에 따라 연방정부의 클라우드는 본격화되고, IT 인프라의 구조 개혁이 가능해진다고 강조했다.

미국 정부 기관의 IT 시스템은 조직 간 중복이 많아 국토안전보장성만 해도 23개의 데이터센터를 가지고 있고, 그 유지 보수에 많은 비용이 소요된다. 그 결과 연간 약 700억 달러(약 70조 원)의 연방정부 총 IT 예산 중, 약 190억 달러(약 19조 원)가 인프라 유지비로 지출된다. 그러나 클라우드를 이용함으로써 대폭 절감시킬 수 있다.

**페더럴
클라우드
컴퓨팅 계획**

행정 부문을 대상으로 하는 '연방정부의 클라우드 계획, FCCI(Federal Cloud Computing Initiative)'는 오바마 정권이 주도하고 있다. 이 중요 정책을 위해 2009년 3월 CIO 위원회가 조직화를 단행했다. CIO인 쿤드라는 약관 36세로 e거버먼트(전자정부)의 리더이기도 하다. 그의 지휘하에 바로 클라우드 컴퓨팅 집행 운영 위원회와 자문 협의회가 조직화되었다. 집행 운영 위원회가 계획 전체를 감독하고 전략 입안과 FCCI의 비전을 명확하게 하며, 각 부처에서 선발된 IT 간부에 의한 자문 협의회에서는 작업 그룹을 거쳐, 구체적인 방향을 제시한다.

전략 목표는 '가상화에 의한 IT 인프라의 통합'이다.

미국에서는 현재 전자정부의 근대화로서 서비스 스페이스의 환경 정비를 추진하고 있지만 이를 보다 신속하고 저렴한 비용으로 해결할 수 있는 수단이 클라우드이다. 또, 주요 부처를 대상으로 작업이 중복되지 않도록 하면서 공통 솔루션 선정이 시작되었다.

초기 계획을 따른다

제1단계 클라우드는 기존 SaaS 메뉴와 IaaS, 구축은 외부 프로바이더로부터 조달한다.

이는 연도 내에 예산을 처리하고자 하는 이유뿐만 아니라 시스템 구축 시간 단축을 노린 것이다. 2009년 5월 13일 이 클라우드에 관한 사전 정보 청구–RFI(Request For Information)가 연방정부의 '거래

촉진 사이트(FedBizOpps.gov)'에 게재되었고 청구 마감은 5월 26일이었다. 때마침 6월 1일에는 국립표준기술연구소-NIST(National Institute of Standards and Technology)에서 클라우드의 표준 사양이 발표되었다. 연방정부의 클라우드는 이를 기준으로 한다.

그리고 7월 30일, SaaS와 IaaS를 위한 제안 견적-RFQ(Request For Quotation)가 공시되었다. IaaS에서 기대되는 기능은 3가지이다. ① 가상 머신에 의한 컴퓨팅, ② 클라우드 스토리지, ③ 웹 호스팅이다. 이것은 연방정부의 일반 조달국-GSA(General Services Administration)가 운영하고, 각 정부 기관에 포털로 제공한다.

이 '스토어 프런트'라고 하는 포털의 사용 방법은 우선 ① 이용 기관이 필요한 서비스를 선택하여 구입 문의를 한다. ② 포털은 미리 프로바이더와 정한 서비스에서 적합한 것을 선정한다. 그리고 이용 기관의 서비스 구입이 결정되면, ③ 프로바이더와 이용자 간의 거래를 성사시키고 그 후 ④ 이용자는 직접 프로바이더 서비스에 액세스할 수 있게 된다.

앱스(Apps.gov)의 등장

연방정부의 실시 계획은 보다 상세하다.

단계별 계획은 3가지로 구분된다. 제1단계(2009년 가을~)에서는 콜래보레이션과 생산성 향상 툴, 그리고 기초적인 인프라를 제공한다. 이 사이트가 쿤드라의 발표와 동시에 시작한 '앱스(Apps.gov)'이다.

제1단계에서 계획된 서비스는 4가지이지만 크게 SaaS와 IaaS로

FCCI에 따라 개발된 Apps.gov 포털 화면

구분된다. '비즈니스 앱스(Business Apps)', '프로덕티비티 앱스(Productivity Apps)', '소셜 미디어 앱스(Social Media Apps)', 여기까지가 SaaS에 해당된다. 자문 협의회에서 선발된 기존 프로바이더에 의한 메뉴이다. 나머지 한 가지는 '클라우드 IT 서비스(Cloud IT Services)'이다. 그러나 유감스럽게도 발표 당시에는 이 IaaS 서비스는 시작되지 않았다. 이들 서비스는 연방정부 기관용 퍼블릭 클라우드로서 직원의 편의성을 향상시키고, 인프라 통합을 진행하는 첫 걸음이었다.

앱스 포털을 살펴보자. 우선 '비즈니스 앱스'에서는 ERP와 CRM, BI, 재무회계 등 약 30종류의 분야별로 방대한 웹 애플리케이션이 갖추어져 있다.

생산성 향상을 지향하는 '프로덕티비티 앱스'에서도, 콜래보레이선과 오피스 툴, 도큐먼트&콘텐츠 관리, 프로젝트 관리, 워크플로 등 분야별로 무상·유상 애플리케이션이 한눈에 구분된다. 예를 들어 '오피스 툴'을 보면 웹판 IBM 로터스, 호스티드 마이크로소프트 익스체인지, 구글 앱스, 오픈오피스 등 약 20종이 있고, 비용을 포함한 상세 설명을 일람할 수 있다. '소셜 미디어'에서는 엔터프라이즈 위키의 '소셜 텍스트(SocialText)', 하이퍼링크를 클릭하지 않고 볼 수 있는 '쿨아이리스(CoolIris)', 시만텍 웹 '오픈 캘레이(Open Calais)', 물론 페이스북이나 마이스페이스, 링크드인 등도 갖추어져 있다. 이들 메뉴는 자문 협의회의 지도하에 GSA가 동시 작업을 진행하여 시간을 맞춘 것이다.

그리고 당초의 실시 계획에서는 제1단계의 퍼블릭 클라우드 '앱스' 에 이어 제2단계(2009년 겨울~)는 프라이빗 클라우드의 외부 위탁, 제3단계(2010년 봄~)에서는 일부 프라이빗 클라우드의 도입이 시작되어, 연방정부의 클라우드는 하이브리드가 되는 것이었다. 예정대로였다면 2010년 여름에는 본격적인 미션크리티컬 클라우드가 시작되었을 것이다. 그러나 문제는 이들의 핵이 되는 IaaS에 관한 RFQ가 없다는 것이었다. 2009년 3월 쿤드라의 CIO 취임 이래 계획 추진의 조직화, 상세 입안, NIST와의 제휴, RFI/RFQ 제시, SaaS 업무 선정, 그리고 앱스 공개, 여기까지 고작 반 년 간이었지만 아슬아슬한 고비를 넘겼다. 이러한 흐름 속에서 IaaS에 대한 인식과 과제 정리에는 무리가 있었을 것이다. RFQ의 테마는 IaaS와 앱스의 호스팅이었지만 실제로 이루어진 것은 앱스의 호스팅뿐이다.

이 시스템 수주에 의욕을 보였던 것은 테레마크 월드와이드와 사비스였다. 특히 데이터센터 최대 기업 서비스의 뒤를 쫓는 테레마크는 필사적이었다. 어떻게 해서든지 수주하여, 향후 연방정부 사업 수주에 탄력을 받을 수 있기를 원했던 것이다. 그리고 2009년 6월, 이 회사는 브이엠웨어로부터 2,000만 달러(약 200억 원)의 투자를 받았다.

이 자금의 직접적인 목적은 수주를 목적으로 데이터센터 투자를 위한 것이었지만 브이엠웨어 측에도 확실한 이유가 있었다. 이 회사의 전략이 기업용 가상화 비즈니스의 포화 상태로 인해 다음 목표를 데이터센터의 클라우드화로 설정하고 있었기 때문이다. v클라우드에 대한 발의인 것이다('제8장. 가상화 기술의 전쟁-v클라우드 이니셔티브는 성공할까?' 참조). 즉, 테레마크가 이 클라우드를 수주하도록 하여 브이엠웨어 기반을 사용한 모델로 완성시킨다는 전략이다. 이에 앞서 테레마크 자신은 2009년 5월, GSA가 운영하는 연방정부의 종합정보 포털 사이트 'USA(USA.gov)'와 데이터 공개 사이트인 '데이터(Data.gov)'를 수주한 상태였다.

그만큼의 실적을 가지고 또 브이엠웨어로부터 투자를 받아 만전의 체제로 임하였지만 결과는 실패였다. 사비스가 경쟁에서 이겨 앱스의 수주에 성공했다.

남은 과제

이렇게 우여곡절 끝에 시작된 앱스는 빡빡한 일정은 물론 몇 가지 과제를 떠안게 되었다. 입이 거친 애널리스트는 앱스의 방대한 서비스군을 기존 SaaS와 웹 애플리케이션의 오합지졸이라고 말한다. 단, 이제 막 작동하기 시작했을 뿐이며, 늘 시스템을 따라다니는 문제를 해결하는 것은 이제부터라는 것만은 알고 있다. 그 중에서도 최대의 과제는 IaaS 기능을 제공하는 것이다. 일단 공개된 RFQ는 요건 제시가 제대로 기능하지 못하고 취소되었다. 그리고 2010년 5월 25일, 수정된 RFQ가 공시되고, 이와 호응할 수 있도록 이제까지의 조직을 내무성의 '시민 서비스 혁신 기술 오피스(Office of Citizen Services and Innovative Technologies)'로 통합, 내무성 CIO인 산지 바고월리어(Sanjeev Bhagowalia)가 프로젝트를 주도하게 되었다.

본격적인 앱스 운영이 시작되자 쿤드라는 클라우드로 인해 이제부터 IT 환경이 변하게 될 뿐만 아니라 절세 효과도 있다고 설명했다. GSA의 담당자에 의하면 등록된 애플리케이션은 170가지 이상이다. 하지만 문제는 많은 정부 기관들은 아직 보안 문제에 대한 불안감과 적용 후 문제가 발생할지도 모른다는 염려 때문에 그저 지켜보고만 있는 단계였다. 그 시기, 조직의 웹사이트를 개편 중이었던 연방통신위원회(FCC)조차 적극적으로 앱스를 검토했지만 IaaS의 스케줄이 늦어져, 결국 벤더와 직접 교섭하여 진행되었다. 추진 담당이었던 내무성에서는 앱스상의 웹메일 검토가 시작되었다. 그동안 내무성에서는 14개의 다른 메일 시스템이 움직이고 있었으나 그것을 통일하고자 하는 시도였다. 이 같은 노력이 계속되지 않는 한, 단지 새로운 구조만을 제시해서는 변화는 힘들다. 쿤드라는 2010년 2월, 앱스와는 별개로 각 부처에 저렴하면서도 현장에서 사용할 수 있는 구체적인 클라우드 컴퓨팅에 대한 조사와 연방정부가 끌어안고 있던 약 1,100개의 데이터센터 통합안 작성을 지시했다.

'네뷸러(Nebula)'는 실리콘밸리의 NASA 에임즈 연구소가 개발한 클라우드 시스템이다. 영어로 '성운(星雲)'을 의미하는 네뷸러는 무수한 가상 머신을 별에 비유한 것으로, 과연 NASA다운 네이밍이다.

이 시스템은 주로 NASA의 과학자와 엔지니어들을 대상으로 한 셀프 서비스로, 기능적으로는 이제까지의 가상 머신을 훌쩍 뛰어 넘는 고성능 클라우드 컴퓨팅을 지향하고 있다.

움직이기 시작한 네뷸러 계획

네뷸러(Nebula)는 33살의 젊은 크리스 켐프(Chris C. Kemp)가 인솔하고 있다.

켐프는 15세에 애플에서 아르바이트를 하고, 앨라배마대학에서 컴퓨터 엔지니어링을 전공한 뒤, 21세에 회사를 세웠다. 그 후 온라인 커뮤니티인 '클래스메이트닷컴(classmate.com)'과 대형 식품 유통업체 '크로거쇼핑(Kroger Shopping)'을 거쳐, 2006년에 실리콘밸리의 에임즈 연구소로 왔다. 처음 한 일은 구글과 마이크로소프트를 상대로 한 파트너십이었다. 거기서 두각을 나타내어 2007년에는 에임즈의 CIO로 취임, 그리고 네뷸러 개발을 지휘하기 시작했다.

켐프의 전략적 접근은 표준과 오픈 소스의 채용이다.

그는 철저하게 오픈 소스를 채용함으로써 보다 표준적인 클라우드에 가까워질 수 있다고 생각했다. 상용 제품에서는 불가능한 일을 오픈 소스라면 실현할 수 있다. 그는 가장 중요한 시큐리티 문제를 예로 들어, 연방 정부가 내건 '연방 정보 시큐리티 매니지먼트법 –FISMA(Federal Information Security Management Act)'에 준거한 상용 클라우드는 존재하지 않으며 그 적용은 오픈 소스 외에는 생각할 수 없다고 설명했다.

네뷸러의 시스템 구조

이렇게 해서 개발이 시작된 네뷸러 서비스는 IaaS, PaaS, SaaS 이 3가지이다.

베이스가 된 IaaS의 구성 부분은 가상 머신을 만들어내는 Xen 플랫폼이다. 그 위에 가상 머신을 연계시키는 메시징 '래빗MQ (Rab-bitMQ)'를 설치하고, 시스템 내 검색에는 '솔라(Solr)', 파일 시스템은 병렬 대규모 분산 시스템 '러스터(Lustre)'와 MySQL이다. 클라우드의 베이스가 되는 프로비저닝은 UC산타바바라교에서 개발한 '유칼립투스(Eucalyptus)'가 되었다. 유칼립투스를 이용함으로써 아마존 수준의 클라우드를 만들 수 있다.

IaaS의 상위에 위치하는 PaaS 파트는 개발과 실행 환경의 플랫폼이 되고, 최상위인 SaaS 파트는 웹 애플리케이션을 실행한다. 네뷸러에서는 애플리케이션 개발 언어를 Java와 파이썬으로 압축하고, 파이썬의 프레임워크로는 '장고(Django)'를 채용했다. 네뷸러로 한정하지 않고 웹 애플리케이션을 개발하기란 쉽지 않다. 정확성을 기하기 위해 복수의 브라우저와 OS의 버전을 조합한 시험을 해야 하기 때문이다. 그 때문에 네뷸러에서는 병렬 처리인 그리드 기술을 이용한 테스트 툴인 '셀레늄 GRID(CeleniumGRID)'를 채용했고, 이로써 병렬 조합 테스트를 실행할 수 있다. 그래서 웹 서버의 고속화를 촉진하는 액셀러레이터 '바니시(Varnish)'도 설치되었다.

네뷸러 컴퓨터가 들어온 것은 2009년 말이다.

베라리(Verari Technologies : 현 시라스케일(Cirrascale))가 개발한 포레스트 컨테이너였다. 컨테이너 안에는 시스코가 개발한 신 아키텍처인 유니파이드 컴퓨팅 시스템(UCS)과 실리콘 메커닉스의 서버들로 채워져 있었다. 이렇게 네뷸러의 시범 운용이 시작되었다.

유저는 한정된다. 가동 애플리케이션은 NASA와 외부의 커뮤니케이션 위주이다. 아마추어 천문학자가 촬영한 고해상도 사진인 앱로드, 달표면 충돌 탐사기의 엘크로스 사이트 등이 있다. 이 사이트는 천문학에 관심 있는 사람들과 NASA의 과학자가 비공식적인 작업을 하는 공동 사이트의 측면도 가진다.

모든 구성 요소는 오픈 소스이다. 그것을 수정하면서 매끄럽게 결합시킴으로써 훌륭한 클라우드가 탄생했다.

NASA의 네뷸러 컨테이너 (출처 : NASA Ames Research Center)

그러나 전혀 문제가 없지는 않았다. 바로 시스템의 확장성(Scalability)이 문제였다.

첫 번째 컨테이너에 이어 2010년 5월, 2번째 컨테이너가 워싱턴 DC 교외의 고더드 우주 비행 센터에 설치되었다. NASA의 엔지니어들은 서버 코어의 패브릭을 제어하는 유칼립투스의 성능 때문에 반 년씩이나 고전을 면치 못하고 있었다. 유칼립투스에는 UC산타바바라의 초기 코드와 상용 기업 유칼립투스 시스템즈가 된 후의 코드가 복잡하게 얽혀 있었다. 그 때문에 NASA는 독자적인 패브릭 제어를 개발해야 하는 상황에 처했다.

그래서 등장한 것이 '노바(Nova)'이다. IaaS를 지지하는 방대한 서버군을 짜여진 직물과 같이 제어하는 패브릭 컨트롤, 이것이 없이는 켐프가 바라는 NASA의 대형 클라우드는 성공할 수 없었다.

테스트 중인 네뷸러는 노바로 전환되었고, 그 성과는 '오픈스택'('제6장. 호스팅 기업의 화려한 변신' 참조)이 되어 공개되었다. 랙스페이스와의 공동 프로젝트이다. 네뷸러 IaaS는 그 프리 릴리스 버전이 현재 공개되어 있다.

프로젝트를 여기까지 키워 온 켐프는 2010년 5월, NASA 에임즈 연구소의 CIO에서, NASA 전체의 CTO로 취임했다.

국방총성의 클라우드와 콜래보레이션

연방정부 기관에서 가장 엄격한 기준을 가진 국방총성(DoD)에서도 클라우드는 활발하게 움직이고 있다. 국방과 IT 시스템은 뗄레야 뗄 수 없는 관계이다. 이를 지탱하는 것은 미국

국방정보시스템국(DISA : Defense Information Systems Agency)이다. DISA는 국방정보시스템국으로서 전 세계로 뻗어 있는 실시간 정보 통신 시스템의 개발과 운영을 담당하고 있다. 그와 더불어 DISA에서는 이전부터 온 디맨드 서비스를 제공해왔지만 클라우드 시대의 도래와 함께 '클라우드 컴퓨팅 이니셔티브'를 개시했다. 그것이 지금의 '레이스(RACE)'의 시작이다.

DoD의 클라우드, 레이스

HP와 DISA가 공동 개발한 '레이스(RACE)'는 2008년 10월부터 가동되었다.

레이스의 목적은 우선 디펜스 관련 개

발자에게 새로운 애플리케이션 개발 환경을 제공하는 것이다. 이것이 제1단계였다. 레이스와 다른 커머셜 클라우드에서 크게 다른 점은 안정성과 시큐리티이다. 초기 단계에서 시스템의 가용성을 나타내는 SLA는 99.999% 달성했다. 이 수치는 아마존의 EC2(99.95%)와 구글 앱엔진(99.9%)과 비교하면 훨씬 높고, 거의 100%이다. 다만 그 때문에 가상 머신 사이즈가 제한되어 유연성 면에서 해결해야 할 과제도 있었다. 제1단계에서 제공된 가상 서버는 1CPU에 1GB 메모리 그리고, 50GB 스토리지가 포함될 뿐이었다. 제공된 OS는 레드햇과 윈도, 소프트웨어 스택은 모두 LAMP(Linux＋Apache＋MySQL＋PHP) 또는 WAMP(Windows＋…)이다. 하드웨어는 HP의 블레이드 서버, 가상화는 브이엠웨어를 채용했다. 사용 요금은 서버당 월 500달러로 신용카드로 지불할 수 있다. 이 시스템을 이용하여 작전 지령 제어 시스템과 수송 제어 시스템, 위성 프로그램 등의 개발과 시험이 실시되고 있다.

그리고 1년 후인 2009년 10월부터 제2단계가 시작되었다.

이번에는 '실전 환경'을 위한 것이었다. 제공된 환경은 제1단계와 같은 LAMP 또는 WAMP였다. 하지만 실전에서 이용할 수 있는 가상 서버는 매우 자유롭고, CPU는 1~4, 메모리도 1~8GB, 스토리지는 10GB 단위로 1TB까지 확장할 수 있다. 이용료는 기본 월 1,200달러부터이다. 그리고 유저 자신이 커스터마이즈할 수 있는 퍼스널 포털도 개선되어 마치 '아이구글(iGoogle)'처럼 되었다.

물론 시큐리티도 완벽했다. 우선 기본적으로 터미널에서의 액세스는 DoD 관련 직원이 가진 일반적인 커맨드 액세스 카드(CAC)와 PKI(Public Key Infrastructure) 증명서로 확인할 수 있다. 그 밖에 계약 기업의 사원 등은 DISA가 발행한 별도의 증명이 있으면 액세스 가능하다. 레이스 자체는 DoD가 관리하는 '디펜스 엔터프라이즈 컴퓨팅 센터(DECC)'의 'zone B'에 설치되어 있으므로 CAC의 체크가 끝나면 다음으로 DECC의 시큐리티 체크를 거친 후 처음으로 zone B에 들어갈 수 있다. DECC에서는 이용할 업무와 유저에 따라 존 관리가 이루어지고 각각에 맞게 설정된다.

DoD판 콜래보레이션 개발, 포지밀

오픈 소스의 세계에서는 '소스 포지(SourceForge)'가 유명하다.

전 세계의 개발자가 참가하여 소스 코드와 프로젝트 관리를 사용

한 콜래보레이션을 개발하고 있다. 현재 25만 프로젝트에 이용되고 있다고 하므로 세계 최대이다. 그 DoD판이 '포지밀닷밀(Forge.mil, 이하 포지밀)'이다. 프로젝트는 2008년 레이스와 보조를 맞추도록 시작됐다. 계획에 따르면 레이스는 현재의 IaaS에서 PaaS로 영역을 넓혀, 콜래보레이션을 위한 솔루션 스택을 정비 중이다.

포지밀은 그 위의 SaaS가 되는 애플리케이션 개발을 담당한다.

현재 포지밀에는 '소프트웨어 포지(SoftwareForge)'와 '프로젝트 포지(ProjectForge)'가 있으며 개발자는 소프트웨어 포지에서 필요로 하는 컴포넌트를 찾아내고 프로젝트 포지의 각종 툴을 사용하여 콜래보레이션을 개발한다.

2009년 여름 시점에서 등록된 개발자의 수는 약 3,000명, 개발 중인 프로젝트는 120가지가 좀 넘고, 그리고 발매된 소프트웨어는 300종을 넘었다. 향후에는 테스트베드 환경을 정비한 '테스트 포지(TestForge)', 완성된 것을 승인하는 '서티피케이션 포지(Certifica-tionForge)', 콜래보레이션 개발의 표준을 결정하는 '스탠더드 포지(StandardForge)', 이 3분야가 예정되어 있다.

정비 중인 DISA의 레이스와 포지밀은 향후 자동차의 양쪽 바퀴가 될 것이다.

두 가지가 제대로 기능을 발휘한다면 개발에서 실행에 이르는 시간과 IT 예산을 대폭 절감시킬 수도 있다. 클라우드와 오픈 소스, 그리고 콜래보레이션 개발, 시대의 움직임은 군대라 할지라도 적극적인 자세가 아니라면 살아남을 수 없음을 나타내고 있다.

하지만 NASA와 DoD 이들의 움직임을 보면 행정용으로 시작한 앱스와 중복되는 점이 신경 쓰인다. 특히 현재 보류 중인 IaaS를 어떻게 취급하느냐에 따라 앱스에 대한 평가가 달라질지도 모르기 때문이다. RFQ가 다시 제출되어, 본격적으로 검토될 것이다. 한편, 네뷸러와 레이스의 시스템을 일반화하여 앱스에 채용한다면 어떨까하는 의견도 있다. 물론 앱스는 제대로 나오게 해야 하겠지만 둘은 이미 가동 베이스이다. 앱스가 새로운 IaaS를 제공한다면 기술이 중복되기도 할 뿐만 아니라 유저를 뺐고 뺏기는 상황이 될지도 모른다.

에너지성의
HPC
클라우드 계획

미 에너지성(DoE) 산하의 국립연구소에는 대형 HPC가 다수 설치되어 있다.

이들 HPC를 이용한 클라우드의 실증 실험 '마젤란 프로젝트'가 시작되었다. 자금은 오바마 정권하에서 2009년 2월에 성립된 미 경제재생법의 일부가 투입된다. 중심이 되는 것은 국립 아르곤 연구소와 로렌스 버클리 연구소에 속해 있는 컴퓨터 센터이다. 아르곤에는 복수대의 타입이 다른 IBM 블루 진(IBM Blue Gene)이 있고, 로렌스 버클리에는 클레이나 SGI 등이 설치되어 있다.

DoE가 지향하는 종합 플랜

스티븐 추(Steven Chu)는 오바마 정권에서 DoE 장관으로 지명된 인물이다. 그는 UC 버클리교를 졸업하고, 벨 연구소를 거쳐, 스탠포드 대학, UC 버클리 교수를 역임, 1997년에는 레이저 냉각에 의한 원자 포착 연구로 노벨물리학상을 수상했다.

그 후, 캘리포니아주 로렌스 버클리 국립연구소 소장으로 취임했다. 그는 전문 물리학에서 화학, 생물학까지 폭넓은 지식을 갖추고 있다고 알려져 있고, 재생 가능 에너지의 적극적인 지지자이다. 이러한 경력으로 오바마 대통령과의 호흡도 잘 맞아, 대통령이 추진하는 '클린 에너지' 정책의 선두에서 대활약 중이다.

DoE의 클라우드 계획에 대한 그의 구상은 장대했으며 다면적인 프로젝트를 종합적으로 계획했다. 계획의 중심이 되는 마젤란에는 3,300만 달러(약 330억 원), 국립연구소의 컴퓨터 업데이트에 1,990만 달러(약 199억 원), 어드밴스트 컴퓨팅 아키텍처 연구에 520만 달러(약 52억 원), 연구소 간 고속 인터넷화에 6,680만 달러(약 668억 원), 슈퍼컴퓨터를 사용한 과학적 발견 프로그램에 3,000만 달러(약 300억 원), 총 1억 5,490만 달러(약 1,549억 원)를 투자했다.

움직이기 시작한 마젤란 프로젝트

'마젤란 프로젝트'는 과학 애플리케이션이 어떤 클라우드 아키텍처에 적합한지 검증하기 위해 실시되었다.

관점을 바꾸면, 어떻게 하면 HPC를 클라우드화할 수 있을지, 또 HPC 애플리케이션을 어떻게 클라우드에 최적화시킬지의 문제이기도 하다. 일반 클라우드에서는 과학 애플리케이션을 작동시키기에는 네트워크의 성능 문제, 게다가 메모리와 계산 처리 능력 자체가 부족

Magellan Project at Argonne Theory&Computing Science Building
(출처:국립 아르곤 연구소)

하고 무리가 있다. 더욱더 강력해야 한다.

한편, HPC는 계산 능력은 높지만 가상화 등의 실적이 부족하다. 이 두 가지는 다른 가상화 세계를 창조해 내고, 보완 관계에 있지만 기술적으로는 아직 격차가 크다.

국립연구소를 연결하는 100Gbps 네트워크, ANI

마젤란 프로젝트에 앞서, 같은 미 경제재생법 자금을 사용한 국립연구소 간 고속 인터넷인 '100G 이더넷 프로젝트' ANI(Advanced Networking Initiative)가 시작되었다. 2009년 8월에 시작된 ANI 프로젝트는 DoE 산하의 아르곤, 브룩헤이븐, 로렌스 버클리, 로렌스 리버모어, 로스앨러모스, 오크리지, 퍼시픽 노스웨스트, 산디아의 국립연구소와 실리콘밸리 NASA 에임즈 연구소 9곳이 단계적으로 연결

된다. 이 고속 네트워크망이 정비되면 각 국립연구소 HPC 내의 블레이드 접속 인터커넥트와 고속 네트워크의 성능이 비약적으로 개선될 것이다.

마젤란 클라우드의 구조

마젤란은 2010년 초부터 서서히 움직이기 시작했다.

같은 해 3월 23일, 아르곤 연구소에서 시스템의 시작을 기념한 '마젤란 워크숍'이 열렸다. 다시 확인된 마젤란의 목적은 중규모 슈퍼컴퓨팅 환경을 HPC 클라우드로써 제공하는 것이었다. 그러기 위한 사전 작업으로 2009년 10월에 '미드레인지 컴퓨팅 워크숍'을 실시했다. 방대한 계산 능력을 필요로 하는 일은 온 사이트인 HPC에서 하고, 가장 수요가 많은 중규모 계산 능력의 태스크는 클라우드에서 실행하자는 것이었다. 이것은 현재의 가상화 기술에 그리드를 매핑시키는 현실적인 안건이기도 하다.

기기 구성은 3단계로 나누어 확장한다. 아르곤 연구소에서 완성한 제1단계의 구성(2010년 봄)에는 인텔제 2.66GHz의 네할렘 듀얼쿼드 코어(Nehalem DualQuad-Core), 즉, 8코어 컴퓨터 노드가 504기 탑재되어 있다. 각 노드는 24GB의 메모리와 500GB의 디스크를 가지며, 노드 간 접속은 쿼드 듀얼 레이트(QDR)인 인피니밴드 접속이다. 시스템 전체로 보면 4032코어로 40TF의 계산 능력, 12TB의 RAM 메모리, 250TB의 디스크를 가진다. 게다가 QDR 인피니밴드 스위치에는 160TB의 스토리지를 가진 8대의 파일 서버, 4대의 관리 노드가 접속된다.

이어서 제2단계에서 크게 달라진 점은 스토리지 강화와 외부 네트워크 접속이다. 스토리지는 액티브 스토리지에 최대 500TB의 디스크, 고속 처리용으로 최대 10TB의 SSD가 추가되고, 이것들을 인텔리전트 스토리지로 움직이게 하기 위해 최대 100대의 컴퓨트 노드가 도입되었다. 외부 네트워크에는 최대 20개의 게이트웨이 노드가 설치되어 보다 효율적인 체제가 완성되었다.

여기에 앞에서 말한 로렌스 버클리 연구소가 중심이 되어 진행해 온 ANI의 100Gbps 네트워크가 전면적으로 접속되었다.

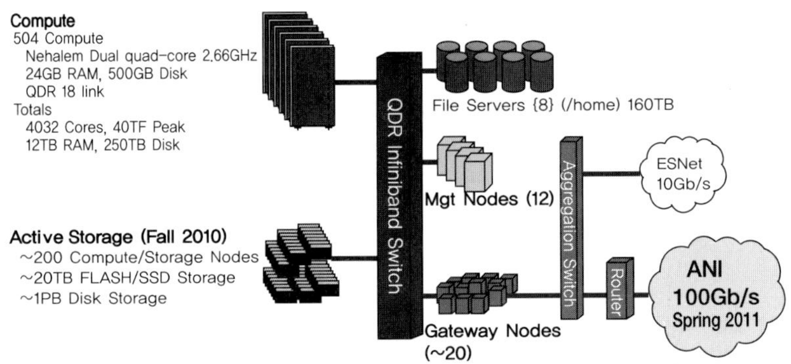

마젤란 하드웨어 최종 구성(2011. 4)
(출처:국립 아르곤 연구소)

마젤란 클라우드의 소프트웨어 구성은 다음과 같다.

전체는 3층 레이어이다. 1층은 HPC 그 자체를 프로비저닝하는 독자적으로 개발한 '아르곤 블레이드보드 툴킷', 2층은 클라우드 플랫폼인 유칼립투스, 가장 위 3층은 HPC 리눅스상에서 Xen을 적용한 가상 머신, 또, 구글 GFS과 호환되는 하둡/맵리듀스, 그리고 패럴렐 버추얼 파일 시스템(PVFS) 등이 있다.

이들 각 층마다 이용 방법이 있다.

3층을 이용하는 방법은 두 가지이다. 한 가지는 HPC상에서 표준 가상 머신으로써 이용하는 것이고, 또 한 가지는 대규모 데이터 해석을 하는 것이다. 그러기 위해 준비된 것이 하둡/맵리듀스, 그리고 병렬 파일 처리 PVFS이다. 2층의 유칼립투스 환경에서는 클라우드의 소프트웨어 스택을 자유롭게 구성할 수 있다. 또 1층의 툴을 사용하면 직접 HPC의 프로비저닝을 할 수 있으므로 의외의 이용 방법이 나왔을 때 대응할 수 있다.

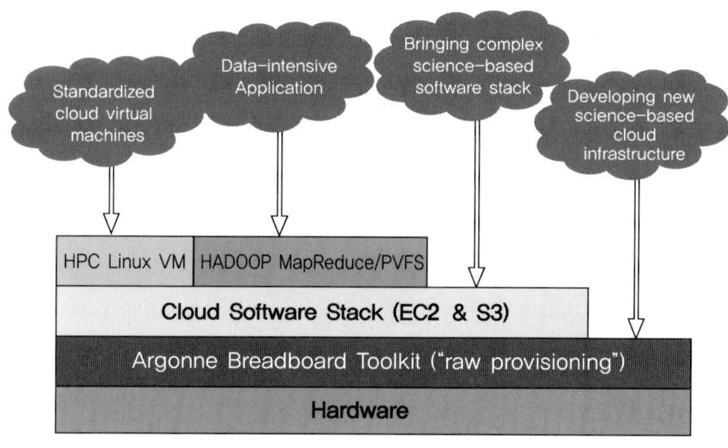

마젤란 소프트웨어 구성(출처: 국립 아르곤 연구소)

이처럼 DoE의 HPC 베이스인 클라우드는 과학 애플리케이션의 가동을 전제로 하고 있지만, 결코 그것만 특화한 것은 아니다. Xen이나 유칼립투스를 채용하여 충분한 범용성을 확보한 시도이기도 하다. 주목할 것은 현재 클라우드에 사용되고 있는 랙마운트와 블레이드 등의 기기가 HPC로 전환됨에 따라 어느 정도 처리 효율이 향상될지이다. 물론 인터커넥트의 백플레인과 100Gbps 네트워크와의 조정 또, 소프트웨어의 튜닝도 있을 것이다. 결과가 기대된다.

　IBM과 썬, SGI 등은 이 마젤란에 많은 기대를 걸고 있다.
　그들은 HPC가 머지않아 과학 계산 분야의 그리드에서 벗어나 상용으로 전개될 것을 바라고 있다. 과거 IBM은 적극적으로 GGF를 지원했고, 썬은 최초의 상용 그리드 구축 툴을 개발해왔다. 마젤란 프로젝트에 의해 일반 애플리케이션에서도 그 고속성을 검증할 수 있다면 다음은 HPC에 적합한 상용 클라우드 인프라로 진행되고, 현재의 서버군 대신에 기업 내 데이터센터에 적용하는 세계가 열리게 될 것이다.

IBM Blue Gene/P at Argonne TCS
(출처:국립 아르곤 연구소)

제13장

에너지 절약형 클라우드 데이터센터

- 진화하는 데이터센터
- 마이크로소프트의 글로벌 데이터센터 전략
- 구글이 추구하는 창고형 컴퓨터

썬의 CTO였던 그렉 파파도풀러스(Greg Papadopoulos)는 "클라우드 컴퓨팅의 발달은 전 세계의 IT 리소스를 집약시킬 것이다."라고 예언한 바 있다.

그는 2006년 11월 그의 블로그에 '세계는 5가지의 컴퓨터만을 필요로 하고 있다(The World needs only five computers).'는 글을 남겼다. 아마존의 EC2가 움직이기 시작한지 단 3달 후의 일이다. 그는 구글의 그리드가 첫 번째, 마이크로소프트의 라이브닷컴이 두 번째, 그리도 야후, 이베이, 세일즈포스 정도가 세 번째나, 네 번째, 다섯 번째일 것이라고 설명했다.

이것은 전부 다섯 가지로 끝이라는 것이 아니라 이들 5개사가 운용하고 있는 전 세계 데이터센터로도 충분하다는 의미이다.

그 표현은 다소 과장되었지만 한편으로는 머지 않아 진짜 그렇게 될 것이라 생각되는 것은 최근 2~3년 클라우드 전략의 영향으로 그들의 데이터센터 건설 붐이 계속되고 있기 때문이다. 이들의 센터는 일반 기업의 것과는 비교할 수 없을 정도 크고 또, 기술적으로도 뛰어나다. 클라우드가 낳은 또 하나의 기술 혁신이다.

한편, 파파도풀러스는 2010년 2월 썬을 퇴사했다.

대형 인터넷 비즈니스 기업은 1990년대 후반부터 본격적으로 데이터센터를 구축해 왔다.

당시의 데이터센터 건설은 랙을 센터 안으로 들여와서, 서버를 쌓아올려 케이블링하고, 각각에 소프트웨어를 인스톨하는 모든 것이 수작업이었다. 이를 제1세대의 데이터센터라고 한다면, 제2세대에서는 100대 규모의 랙까지 외부 벤더가 쌓아 센터로 반입했다.

제3세대가 되어서는 그것들은 컨테이너에 삽입하는 형태가 되었다. 컨테이너형을 제작하는 기업은 델과 IBM, HP, SGI, 썬 등이 있다. 거기에 파이어락과 시라스케일 등의 하드웨어 통합 기업도 참가했다. 대형 IT 벤더와는 달리, 모두 개별 사양의 제품을 다루는 그들에게 있어서 컨테이너형 제조는 가장 자신 있는 분야이다.

재해 대책으로 시작된 컨테이너형 데이터센터

초기의 '컨테이너형 데이터센터'는 재해 대책용으로 시작되었다고 할 수 있다.

2005년 8월 미 관측 사상 최대의 허리케인 카트리나가 뉴올리언스를 덮쳐, 대재해가 발생했던 것은 아직 기록에 남아 있다. 공공 기관이나 기업의 컴퓨터는 물론, 일반 전화와 인터넷도 대부분이 마비되고, 겨우 도움이 된 것은 휴대 전화 정도였다. 그 휴대 전화도 지상국 파괴와 전원 정지 사태로 혼란한 상태였다. 미국 휴대 전화 캐리어들은 그 경험을 살려, 그 후 이동형 기지국과 발전 설비 등에 많은 투자를 해왔다.

또, 연방 긴급 사태 관리국에서는 그것을 계기로 산하에 긴급 대책 센터용으로 트럭 적재형 '모바일 이머전시 데이터센터(Mobile Emergency Datacenter)'를 개발했다. 이는 파라볼라 안테나를 탑재하여 인터넷과 휴대 전화의 액세스를 확보하고, 트럭 엔진 발전과 배터리로 적재된 몇 대의 컴퓨터를 움직이게 하는 것이지만 저렴하고 활용 범위도 넓어 호평을 받았다. 이들 모두는 컨테이너형 데이터센터와 유사하다.

닭장에서 배운 야후의 초에너지 절약형 데이터센터

구글과 마이크로소프트를 따라 야후와 페이스북, 그리고 이베이도

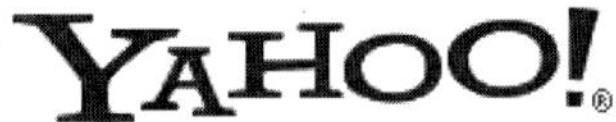

움직이기 시작했다. 야후가 신설한 데이터센터의 외관은 거대한 양계장 같다. 늘어선 4동 중 3동에는 양측으로 완만하게 넓어지는 옥상 위에 양계장과 공장 등에서 볼 수 있는 환기탑과 같은 큰 2층 부분이 있다. 건물 속은 확인할 수 없지만 넉넉한 공간에 서버 랙이, 옆과 충분한 거리를 두고 설치되어 있는 것이 틀림없다.

컨테이너형 데이터센터에서는, 서버는 랙 위로 쌓아 사람이 걸을 수 있을 만큼의 통로를 확보하고, 안에는 모든 기기가 가득 채워져 있다. 공장에서 생산한 컨테이너를 트레일러로 가져오고, 전원과 냉각틸러를 연결하기만 하면 끝이었다. 이 방법은 건설 시간을 단축하고 재해 대책에는 도움이 되지만 이것만으로는 충분하지 못하다.

제4세대에 들어서자 에너지 절약이 큰 테마가 되었다. 클라우드의 등장으로 전 세계적으로 IT 기기에 집중되고, 석유 고갈과 대기 오염으로 인한 지구온난화 등을 부르짖고 있기 때문이다. 야후의 새로운 데이터센터는 큰 건물 전체에 외기를 넣어 대류시키고 그것을 옥상의 환기탑으로 방출하는 프리쿨링 설계로 냉각 설비가 없다. 장소는 나이아가라 폭포 근처 뉴욕주 버펄로 교외 마을 락포트이다. 도쿄돔 3개에 필적하는 30에이커(약 12만㎡)의 대지에 총 공사비 1.5억 달러(약 1,500억 원)를 들여 건설한 것이다. 이곳은 철저하게 에너지 절약을 목표로 하고 있으며 목표 PUE치는 1.1 이하이다.

에너지 효율을 나타내는 'PUE(Power Usage Effectiveness)'란 데이터센터에서 사용하는 총 전력(공조와 조명 등을 포함)을 IT 기기의 소비전력으로 나눈 것이다. 단적으로 말하면 서버 등 IT 기기 이외에 얼마만큼 여력의 전력을 가지고 있는지를 나타내는 지수이다. 이 수치가 한 없이 1에 가까워진다는 것은 즉, 조명도 필요 없고 공기 조절도 필요 없다는 것이다.

버펄로의 연간 평균 최고 기온은 13.3도, 같은 해 평균 최저 기온은 4.4도, 한 여름인 7월과 8월에도 낮에는 25도, 밤에는 15도 정도가 된다. 이 기후와 나이아가라의 저렴한 수력 발전을 활용하고, 또 서버의 랙 방법과 건물 내의 공기의 흐름에 대한 연구를 했다. 목표대로 가동이 실현되면 세계 최고 수준의 데이터센터가 된다.

페이스북의 외기 이용형 데이터센터

페이스북 최초의 데이터센터 건설이 2010년 초부터 오리건주 프라인빌에서 시작되었다.

소셜 네트워크인 페이스북이 사용하는 서버는 2008년 당시 약 1만대였다. 현재는 약 3만대로 증가하여, 미국에서는 랙스페이스나 1&1 인터넷, 유럽에서는 OVH 등의 호스팅 서비스에 위탁해 왔다. 그리고 2009년 장래의 수요 증가와 비용 절감을 위해 자영 데이터센터 건설로 방향을 돌렸다.

일반적으로 오리건주는 소비세가 없어 소비자 천국인데다가 법인 소득세도 6%로 싸다. 그리고 무엇보다도 야후의 경우와 마찬가지로 기후 조건이 적합하다. 프라인빌은 오리건주 중앙부에 위치한 고도 874m의 내륙이다. 이런 입지에서 연간 60~70%는 외기를 넣어주는 냉각만으로도 충분하다. 동절기는 서버에서 발생하는 열이 반대로 사무동의 난방용으로 사용된다. 문제가 되는 여름에는 이제까지의 방법과는 달리, 외기를 식히기 위해 물을 증발시켜 냉각한다. 또, 데이터센터에 속한 무정전 발전기(UPS)도, 특허 신청 중인 신형으로 종래형에 비해 12% 정도 전기 효율이 좋다. 총 1.88억 달러(약 1,880억원)가 투자된 이 새로운 데이터센터는 2011년부터 가동되었다.

이베이의 컨테이너는 옥션이다

애리조나주 피닉스에서는 이베이(eBay)의 데이터센터 공사가 시작되었다.

2010년 5월, 이베이가 발표한 새로운 센터는 좀 작고, 12대의 컨테이너를 수용한다. 아무래도 에너지 절약 실험 센터 정도다. 특이한 것은 벤더 선정 방식이다. 선정 작업은 업계 커뮤니티로서 2008년에 설립한 NPO '데이터센터 펄스(Data Center Pulse)'에게 위임되었다. 이 사이트에서 필요 사항을 기입하여 신청하면 평소와 달리 심사를 거쳐 어떤 기업이라도 참가할 수 있다. 정말로 이베이의 특기인 옥션형 '디자인 경합'인 것이다. 이 NPO에는 이베이 자신도 참여하고 있으며, 게다가 글로벌 데이터센터 전략 담당 딘 넬슨(Dean Nelson)이 공동 창설자 중 한명이므로 이 커뮤니티의 지혜를 모으려는 것일까?

7월 5일에 확정한 제안 의뢰서는 피닉스가 사막 기후의 토지임에도 불구하고, 프리 쿨링을 지향하고 있다. 그러므로 건설 중인 센터는 설치 면적(744㎡)의 바닥과 지붕 설계 등 높은 유연성을 가진다. 경합은 2010년 8월 20일 마감했으며, 그 후 검토를 거쳐 벤더를 선정하고, 건물은 같은 해 12월 말일에 완성되었다. 하지만 이것을 이베이의 최신 데이터센터라고 하는 것은 옳지 않다. 유타주 사우스 조던에 있는 데이터센터는 2010년 5월 4일부터 가동되었다. 토파즈라고 불렸던 이 센터 건설 프로젝트는 60에이커(약 24만㎡)라는 광대한 부지에 기존 센터의 4배라는 최대 규모였다.

여기에는 이 회사의 옥션 비즈니스가 아니고서는 불가능했던 과제가 있다. 바로, '폴트 톨러런트 티어 4'이다. 장해 대책인 폴트 톨러런트에는 몇 가지 레벨이 있으며, 그것을 티어로 나타낸다. '티어1'은 아무것도 백업을 하지 않은 구성을 의미하고 최상위인 '티어 4'에서는 서버와 스토리지는 물론, 전원, 공기 조절 등 모든 것이 완벽하게 이중화되어 있다. 그렇기 때문에 10분의 1초를 다투는 옥션 비즈니스에 절대적인 신뢰성이 주어진다.

센터에 설치되어 있는 서버군은 연간의 절반은 외기를 이용하고 그 이외에는 40만 갤런(약 1,500㎡)을 모을 수 있는 저수지의 빗물을 이용한다. 목표 PUE는 1.4%이다.

마이크로소프트의
글로벌 데이터
센터 전략

마이크로소프트 애저의 뒷받침이 된 것은 대규모 데이터센터이다.

2000년 초에 '이제부터는 소프트웨어 비즈니스에서 서비스의 시대로 들어선다.'고 통찰한 것은 빌 게이츠(Bill Gates)의 후임으로 수석 소프트웨어 설계 책임자가 된 레이 오지(Ray Ozzie)이다. 그는 '소프트웨어 플러스 서비스(Software＋Service)'를 제창하고, 윈도 라이브 등을 거쳐 애저 개발에 착수했다.

순조롭게 진행된 데이터센터 계획

그 흐름을 따라 시작된 것이 마이크로소프트의 대규모 데이터센터 건설이다. 2007년 1월에는 텍사스주 샌안토니오의 계획이 결정되고, 같은 해 3월부터 워싱턴주 퀸시의 센터가 가동, 2007년 8월에는 아일랜드의 더블린, 같은 해 11월에도 일리노이주 시카고 데이터센터 건설이 결정되었다.

그렇게 해서 마이크로소프트의 데이터센터 건설은 순조로웠으며 동시에 세대 진화도 진행되었다.

현재의 대형 센터 중에서는 퀸시가 가장 오래되었고, 다음이 샌안토니오이다. 이들은 공장에서 서버를 랙에 올려 반입하는 제2세대 방식이며, 환경 대책으로 퀸시에서는 수력, 샌안토니오에서는 폐수를 재활용함으로써 냉각 기능을 수행했다. 외관은 컨테이너가 아니더라도 제3세대 이후의 요건인 에너지 절약과 환경 대책을 고려했다. 시카고와 더블린에서는 당초부터 제3세대로서 건설을 시작했다. 시카고 센터는 거대한 창고와 같은 건물에 컨테이너를 반입하였고, 일부는 컨테이너를 2층으로 쌓아 올린 '더블덱' 방식이다. 여름과 겨울의 온도차(6~3℃)가 적고 시원한 더블린에서는 이 기후를 살린 제4세대 외장형도 등장하기 시작했다.

제4세대 컨테이너의 등장

컨테이너 제조는 모두 공장에서 이루어진다.

컨테이너 안에 서버와 스토리지, 통신 기기, 공조 설비를 설치하고 대형 트레일러로 옮겨 현장에서 조립한다. 이 방법이라면 빨리 건설할 수 있고, 필요에 따라 자유자재로 용량을 늘릴 수도 있다. 대체적으로 컨테이너는 수송용으로 견고한 것도 있지만 제4세대에서는 특별 설계한 전용 컨테이너가 많다. 다음 그림의 구조 예에서는 컨테이너의 베이스(바닥 기반)에 상부 프레임을 얹고, 플로어링(바닥재)을 설치한다. 다음으로 서버용 랙을 들여 놓고 변압기를 설치한 다음 컨트롤 패널(조작반)을 넣는다. 그리고 각 랙 위에 방열용 팬을 설치하고 뒷면에 배기 덕트를 설치한다. 그리고 고속 커뮤니케이션의 파이프가 되는 버스바를 통해 드디어 서버를 집어넣는다.

이 타입에서는 최대한 외기를 냉각시켜 이용한다. 그렇기 때문에 전면 상부에 외기를 받아들이는 조절 밸브 패널을 설치하고, 하부에는 물방울을 받아 흘리는 드레인을 설치한다. 마지막으로 전면 전체에 외기 필터를 넣은 루버를 설치하면 완성된다.

외관적으로 보면 전면에서 외기가 흘러들어와 서버를 옆에서 식혀주고, 온도가 상승하면 서버 랙을 지나가면서 상부에 설치한 팬으로 빨려 올라가듯 위로 향하고, 마지막은 뒷면 상부의 덕트를 통해 밖으로 배출된다.

완성된 외관은 컨테이너라고 하기보다 조립 주택에 가깝다.

밖에 둘 경우 간이형 공장 제작 패널을 조립하여 울타리로 한다. 이 높은 패널 울타리

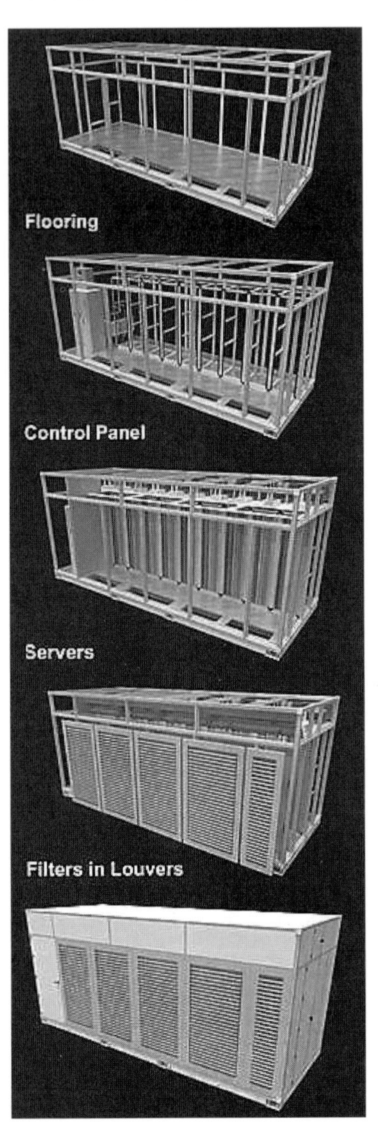

마이크로소프트 제4세대 데이터센터
(출처 : Microsoft)

마이크로소프트 제4세대 데이터센터의 공기 흐름 (출처 : Microsoft)

위에는 엄격한 보안 장치를 설치한다.

모든 준비가 갖춰져 2010년 초부터 애저가 정식으로 시작되었다.

급해진 데이터센터는 자사뿐만 아니라 파트너 설비도 이용한다. 그렇지 않으면 제때 전 세계적으로 전개할 수 없다. PDC 2009에서 전시된 '애저 클라우드 컨테이너'에는 모든 것이 설치되어 있다. 이것을 그대로 파트너의 센터로 반입하거나 이 회사가 준비한 호스팅 파트너용 '다이내믹 데이터센터 툴킷'을 이용하면 파트너의 설비에서 애저가 움직이기 시작한다.

구글이 추구하는 창고형 컴퓨터

2009년 5월, 구글의 루이스 안드레 바로소(Luiz André Barroso)와 우르스 휄즐(Urs Hölzle)이 쓴 「데이터센터 에즈 어 컴퓨터(The Datacenter as a computer)」가 출판되어 화제가 되었다. 바로소는 탁월한 기량을 가진 엔지니어로, 전 DEC의 연구 스태프다. 분산 처리 시스템인 인프라 소프트웨어를 특기로 하고, 현재의 구글 플랫폼에 큰 영향력을 가지고 있다. 또, 휄즐은 구글 초창기 엔지니어 10인 중 한 명으로, 구글 인프라 개발에 크게 기여한 사람이다. 그는 또, 현대의 에너지 절약형 초기 센터를 설계한 것으로도 알려져 있으며, 구글 초대 엔지니어링 부문 부사장, 현재는 상무이자 펠로(Fellow)이다.

웨어하우스 스케일 컴퓨터란 무엇인가

본서에서 서술하고 있는 '창고 컴퓨터'는 정식으로는 '웨어하우스 스케일 컴퓨터-WSC(Warehouse Scale Computer)'라고 한다. WSC 가 지향하는 것은 여러 대의 컨테이너로 구성된 현재의 데이터센터 를 보다 진화시켜 창고 크기의 초대형 컴퓨터를 만들어내는 것이다. 즉, 데이터센터 전체를 1대의 컴퓨터로 간주하고 그것을 위한 하드웨 어 구성이란 무엇인지, 그리고 소프트웨어는 어떻게 있어야 할지를 논하고 있다. 일반 서버를 효율적으로 작동시키는 하드/소프트 설계 가 있는 것처럼 WSC에서는 데이터센터 전체를 1대의 컴퓨터라 판단 하고, 효율성을 위한 통합적인 설계가 포인트이다.

일례가 되는 하드웨어의 구성을 보자.

우선, 높은 랙에 서버 보드를 탑재하고 그들의 랙을 바둑판 눈처럼 나란히 놓고 클러스터 스위치로 묶는다. 이 하나의 랙은 로컬 클러스 터가 되고, 랙 중앙에 있는 이더넷 버스로 랙 안의 서버는 접속된다. 이러한 로컬 클러스터를 여러 대 이용하여 건설한 것이 WSC이다.

WSC를 논리적으로 보면 보드상의 서버층, 랙 구조의 클러스터층, 그리고 그들을 정리한 대형 클러스터층 이 3층 구조로 되어 있다. 여 기에서 만일 각각의 서버에 4코어의 쿼드 CPU를 탑재하고, 캐시를 사이에 두고 DRAM(32GB)을 공유시켜, 디스크(2TB)를 직접 연결한다고 하면, 이것이 기본이 되는 서버층이다. 랙의 클러스터층에서는 1대의 로컬 랙에 80대의 서버를 탑재하여 버스 접속하고, 대형 클러스터층에서는 그것을 30세트 묶어 WSC로 한다.

이렇게 해서 완성된 WSC는 서버 수 2,400대(7,600코어), DRAM은 76.8TB, 스토리지는 4.8PB의 거대 컴퓨터이다. 실제 데이터센터 건설 단계에서는 시판 기기가 끊임없이 진화하기 때문에, 보드 당 CPU 수와 메모리, 디스크 용량, 랙 당 서버 수, WSC 당 클러스터 수는 반드시 같지는 않다. 다양한 조건과 기술 진화를 감안하여 충분한 스케일 아웃(Scale out)을 보장하는 것이 바로 WSC의 기본 콘셉트이다.

WSC를 지탱하는 소프트웨어도 3층으로 나누어져 있다. 가장 아래층은 ① 방대한 서버군을 추상화하여 1대의 컴퓨터로 보이게 하는 '플랫폼 레벨'이다. 여기에는 펌웨어와 커널, 라이브러리 등이 포함된다. 다음 2층은 ② 클러스터의 리소스 관리와 각종 서비스 제공을 담당하는 분산 시스템 관리인 '클러스터 레벨'이다. 여기에는 리소스 공유와 병렬 이용을 단순화하는 프로그래밍 모델인 '드라이어드(Dryad)', '맵리듀스(MapReduce)' , '쏘우잴(Sawzall)' 등 또, GFS와 스케줄러, RPC도 들어간다. 그리고 최상위층은 ③ 특정 서비스를 실행하는 '애플리케이션 레벨'이다. 여기는 온라인과 오프라인 서비스로 나뉘고, 온라인에는 구글 서치, G메일, 구글맵스 등 친숙한 애플리케이션이 있다. 오프라인에는 맵스의 토대가 되는 지도 타일과 서치 인덱서, 위성 사진에서 구글 어스로의 분해 인덱스 등의 작성이 전형적인 예이다.

세계 최대의 클라우드 컴퓨팅 추구

WSC와 지원하는 소프트웨어, 그것들은 일체가 되어 거대한 클라우드 컴퓨터가 된다.

2009년 가을 ACM(미 계산기학회)에서, 구글의 리서치 사이언티스트이자 펠로인 제프리 딘(Jeffrey Dean)이 발표한 '스패너(Spanner) 계획'을 통해 미래를 상상해 볼 수 있다. 'Datacenter as a Computer'를 기반으로 장래적인 목표로서 전 세계적으로 산재해 있는 100~1,000군데의 WSC를 연동시킨다. 동원한 컴퓨터의 합계는 100~1,000만대, 스토리지는 1엑사바이트-EB(Exabyte)에 달하고, 최대 10억 명의 클라이언트가 동시에 이용한다.

이 시스템을 가능하게 하는 최대의 난관, 그것은 '폴트 톨러런트(Fault Tolerant)'이다. 이것은 어떻게 해서든 해소해야 한다.

현재의 커모디티 베이스의 시스템에서는 고장은 가는 곳마다 일어난다.

제프리는 만일 MTBF(평균 고장 간격)가 30년인 초고신뢰 서버가 탄생하여 그것을 채용한다고 치더라도 1만대의 서버로 구성되는 대형 WSC에서는 1일 당 1대가 고장나는 꼴이라고 지적했다. 보통의 커모디티를 이용한 WSC라면, 1일에 몇 십대나 고장이 발생한다. 이것을 어떻게 자동적으로 나누어, 전체 시스템을 멈추지 않고 운용을 계속 할 수 있을지, 그러기 위한 폴트 톨러런트 개발, 그것이 꿈의 초대형 WSC 네트워크 실현의 요건이 된다.

298

구글이 보유한 다양한 데이터센터 특허

구글은 최근 종종 미래 기술 정보에 대한 언급을 하고 있다.

하지만 실존하는 데이터센터에 관해서는 그 장소는 물론, 수조차도 확실하지 않고, 대부분은 스텔스 모드이다. 얼마전 한 정보통에 따르면 북미에 19군데, 유럽에 12군데, 러시아와 남아메리카에 1군데씩, 아시아에 3군데, 합계 36개의 데이터센터가 있다고 한다. 이것은 장해 대책과 GFS의 효율화, 레이턴시 등을 고려하여 다른 인터넷 대기업에서 볼 수 있는 초대형화를 따르는 것이 아니라 다수의 중형 센터를 가지는 것에 주안점을 두고 있는 것처럼 보인다.

그래서 입지 조건으로는 고속으로 센터 간을 접속하기 위한 적절한 거리와 에너지 절약 대책용 수자원 확보 등이 포인트이다. 알려진 정보로는 구글 센터의 대부분은 이미 에너지 절약 타입이고, 두 군데는 완전히 재활용한 물을 사용, 2006년에 개설한 오리건주 덜레스의 데이터센터는 강가에 있고, 그 물을 이용하여 냉각을 한다는 것이다.

구글은 또, 데이터센터 관련 다양한 특허를 가진 것으로도 알려져 있다.

2010년 6월, 컨테이너를 쌓아올린 4층 건물 방식의 데이터센터 구축이 승인되었다. 이것은 2007년에 신청한 '타워 컨테이너'라 불리는 것으로 전원과 공조 설비를 가진 뼈대만 있는 타워에 컨테이너를 쌓으면서 접속하는 형태이다. 또, 거슬러 올라가면 2008년 10월에는 수송용 컨테이너를 이용한 '포터블 데이터센터'의 특허도 취득했다.

이 특허는 2003년 신청한 것이라는 점이 놀랍다. 앞에 서술한 것처럼 이 타입의 컨테이너형은 2005년의 허리케인 카트리나 이후, 각사가 비밀리에 개발해 온 것이지만 구글은 다른 시점에서 그보다 전에 생각하고 있던 것이다.

더욱 놀라운 것은 2005년 당시, 구글은 이미 이 컨테이너형을 가지고 있었다는 소문이었다. 그리고 2009년 4월, 이 업계의 컨퍼런스인 '데이터센터 서밋'에서 구글의 서버 설계자 벤 자이(Ben Jai)는 그것을 확인했다. 그에 따르면 2005년 이후, 구글의 데이터센터는 컨테이너형이 도입되고 있었다. 하나의 컨테이너에는 1,160대의 서버가 탑재되고, 각각의 서버에는 12V의 배터리가 장착되어 있어, 랙과 전원에 문제가 생기면 자체 전력으로 처리를 지속한다. 그는 현재의 서버는 이 연장선상에 있으며, 6세대나 7세대에 해당한다고 설명했다.

구글은 이 회사가 사용하는 몇 십 만대나 되는 서버를 벤더로부터 구입하는 것이 아니라 쭉 자체 개발해왔다. 그들은 서버를 가동시키는 것은 검색 엔진을 지탱하는 기본 비즈니스의 일부라고 생각해왔기 때문이다. 그래서 서버도, 컨테이너도, WSC도, 지원하는 소프트웨어도 모두 스스로 개발해 온 것이다.

제14장

미국의
클라우드에서
배운다

- 미국의 성공 배경과 아시아의 클라우드
- 오픈 이노베이션 추천
- 인큐베이션이 필요하다
- 클라우드 유니버스의 탄생

마지막 장에서는 미국의 클라우드 사정을 돌이켜보며 아시아의 클라우드에 대해 생각해보고자 한다.

본서에는 70명에 가까운 사람들이 등장했다. 몇 명을 제외하고는 대부분 우리에게는 알려지지 않은 사람들이다. 그들의 신념과 정렬이 오늘날의 클라우드를 발전시켰다. 또, 연간 매출 1,000억 달러(약 100조 원)를 넘는 거대 기업부터 막 시작한 스타트업 기업까지 60개사 이상의 기업을 소개했다. 이 사람들과 기업의 활동을 상세히 분석해봄으로써 클라우드를 정착시키기 위한 무언가를 잡을 수 있을 것이다.

아시아의 클라우드는 미국에 비해 시간만 보면 2년 정도 늦다. 더 이상 뒤쳐지지 않도록 가능한 한 빠른 시기에 따라잡기 위해서는 선진 클라우드에 대한 정확한 이해와 우리의 현실을 인식하고 과제를 정리하여 해결책을 실행해야 할 것이다.

클라우드의 시작에는 그것을 가능하게 한 몇 가지 배경이 있다.

그것은 ① 미국이 계속해서 컴퓨터 관련 기초 기술을 리드해왔다는 자부, ② 그리드 컴퓨팅의 연구, ③ 인터넷의 보급, ④ 가상화 기술 개발, ⑤ 오픈 소스의 대두 등이다.

미 IT 벤더와 개발자, 아니 유저도 포함하여 분별 있는 사람들은 컴퓨터 기술이 정체되어 있다는 것을 깨달았다. 시장을 리드해 왔기 때문에 깨닫게 된 것이다. 그리드도 미국이 발상지였지만 그 후, 유럽과 아시아에서도 많은 연구가 이루어졌다. 이 같은 공공 연구 기관을 중심으로 한 활동에서도 미국에서는 몇몇 기업이 생겨나고, 변천을 반복하면서 비즈니스를 계속해왔다. 게다가 에너지성 산하의 국립연구소와 시카고 대학, NASA 에임즈 연구소 등의 연구 활동은 계속되어 오늘날 클라우드와 융합하기 시작했다. 님버스와 네뷸러, 마젤란 등이 그것이다('제12장. 움직이기 시작한 미국 연방정부의 클라우드' 참조).

실리콘밸리에 사는 저자에게 있어 이들의 치밀하고 계속적인 끈기를 요하는 작업은 본래, 우리가 더 잘할 수 있을 것이라는 생각이 들었다. 하지만 현실은 그들이 더욱 인내심이 강하고 확고했다. 인터넷은 물론, 가상화 기술에 이르러서는 미국 세력의 독무대이다. 브이엠웨어는 물론이고, Xen은 영국 캠브리지 대학에서 시작되었지만 상용화되고부터는 모두 실리콘밸리가 활동의 거점이 되었다.

그리고 오픈 소스 활동이 시작되었다. 이것은 유저가 중심이 된 새로운 혁명이다.

오픈 소스는 벤더 전략을 취하지 않고, 유저 입장에서 이렇게 했으면 좋겠다고 바라는 시스템을 실현하는 개발 방법이다. 그 결과, 기존의 일방통행 방식에서 벤더의 논리와 유저의 생각이 쌍방향성을 띠는 시대가 왔다. 그것을 상징하듯 클라우드에서는 유저의 대표라고도 할 수 있는 개발자들이 대활약하고 있다. 오늘날 프로바이더와 개발자는 클라우드의 진화를 이끌고 있다. 산업계의 활력과 연구 기관의 방향성을 잃지 않는 기초적인 활동, 그리고 유저의 자각이 서로 어우러져 정체된 기술을 일깨워 클라우드를 탄생시켰다. 아마존은 그 공을 찬 것에 불과하다.

클라우드는 제2의 인터넷이라고 제1장에서 설명했다.

그 의미는 누구나 참가할 수 있는 인프라여야 하기 때문이다. 그렇지 않으면 큰 산업이 될 수 없다. 그 조건이 되는 유연성을 가지기 위해서는 코드와 API의 공개, 적극적인 스타트업 기업과 개발자의 참여로 인한 집단지성이 필요하다. 이런 개방성에 의해 유저는 많은 편리함을 누리고 프로바이더는 자체 능력만으로는 불가능한 클라우드를 확대할 수 있게 된다.

이것이 미국에서 클라우드가 성장하게 된 배경이다.

하지만 유감스럽게도 상황은 변했고, 많은 미 IT 벤더들은 아시아를 판매 시장으로 보고 있다. 소프트웨어는 어쨌든 간에, 하드웨어는 다르다는 이론(異論)은 있을 수 있다. 물론, 휴대 전화 등에 사용되고 있는 기술에는 살펴봐야 할 것이 있다. 단지, 범용적인 컴퓨터 기술이면 국제 시장에서 거의 찾아볼 수 없다. 이 같은 상황을 인식하고 아시아형 클라우드를 성장시켜야 한다. 즉, SaaS와 같은 상위에 위치한 웹 애플리케이션 영역에서는 특별히 문제가 없다. 독자적인 애플리케이션이라 해도 좋고, 국제적으로 이용할 수 있는 것을 개발할 수 있다면 더욱 좋다. 하지만 중하위의 IaaS나 PaaS가 되면 그렇게 간단하지는 않다.

IaaS는 선진 사례에서 보듯이 윈도나 리눅스를 베이스로 하면 플랫폼은 어떻게든 된다. 그래도 미국과 같이 Xen을 분석해서 대형 클라우드에 적용하고, 운용 관리 애플리케이션을 개발하기란 쉽지는 않다. 그렇다면 가상화도 운용도 브이엠웨어를 채용한다면 어떻게든 되겠지만 그렇게 되면 프라이빗 클라우드와 큰 차이는 없고, 브이엠웨어가 진행하고 있는 클라우드와 장래에 조정이 필요해질 것이다. 그것은 그리 간단하지는 않다.

표준화의 변화

여기서 잠깐 딴 소리일지는 모르겠지만 표준화에 대해 알아보자.

과거, 인터넷이나 SOA 서비스 보급에는 W3C와 OASIS가 표준화의 무대였다. 벤더는 동지들을 모아 자신들의 논리를 서로 타진해 본 결과 표준화가 이루어졌다. 유저는 제외되었다. 그러나 클라우드에서는 상황이 다르다. 새로운 표준화를 구성하도록 등장한 '오픈 클라우드 매니페스토'에는 대형 IT 벤더는 이름을 올렸지만 주전이라 할 수 있는 아마존과 구글, 세일즈포스는 등을 돌려 결국 개점휴업이라는 쓰라린 경험을 했고, 가상 머신 이미지의 호환성에 대한 OVF를 제정한 DMTF만이 유일하게 기능했다. 한편으로 스타트업 기업 몇몇이 시작한 '클라우드 시큐리티 얼라이언스 –CSA(Cloud

Security Alliance)'와 여러 대학이 진행하는 '오픈 클라우드 컨소시엄-OCC(Open Cloud Consortium)' 등이 활발하게 움직이고 있다. 이처럼 클라우드에 관한 표준화는 기존의 벤더를 우선으로 하지 않고 보다 유저에게 가까운 영역에서 검토되고 있다.

연방정부기관인 NIST(국립표준기술연구소)는 클라우드의 정의를 내놨다. 이 정의는 연방정부의 클라우드 계획에 따라 정해진 것으로 다음과 같이 매우 간략하다.

〔요약〕 클라우드 컴퓨팅이란 공용 풀에 있는 구성 가능한 컴퓨팅 자원(네트워크, 서버, 스토리지, 애플리케이션, 서비스 등)을 온 디맨드로 이용하고, 최소한의 관리 노력과 서비스 프로바이더와의 교류로 신속하게 이용할 수 있는 모델이다.

오픈
이노베이션
추천

미국의 하이테크 기업과 연구 기관의 개발 에너지는 안팎을 가로지르는 자유로운 발상에 있다.

반대로 아시아의 기업인들은 회사에 속박당하는 경향이 강하다. 제1장에서 엔지니어의 정신 개방이 필요하다고 설명했다. 이것은 개인뿐만 아니라 기업에도 해당된다. 우리는 단일 민족 의식이 강해서 의식적으로 대처하지 않으면 기업도 개인도 집안에 틀어박히는 모양새가 되기 십상이다. 이것을 해결하기 위해서는 적극적으로 외부와 접촉하는 수밖에 없다. 또한, 그것을 기업 문화로 정착시키기 위한 노력이 필요하다.

헨리 체스브로 교수의 '오픈 이노베이션'

주목해야 할 것은 '오픈 이노베이션(Open Innovation)'이다.

현 UC 버클리교 하스 비즈니스 스쿨에서 '오픈 이노베이션 센터'를 운영하는 헨리 체스브로(Henry Chesbrough) 교수가 주장한 개념이다. 체스브로 교수는 기업의 활성화를 위해 사외의 개발력을 활용하거나 외부에서 자사의 지적재산권을 사용하게 함으로써 보다 혁신적인 비즈니스와 제품을 만들어 낼 수 있다고 생각했다. 특히 하이테크 산업의 경우는 제품 사이클이 짧고, 많은 스타트업 기업들이 북적거려서 이 조건에 딱 들어맞는다.

생각할 수 있는 시나리오는 많이 있다. 사내 기술을 기반으로 한 경우에는 ① 외부 기업의 힘을 빌려 신제품을 개발하거나, 그 기술을 활성화시키기 위해 ② VC의 외부 자금을 받는다. 이것은 단순한 개발 자금 조달이 아니라 어떻게 하면 비즈니스로 성장시킬 수 있을지를 VC로부터 조언을 받는 것이 목적이다. 또, ③ 사내 기술의 특허와

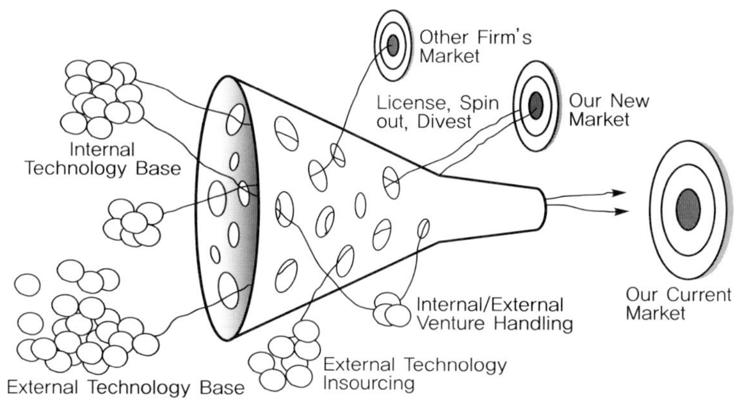

오픈 이노베이션 개념도 (출처 : Open Innovation Center)

라이선스를 부여해 조직을 독립시킨다. 또한 사외 기술을 기반으로 하는 경우에도 ④ 자사의 각종 자산과 조합한다. 이렇게 함으로써 현재 시장으로 더 강력한 신제품을 투입하거나, 새로운 시장을 만들어 내거나, 지금까지는 할 수 없었던 타사 시장으로 나설 수 있게 된다.

체스브로 교수는 하스 비즈니스 스쿨의 교수 시절 이 개념을 생각해냈고, 그것을 하이테크와 바이오 분야에 적용하기 위해 실리콘밸리의 대안, UC 버클리교로 왔다. 부속되어 있는 하스 비즈니스 스쿨의 교훈은 '혁신을 통해 이끌어낸다(Leading through Innovation)'이다. 즉, MBA를 취득하여 회사의 간부가 되기 위해서는 혁신이야말로 리더의 조건이라는 것이다.

시스코의 R&A 전략

여기 실리콘밸리에서는 경영이란 회사를 운영하는 한 가지 일로, 결코 인간적으로 훌륭한 것은 아니다. 기업의 힘의 원천은 제품을 만들어 내는 엔지니어링이다. 이것을 중심으로 제품을 만드는 제조 부문, 비즈니스를 하는 마케팅과 세일즈 부문, 전체를 감독하는 것은 경영자의 업무이다. 리더로서의 본분은 어떻게 이노베이션을 추진하는가이다.

오픈 이노베이션과 관련하여 실리콘밸리에는 몇 가지 흥미로운 선행 사례가 있다. 네트워크 기기 최대 기업인 시스코가 오늘날과 같이 성장하는 과정에서 채용한 방법은 'R&A'라고 한다. '연구(Research)'와 '인수(Acquisition)', 조사와 매수이다. 이것은 1990년대

후반부터 시작된 인터넷 보급에 앞서, 당시 경합을 벌이던 베이 네트
웍스(Bay Networks)와 쓰리콤(3Com) 등의 오십보 백보의 상황에
서 벗어나기 위한 방법이었다. 네트워크 시장의 제품은 다양하고 폭
넓어, 그것들을 통합적으로 제공할 수 있는 기업만이 살아남는다. 그
러기 위해서는 통상의 R&D로는 따라잡을 수 없다.

실리콘밸리 새너제이시의 Cisco Industrial Campus

R&D에서 말하는 조사란 목표를 정한 몇 가지 분야의 '연구'를 의
미한다. 다음으로 그 내용에 맞는 해당 기업을 밝혀내어 엄밀하게 정
밀 조사를 한 후에 매수한다. 즉, 연구→개발→제조 중 '개발' 공정
을 건너뛰어 시간을 대폭 단축시킨다. 그것이 R&A이다. 한편 시스
코는 본사의 광대한 근린지를 매점하여 빌딩을 건설했다. 미국 내에
산재한 이들 기업의 매수가 끝나면 해당 기업 제품에 시스코의 표준
화 적용이 시작된다. 작업이 끝나면 새로운 빌딩에, 필요한 인재와 제
조 라인이 이전해 온다. 이 과정에서 불필요한 것은 버리고, 레이오
프도 일어난다.

인텔의 분산 연구 개발과 코퍼레이트 펀드

인텔은 최첨단 CPU 칩 개발, 제조가 메인 비즈니스이다.

그러기 위해서는 중장기적인 연구 개발이 필수이다. 그러나 막대한 비용과 인재 확보의 어려움, 게다가 그 모든 것들이 제대로 돌아가고 있는지에 대한 불안감도 있다. 인텔에서는 그에 대응하기 위해 다음 3가지 방법을 채택하고 있다. ① 분산 연구 개발과 대학 등 외부 연구 기관 이용, ② 코퍼레이트 펀드, ③ 오픈 소스 센터 운용이다. 우선, 연구 개발에서는 대기업에서 볼 수 있는 중앙연구소와 같은 조직은 없고, 코퍼레이트 테크놀로지 그룹을 토대로 각 부문의 현장에 연구 그룹이 분산 배치되어 있다. 이것은 현장에 밀착되어 3년 정도 제품화를 목적으로 한 연구 개발이 이루어진다.

그 이상의 장기적인 연구는 자사에서는 대응하지 않고, 각 대학이 가진 연구 프로그램의 스폰서가 되어, 기술의 방향성을 밝혀낸다. 모두 연구 개발 그룹과 현장이나 대학 등의 인적 교류가 이노베이션의 기본이다.

두 번째의 코퍼레이트 펀드 '인텔 캐피털'은 연구 개발의 리스크 헤지와 단기적인 상품 보완을 지향한다. 그리고 투자 담보도 기대할 수 있다. 현재의 포트폴리오는 200개사 이상에 이르고 클라우드에 직·간접적으로 관계하는 것만으로도 소프트웨어의 지적소유권을 관리하는 블랙 덕(Black Duck), 넷상에서 콜래보레이션 개발 툴을 제공하는 콜래브넷(CollabNet), Java 스페이스 사양의 기가스페이스, 엔터프라이즈 매시업인 잭비(Jach Be), 옵소스('제9장. 클라우드를 둘러싼 유니버스－SaaS 프로바이더 옵소스' 참조), 메일 서버 샌드 메일, SOA

를 베이스로 한 각종 제품을 제공하는 WSO2, 엔터프라이즈 클라우드 스토리지 너바닉스 등 다채롭다.

또 하나의 움직임은 오픈 소스 센터이다. 여기에서는 컴퓨터를 둘러싼 장래의 움직임을 하드웨어 면에서뿐만 아니라 유저의 시점에서 파악하기 위해 오픈 소스의 활용과 보급을 벤더에게 호소하고 있다. 이렇게 함으로써 컴퓨터의 새로운 수요가 생겨난다는 사고 방식이다.

실리콘밸리 산타클라라시의 인텔 본사

시스코와 인텔은 체스브로 교수의 오픈 이노베이션 개념 이전부터 자사만의 방법으로 사내·외의 교류를 촉진하여 엔지니어를 활성시켜 왔다. 시스코는 잇달아 기업을 매수하고, 인텔은 산학 연구와 투자를 통해 사람과 기술을 이끌어왔다. 아파치와 모질라를 지원하고, 20% 룰을 실행하는 구글도 마찬가지이다. 이 같은 경향은 스타트업 기업의 인재 확보에서 보다 여실히 볼 수 있다. 각각 다른 특정 분야의 기술을 가진 엔지니어들이 모여 일을 시작한다. 실리콘밸리의 대부분의 엔지니어들은 자신의 기술 분야를 항상 의식하면서 일하고, 전직은 그것을 위한 경력을 쌓는 것이라고 생각하고 있다. 이곳에는 자신들도, 기업도, 인재를 속박하지 않는 고용 시스템이 있다.

게다가 체스브로 교수가 설명한 것과 같이 경영자 자신들이 이노베이션의 중요성을 이해하여 선두에 선다.

아시아에서도 사외(社外), 가능한 한 미국의 클라우드 기업과의 공동 개발과 사업을 진행하여 그 안에서 엔지니어가 더욱 성장할 수 있기를 기대한다.

**인큐베이션이
필요하다**

제품의 원천은 엔지니어지만 다음은 그것을 어떻게 비즈니스로 완성할지이다.

우수한 클라우드 아이디어를 가진 엔지니어에게 개발 자금을 지원한다고 비즈니스가 이루어지는 것은 아니다. 이것은 사내 프로젝트든, 독립 비즈니스든 마찬가지이다. 아이디어를 살리기 위해서는 투입할 시장을 정하여, 그곳에 어떤 제품과 서비스를 개발하여 제공할지, 어떤 비즈니스 모델을 지향할지를 정해야 한다. 이것이 아이디어를 사업으로 이끌어내는 인큐베이션이다. 스타트업 기업의 대부분은 초기에는 개발을 중심으로 하고, 다음에 테스트 마케팅으로 시장을 확인하고, 거기에서 본격적인 비즈니스를 시작한다. 물론, 창업하기 전에 대충 전체의 구상을 정하지 않으면 투자를 받을 수 없지만 그들의 주된 작업은 단계적으로

농도를 달리해 간다. 중요한 것은 조성금과 자금 원조는 아니다. 아이디어를 키우는 지원 활동이다.

사무실을 빌린다면 플러그&플레이

실리콘밸리에서 창업을 원하는 아시아계 엔지니어에게 인기 있는 임대 사무실은 '플러그&플레이 테크 센터(Plug&Play Tech Center)'이다. 인도인이 시작한 이 새로운 비즈니스는 철수한 유럽계 하이테크 기업의 사무실을 그대로 사용하여 파티션으로 구분한 크고 작은 여러 장소를 스타트업 기업에게 빌려주고 있다. 1인용 큐브에서부터 몇명씩 들어갈 수 있는 곳도 있고, 그것을 몇 개 사용하고 있는 그룹도 있다. 대부분은 어깨까지 오는 파티션이므로 일어나면 옆의 기업이 보인다. 마치 사내 몇 개 프로젝트팀이 뒤섞여 있는 듯한 모습이다. 아시아계 엔지니어들은 그 속에 들어가 휴식 시간, 점심 시간에는 같이 외출하고, 실리콘밸리식 개발과 비즈니스 방법, 그리고 영어 회화 등을 익힌다. 또한, 그들끼리는 같은 일을 하는 동료를 찾아 협의에 몰두하며, 자신의 과제를 해결하는 데 도움을 받는다.

여기에서는 회의실과 휴게실, 탕비실 등이 공용이다. 플러그&플레이에 입주한 스타트업 기업 전체가 커뮤니티를 형성하고 서로 절차탁마하여 비즈니스화에 도전한다. 그런 그들도 큰 고비를 만나면 관계자들을 초대해 큰 홀에서 α판의 프레젠테이션을 개최하고, 그 후에는 와인을 마시면서 네트워킹을 시작한다. α판에 대해 논평하기도 하고 자신들의 판로 확장, 기술 정보를 교환하는 데 시끌벅적하다.

회사로서의 플러그&플레이도 장소 대여가 전부는 아니고, 인큐베이션에 힘을 보탠다는 데 의미를 두고 있다. 몇 개의 같은 분야에서 개발을 하고 있는 스타트업 기업들을 묶은 포럼이나 초청 연사를 초대해 이벤트를 개최하거나 VC(Venture Capital)와의 중개도 적극적이다. 2006년부터 시작한 이 사업은 크게 성공을 거두어 처음으로 개설한 실리콘밸리의 서니베일시에서 팰러앨토시, 레드우드시로 확대되었으며, 마침내 로스앤젤레스의 할리우드 지구에도 디지털 영상 분야 스타트업 기업을 지원하는 센터가 3곳 생겼다.

파종형 VC, Y 콤비네이터

Y 콤비네이터(Y Combinator)는 스타트업 기업에게 아이디어를 길러주는 새로운 타입의 VC이다. 그 이름은 창업자인 폴 그레이엄(Paul Graham)이 함수형 프로그래밍의 이론에서 딴 것이다.

Y 콤비네이터는 시드(Seed)라고 하는 초기 비용을 제공하고 사업화 어드바이스와 각종 커넥션을 소개한다. 신청은 이 사이트에서 하고, 1년에 몇 번 실시되는 프레젠테이션과 심사로 투자가 결정된다. 자금은 통상 11,000달러(약 1,100만 원), 거기에 멤버 1명 당 3,000달러(약 300만 원), 둘이서 사업을 시작한다면 17,000달러(약 1,700만 원), 3명이라면 20,000달러(약 2,000만 원)이다.

큰 금액은 아닐지도 모르지만 그 외에도 Y 콤비네이터가 제공하는 비즈니스 지도는 가치가 있다. 2005년에 시작한 4명의 창립 멤버는 모두 쟁쟁한 인물들이다. 트레버 블랙웰(Trevor Blackwell)은 일류 차인 '세그 웨이'의 원형을 개발한 안트러프러너이고, 로버트 모리스

(Rober Morris)는 미국 시큐리티의 전체를 통할하는 NCSC(National Cyber Security Center)의 전 수석 연구원이다.

발기인 그레이엄은 리스프언어(Lisp)의 대가이자 수필가이며, 창업 경험도 풍부하다. 그가 하버드 컴퓨터 소사이어티에서 이야기한 '어떻게 스타트업을 시작할까?(How to Start a Startup)'가 Y 콤비네이터를 시작하는 계기가 된 것이다.

마지막으로, 제시카 리빙스턴(Jessica Livingston)의 일생 일대의 사업은 스타트업 기업의 육성이다. 현재에도 스타트업 스쿨에 주력하고 있고, 2007년에는 「성공한 스타트업의 초기 이야기(Stories of Startups' Early Days)」를 출판했다. 여기에는 애플을 일으킨 스티브 워즈니악(Steeve Wozniak)으로부터 2010년 8월에 구글에 매각된 SNS 엔터테인먼트 애플리케이션 개발 기업 슬라이드의 설립자인 맥

Y 콤비네이터의 4명의 공동 창설자

스 레브친(Max Levchin) 등이 등장한다.

이들 호화 멤버의 지도가 있다면 분명 성공할 것이다. Y 콤비네이터의 비즈니스는 투자 담보로 6~7%의 스톡 옵션을 받을 뿐이다. 성공 그룹에는 본서에서 소개한 주모 드라이브와 드롭박스, 스크립드('제10장. 격화하는 클라우드 스토리지 경쟁–클라우드 스토리지 서비스 대격전' 참조), 헤로쿠('제9장. 클라우드를 둘러싼 우주–루비의 세계' 참조) 등도 포함되어 있다.

클라우드 유니버스의 탄생

대부분의 기업과 연구 기관이 키워 온 클라우드는 공동의 자산이다.

클라우드야말로 새롭게 창조된 산업이라 해도 좋다. 중심이 되는 기술과 기업을 항성으로 해서 그 주변에는 협력하는 스타트업 기업과 개발자들이 모인다. 이렇게 하나의 소우주가 탄생한다.

마찬가지로 경합하는 기업과 다른 기술도 항성이 되고 또, 소우주가 형성된다. 중심이 되는 항성과 그 주변을 도는 혹성들, 아마존의 주변에 모인 기업군과 커뮤니티, 에너지성이 시작한 연구 기관을 횡단하는 HPC 클라우드 계획인 마젤란 등이 그들의 이미지이다. 그중에는 항성끼리 접근하여 새로운 소우주가 등장할 듯한 움직임도 있다. 바로 NASA 에임즈와 랙스페이스가 시작한 오픈 스택이 그것이다.

클라우드 컴퓨팅이란 그들을 집어삼킨 우주(유니버스)이다. 본서에서 소개한 사람들과 기업, 대학, 연구소, 그리고 개발자들의 지혜가 우주를 만들어내고, 클라우드는 산업이 되기 시작했다. 이렇게 되는 데에는 API의 공개와 오픈 소스, 소프트웨어를 교환하는 마켓플레이스 등, 다른 것과 융합시키는 기술적인 구조가 있었다. 또한 커뮤니티를 유지하고 촉진시키는 노력과 지혜, 생존을 건 비즈니스 전략에 의한 융합도 있었다. 능동적인 요소와 그것을 받아들인 환경이 클라우드 유니버스의 탄생으로 연결되고 있다.

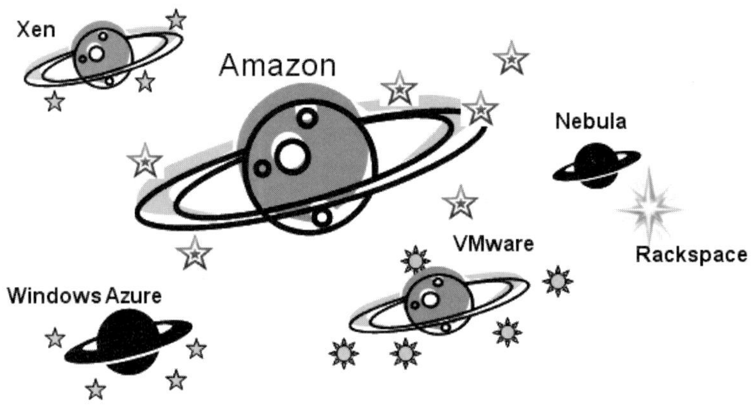

현재, 아시아에서도 클라우드가 활발하게 움직이기 시작했다.

앞장선 많은 기업들이 있다. 단, 이들의 클라우드를 정착시키기 위해서는 이제까지와는 다른 방법의 연구가 뒤따라야 할 것이다. 어떻게 하면 소우주를 만들 수 있을지, 핵기술이 있으면 그 주변에서, 없으면 미국의 세력을 이용해도 좋다. 무언가 핵을 발견해내는 것이다. 또 한 가지는 유저들의 의견을 어떻게 수렴하느냐이다. 그러기 위한 아시아형 커뮤니티를 형성하는 데 노력해야 할 것이다. 다시 한 번

말하지만. 클라우드는 절대 매출 지상주의의 단순한 벤더 간 경쟁에서는 발전할 수 없다. 클라우드는 새로운 컴퓨터 이용 기술의 창조이다.

이렇듯, 지금까지의 대기업 벤더와 기업 IT 부문과의 관계에서는 아무것도 나올 수 없다. 지금이야말로 머리를 맞대고 지혜를 모아 우리들의 컴퓨터 문화를 바꿀 때이다.

인명·용어 한-영 대조표

■ 인명 일람

한글	영문	한글	영문
귀도 반 로섬	Guido van Rossum	그러프 딜런	Gaurav Dhillon
그렉 파파도풀러스	Greg Papadopoulos	닉골트	Nick Gault
다이앤 그린	Diane Green	더그 커팅	Doug Cutting
데이비드 더글러스	David Douglas	데이빗 잭슨	David Jackson
딘 넬슨	Dean Nelson	래리 앨리슨	Larry Ellison
러스 다니엘	Russ Daniels	레이 오지	Ray Ozzie
로버트 모리스	Robert Morris	루이스 안드레 바로소	Luiz André Barroso
류 무어맨	Lew Moorman	류 터커	Lew Tucker
리너스 토발즈	Linus Torvalds	리차드 스톨만	Richard Stallman
리차드 유	Richard Yoo	리치 그린	Rich Green
마샬 커크 맥퀴식	Marshall Kirk McKusick	마이크 카페렐라	Mike Cafarella
마이클 로빈	Michael O.Robin	마이클 올슨	Michael Olson
마크 앤드리센	Marc Andreessen	맥스 레브친	Max Levchin
멘델 로젠블룸	Mendel Rosenblum	벤 자이	Ben Jai
비벡 쿤드라	Vivek Kundra	빌게이츠	Bill Gates
산지 바고월리어	Sanjeev Bhagowalia	스콧 맥닐리	Scott McNealy
스티브 워즈니악	Steve Wozniak	스티브 추	Steve Chu
신 퀸란	Sean Quinlan	아므르 아와달라	Amr Awadallah
알렉산더 그라함 벨	Alexander Graham Bell	애드워드 버그니언	Edward Bugnion
앤드류 재시	Andrew jassy	에즈라 자이먼트윅	Ezra Zygmuntowicz
우르스 휄즐	Urs Hölzle	위렘 반 빌존	Willem van Biljon
이안 프레트	Ian Pratt	자레드 프리드먼	Jared Friedman
제시카 리빙스턴	Jessica Livingston	제프 베조스	Jeff Bezos
제프 하머버처	Jeff Hammerbacher	제프리 딘	Jeffrey Dean
조나단 슈왈츠	Jonathan Schwartz	조시 코츠	Josh Coates
존 게이지	John Gage	존 챔버스	John Chambers
짐 클라크	Jim Clark	케이어 프레이저	Keir Fraser
크리스 멜리시노스	Chris Melissinos	크리스 켐프	Chris C.Kemp
크리스 핑크암	Chris Pinkham	크리스토퍼 글래드윈	Christopher Gladwin

크리스토퍼 비시글리아	Christophe Bisciglia	트레버 블랙웰	Trevor Blackwell
파드마스리 워리어	Padmasree Warrior	폴 그레이엄	Paul Graham
폴 마리츠	Paul Maritz	헨리 체스브로	Henry Chesbrough

■ 용어, 조직

2라지 2E메일	2Large2Email	3테라	3Tera
Java 가상 머신	Java Virtual Machine	JD 에드워드	JD Edwards
MySQL 엔터프라이즈	MySQL Enterprise	NASA 에임즈연구소	NASA Ames Research Center
US 인터넷워킹	Usinternetworking	Y 콤비네이터	Y Combinator
구글 독스/앱스	Google Docs/Apps	구이	Goowy
그놈	Gnome	그레이트 플레인스	Great Plains
그루비	Groovy	그리드 게인	GridGain
그리드 컴퓨팅	GridComputing	그린 플럼	Greenplum
글로버스 툴킷	Globus toolkit	글로벌 그리드 포럼	Global Grid Forum
기가스페이스	GigaSpaces	나스니	Nasuni
너바닉스	Nirvanix	네뷸러	Nebula
넷스위트	NetSuite	넷스케이프 커뮤니케이션스	Netscape Communications
넷앱	NetApp	노마데스크	Nomadesk
노벨	Novell	님뷸라	Nimbula
데비안	Debian	데스크톤	Desktone
데스크톱투	Desktoptwo	데코	Decho
델	Dell	드롭박스	Dropbox
드롭io	drop.io	드루팔	Drupal
디그	Digg	디지엄	Digium
라이트스케일	RightScale	라이틀리	Writely
라임라이트	LimeLight	라잇나우	RightNow
래빗MQ	RabbitMQ	래셔널	Rational
래스터	Lustre	래커블 시스템즈	Rackble Systems
랙스페이스	Rackspace	레드햇	Red Hat
레무스	Remus	로렌스 버클리 연구소	Lawrence Berkeley National Laboratory
로슨	Lawson	로지카	Logica
루비온레일즈	Ruby on Rails	리눅스 파운데이션	Linux Foundation
리버트	Libvirt	마드리드 컴프루텐세 대학	Universidad Complutense de Madrid
마스 패스파인더	Mars Pathfinder	마이크로소프트	Microsoft
마이크로스트래티지	Microstrategy	마젤란 프로젝트	Magellan Project

맥아피	McAfee	머브	Merb
머큐리 인터랙티브	Mercury Interactive	메일빅파일	MailBigFile
멜버른	melbourenIT	모쏘	Mosso
모지	Mozy	모질라 파운데이션	Mozilla Foundation
모토로라	Motorola	몽고DB	MongoDB
바니시	Varnish	바이캐스트	Bycast
백블레이즈	BackBlaze	버라이즌 커뮤니케이션스	Verizon Communications
버추얼아이언	Virtual Iron	버티카	Vertica
베라리 시스템즈	Verari Systems	베리타스	Veritas
베어울프 프로젝트	Beowulf Project	부미	Boomi
브이엠웨어	VMware	블랙덕	Black Duck
블로피시	Blowfish	블루 스타 인포테크	Blue Star Infotech
블루락	BlueLock	사비스	Savvis
사이드셰어	SideShare	사이버 트러스트	Sybertrust
사이트 수프라	SiteSupra	서버비치	Severbeach
서버패스	ServerPath	서비스 레벨 어그리먼트	Sernice level Agreement
서비스버스	Service Bus	세일즈포스닷컴	Salesforce.com
센드메일	Sendmail	센트OS	CentOS
셀레늄GRID	Clenium GRID	소니 에릭슨	Sony Ericsson
소셜텍스트	SocialText	소스포지	SourceForge
솔라	Solr	슈가싱크	SugarSync
슈가CRM	SugarCRM	스냅로직	SnapLogic
스마트폰	Smart Phone	스칼라	Scala
스크리브드	Scribd	스프링소스	SpringSource
슬라이스 호스트	Slicehost	시러스케일	Sirrascale
시맨틱	Symantec	시맨틱웹	Semantic Web
시비욘드	SeeBeyond	시스코 시스템즈	Cisco Systems
시어스	Cius	시트릭스 시스템즈	Citrix Systems
실드 클러스터웨어	Scyld Clusterware	실리콘 메커닉스	Silicon Mechanics
썬 마이크로시스템즈	Sun Microsystems	씨게이트테크놀로지	Seagate Technoligies
아르곤국립연구소	Argonne National Laboratory	아마존	Amazon
아이언 마운틴	Iron Mountain	아이폰/아이팟/아이포토	iPhone/iPod/iPhoto
아이OS	eyeOS	아치 리눅스	Arch Linux
아카마이	Akamai	아파치 소프트웨어 파운데이션	Apache Software Foundation
안드로이드	Android	알프레스코	Alfresco
애스터리스크	Asterisk	애플사파리	Apple Safari
애피스트리	Appistry	앱익스체인지	AppExchange
에버노트	Evernote	에이작스	Ajax

엔진엑스	nginx	엘크로스(LCROSS)	Lunar CRater Observation and Sensing Satellite
오라클 엔터프라이즈 리눅스	Oracle Enterprise Linux	오블리코어	Oblicore
오서 스트림	authorSTREAM	오픈 데이터 프로토콜	Open Data Protocol
오픈 솔라리스	OpenSolaris	오픈 스택 프로젝트	OpenStack Project
오픈 클라우드 선언	Open Cloud Manifesto	오픈 클라우드 컨소시엄	Open Cloud Consortium
오픈 클라우드 플랫폼	Open Cloud Platform	오픈네뷸러	OpenNebula
오픈MPI	OpenMPI	오픈SUSE	openSUSE
옵스웨어	Opsware	와이즈테크놀로지	Wyse Technology
우분투	Ubuntu	월드프레스	Wordpress
웹메소드	webMethods	웹엑스	WebEx
윈도즈 애저	Windows Azure	유니바 UD	Univa UD
유센드잇	yousendit	유칼립투스	Eucalyptus
유튜브	YouTube	유OS	YouOS
이그젝트 타깃	ExactTarget	이베이	eBay
이클립스	Eclipse	인덱서	Indexer
인튜이트	Intuit	인포메티카	Informatica
인포믹스 다이내믹 서버	Informix Dynamic Server	인피니밴드	InfiniBand
일래스틱 호스트	ElasticHosts	잉그램 마이크로	Ingram Micro
자이썬	Jython	장고	Django
재스퍼소프트	JasperSoft	잭비	JackBe
정글디스크	Junggle Disk	제노스	Zenoss
제이루비	Jruby	제타바이트 스토리지	ZettaByte Storage
젝터	Zecter	젠소스	XenSource
젠투 리눅스	Gentoo Linux	조호	Zoho
주모 드라이브	ZumoDrive	줌라	Joomla
지만다	Zmanda	카보나이트	Cabonite
카패시아 호스팅	Capathia Hosting	캐노니컬	Canonical
컨티뉴어스 데이터 프로텍션	Continuous Data Protection	컴볼트	CommVault
코드플렉스	Codeplex	코헨시브FT	CohensiveFT
콘돌	Condor	콘텐츠 딜리버리 네트워크	Content Delivery Network
콜레브넷	CollabNet	쿰라넷	Qumranet
크레이서	Craythur	클라우데라	Cloudera
클라우드 시큐리티 얼라이언스	Cloud Security Alliance	클라우드 컴퓨팅	Cloud Computing
클레버세이프	Cleversafe	탈레오	Taleo
탈렌드	Talend	태스크	Task
테레마크 월드와이드	Terremark worldwide	텔레포니카	Telefonica
팁코	Tibco	파나서스	Panasas

파노 로직	Pano Logic	파라스케일	ParaScale
파이썬	Python	파이어락	Firelock
파이어폭스	Firefox	패럴렐즈	Parallels
페도라	Fedora	페이팔	PayPal
펜타호	Pentaho	포스트그레SQL	PostgreSQL
퓨어디지털	Pure Digital	프리 소프트웨어 파운데이션	Free Software Foundation
피어 1	PEER 1	피치트리	Peachtree
피플소프트	PeopleSoft	핀포인트닷컴	Pinpoint.com
하둡	Hadoop	하이퍼릭	Hyperic
하이퍼바이저	Hypervisor	헤로쿠	Heroku
호스팅닷컴	Hosting.com	휴먼게놈	Human Genome

■ 영어 약자

ACM	Association for Computing Machinery
ACPI	Advanced Configuration and Power Interface
ADSL	Asymmetric Digital Subscriber Line
AES	Advanced Encryption Standard
Ajax	Asynchronous JavaScript +XML
ALM	Application Lifecycle Management
AMI	Amazon Machine Image
ARRA	American Recovery and Reinvestment Act
AWS	Amazon Web Services
BIOS	Basic Input/Output System
BSD	Berkeley Software Distribution
CERN	Conseil Europ?en pour la Recherche Nucl?aire
CIFS	Common Internet File System
CMS	Content Management System
CORBA	Common Object Request Broker Architecture
CRM	Customer Relationship Management
CTP	Community Technology Preview
DaaS	Database as a Service
DECC	Defense Enterprise Computing Center
DISA	Defense Information Systems Agency
DMTF	Distributed Management Task Force
DoD	Department of Defense
DoE	Department of Energy
DR	Disaster Recovery
EAI	Enterprise Application Integration

EC2	Elastic Compute Cloud
EGEE	Enabling Grids for E-sciencE
ESB	Enterprise Service Bus
ESNet	Energy Sciences Network
ETL	Extract/Transform/Load
FCC	Federal Communications Commission
FCCI	Federal Cloud Computing Initiative
FISMA	Federal Information Security Management Act
GFS	Google File System
GGF	Global Grid Forum
GNOME	GNU Network Object Model Environment
GPL	General Public License
GPU	Graphic Processing Unit
GSA	General Services Administration
HA	High Availability
HPC	High Performance Computing
IaaS	Infrastructure as a Service
IDA	Information Dispersal Algorithm
IDE	Integrated Development Environment
IDS	Intrusion Detection System
IIS	Internet Information Services
IPO	Initial Public Offering
ISV	Independent Software Vendor
JDK	Java Development Kit
JeOS	Just enough OS
JSP	Java Specification Request
JVM	Java Virtual Machine
KDE	K-Desktop Environment
KVM	Kernel-based Virtual Machine
LCROSS	Lunar CRater Observation and Sensing Satellite
MPI	Message Passing Interface
MPLS	Multi Protocol Label Switching
MQ	Message Queuing
MRI	Matz' Ruby Implementation
MTBF	Mean Time Between Failure
NAS	Network Attached Storage
NCSC	National Cyber Security Center
NFS	Network File System
NID	Network Intrusion Detection
NIST	National Institute of Standards and Technology

NTFS	NT File System
NUMA	Non Uniform Memory Access
OASIS	Organization for the Advancement of Structured Information Standards
OGF	Open Grid Forum
OGSA	Open Grid Service Architecture
OMG	Object Management Group
OVF	Open Virtualization Format
PaaS	Platform as a Service
PKI	Public Key Infrastructure
PUE	Power Usage Effectiveness
PVFS	Parallel Virtual File System
QDR	Quad Data Rate
REST	Representational State Transfer
RHEL	Red Hat Enterprise Linux
RPC	Remote Procedure Call
RPM	Red Hat Packaging Manager
S3	Simple Storage Service
SaaS	Software as a Service
SAS70	Statement on Auditing Standards No. 70
SBC	Server Based Computing
SciDAC	Scientific Discovery through Advanced Computing
SDK	Software Development Kit
SLA	Service Level Agreement
SMP	Symmetric Multi Processor
SOA	Service Oriented Architecture
SOX	Sarbanes–Oxley Act
SSD	Solid State Device
SSL	Secure Sockets Layer
TORQUE	Tera–scale Open–source Resource and QUEue manager
UCS	Unified Computing System
VDC–OS	Virtual Datacenter Operating System
VDI	Virtual Desktop Integration
VHD	Virtual Hard Disk
VLAN	Virtual Local Area Network
VMDK	Virtual Machine Disk
VMM	Virtual Machine Monitor
VPN	Virtual Private Network
W3C	World Wide Web Consortium
WSRF	Web Service Resource Framework
XCP	Xen Cloud Platform

미국 클라우드 비즈니스 최전선

2011년 8월 30일 초판 1쇄 인쇄
2011년 9월 10일 초판 1쇄 발행

저 자 | 森 洋一 (Mori Yoichi)
번 역 | 김소라
감 역 | 김국현
펴낸곳 | BM 성안당
주 소 | 경기도 파주시 교하읍 문발리 출판문화정보산업단지 536-3
전 화 | 031-955-0511
팩 스 | 031-955-0510
등 록 | 1973. 2. 1. 제13-12호
홈페이지 | www.cyber.co.kr

ISBN 978-89-315-7545-3
정가 15,000원

이 책을 만든 사람들
진 행 | 김현하
편 집 | Sang Company
영 업 | 변재업, 정창현, 차정욱, 이동후
표 지 | 한송이
제 작 | 구본철